아비치 공식 전기

Tim - Biografin om Avicii

by Måns Mosesson

First published in the English language in Great Britain in 2021
by Sphere, an imprint of Little, Brown Book Group.

아비치 공식 전기

Tim

The Official Biography of Avicii

Måns Mosesson

P&S

차례

들어가며

늦은 밤, 토끼들이 덤불 속에서 모습을 드러냈다. 소나무 틈에서 막 싸움이라도 벌인 듯 회색 털이 덥수룩했다. 매 한 마리가 소리 없이 하늘을 맴돌다 바람에 맞서 날개를 펴고 먹잇감을 향해 낙하하기까지는 그리 오랜 시간이 걸리지 않았다.

매는 상공에서 많은 것들을 보았다.

양파와 로즈메리 향이 공기 중으로 피어올라 — 요리사가 저녁 식사를 준비하기 시작한 모양이다 — 숲속 레몬 나무 냄새와 섞여 들어갔다.

스프링클러는 수영장 옆에 있는 유카를 향해 천천히 물을 뿜었다.

팀 베릴링이 새로운 환경에 적응하기 시작한 지 3주가 지났다. 그는 재활 클리닉 옥상의 덱 체어에 앉아 있었다. 지중해의 안개 사이로 보이는 섬에서 사람들은 스노클링하고, 밤이 되면 마약을 하곤 했다.

그러나 이제 가을이 찾아왔다. 파티를 즐기러 왔던 관광객들은 집으로 돌아갔고, 클럽 프리빌리지, 스페이스, 파샤는 휴업에 들어갔다. 귀뚜라미들조차 조용해지기 시작했다.

2015년 여름, 팀은 이비자 남쪽 끝에 있는 하얀 저택에서 스트레스를 받고 있었다. 미완성된 곡, 그리고 그가 인터뷰를 위해 런던으로 가길 바라는 음반사의 요구 때문이었다.

⟨Stories⟩는 2년 전 팀 베릴링을 세계적인 스타로 등극시킨 첫 번째 앨범의 후속작으로 계획되었다. 그러나 앨범은 1년째 발매가 미뤄지고 있었고, 팀은 작업에 집중하는 데 어려움을 겪었다.

그는 오래전부터 몸이 좋지 않았다. 그리고 작년에 수술을 받은 뒤로 뱃속에서 무언가 새로운 것이 자라기 시작하는 것을 느꼈다. 팀은 그 덩어리에 집착했다. 생각하면 할수록, 더 분명하게 느껴졌다. 그리고 그 이름 모를 덩어리가 커지는 와중에, 그는 유럽 전역의 여름 페스티벌 무대에 올랐고, 매주 일요일 이비자에서 가장 유명한 하우스 음악 클럽 우수아이아의 입장권을 매진시켰다.

시즌 마지막 공연을 마치고 오후에 일어난 그는 로스앤젤레스로 돌아가는 대신 지인들과 거실에 모여 앉았다. 그곳에는 아버지 클라스가 있었고, 매니저 아라쉬와 형 다비드도 스톡홀름에서 비행기를 타고 왔다. 투어 매니저, 경호원, 그리고 지난 1년간 그를 따라다녔던 소꿉친구들도 있었다.

그들은 팀에 대한 걱정을 표현했다. 아비치를 위해 일하는 것이 어떤지에 대한 질문을 받을 때마다 거짓말하는 것에 지쳤으며, 팀이 너무나 부주의해졌고, 그를 더 이상 신뢰할 수 없다고 말했다. 그들은 울고, 고통스러워했다.

팀은 결국 그들의 끊임없는 잔소리를 잠재우기 위해 재활 클리닉에 가기로 동의했다.

처음 며칠 동안 그는 주로 잠을 잤다. 그러나 치료 책임자 폴 태너는 그에게 글쓰기를 권했다.

어렸을 때 엄마와 함께 목욕한 것, 엄마가 자장가를 불러주신 것, 아빠가 동화가 담긴 카세트테이프를 틀어주신 것이 기억난다.

처음에는 글을 쓰기가 어려웠다. 그러나 그는 글쓰기의 핵심을 깨달았다. 경험을 글로 적는 것은 말하는 것을 더 쉽게 만들었고, 2015년 9월 그를 이곳으로 이끈 삶을 돌아보게 해주었다.

한 번 글쓰기를 시작하면 멈출 수가 없었다. 그래서 그는 잠을 자는 대신 컴퓨터 앞에 앉아 밤새도록 글을 썼다. 그는 자신의 어린 시절, 형제자매와의 관계, 음악을 발견한 방법, 음악적 경력에 대해 적었다. 그리고 매니저 아라쉬와의 복잡한 관계, 여자친구 에밀리, 라켈과 보낸 시간에 대해서도 썼다.

오후에는 폴 태너와 긴 대화를 나누었다. 그들은 대응 기제나 억제와 같은 개념에 관해 이야기했다. 팀은 항상 그랬듯이 새로운 정보를 체계적으로 분석했다.

그는 모든 것을 새로운 관점으로 바라보기 시작했다. 어린 시절부터 씨름했던 힘든 감정들, 즉 초조함, 불안, 두려움에도 목적이 있었을 것이다. 그는 자신의 감정을 새로운 방향을 제시해 주는 나침반처럼 생각하기 시작했다.

감정 자체는 긍정적일 수도 있고 부정적일 수도 있지만, 그 어떤 감정도 부정적인 목적을 갖지 않는다.

오랫동안 그는 자신의 한계를 넘어 고통 속에 살았다. 고통은 그의 몸과 마음을 괴롭혔다. 그는 벽에 부딪혔을 뿐만 아니라, 여러 번 벽을 뚫고 나갔다. 그는 자신이 죽음의 문턱에 서 있음을 느꼈다.

이 사실을 더 빨리 깨달았다면 좋았을걸.

작가의 말

이 책은 팀 베릴링을 알거나 그와 함께 일했던 사람들과의 수백 번의 인터뷰와 셀 수 없이 많은 시간의 대화를 바탕으로 쓰였다. 나는 유가족의 도움으로 팀의 휴대폰 메모, 대화, 그림, 사진, 영상, 이북 리더기를 볼 수 있었고, 팀이 작곡에 사용한 소프트웨어 프로그램에서 그가 노래를 어떻게 구성했는지에 대한 정보도 얻었다.

나는 이비자와 마이애미에 있는 클럽, 그리고 스톡홀름과 로스 앤젤레스에 있는 그의 예전 집들을 방문했다. 라스베이거스의 사막을 통과하는 자동차 여행 중에, 암스테르담의 하우스 페스티벌에서, 런던에서는 차와 케이크와 함께, 스웨덴 남부의 실링에서는 연어와 감자를 먹으며 대화를 나누었다. 나는 여러 사건이 촘촘하게 뒤섞여 있는 상황 속에서 팀의 관점을 포착하려고 노력했다. 이를 뒷받침해 주는 매우 귀중한 자료는 팀이 10년 동안 주고받은 4만 개가 넘는 이메일이었다. 또한, 메모, 인터넷 포럼에서의 토론, 문자 메시지, 메신저, 왓츠앱도 있었다.

몇몇 철자 오류가 수정되고 구두점이 제거되었으나, 원래의 의미는 모두 유지되었다.

*

팀 베릴링이 DJ로서 큰 성공을 거두는 동안, 전 세계 젊은이들 사이에서는 정신 건강 문제가 급격하게 증가했다. 그 이유는 다양하고 복잡하지만, 수치가 급증했다는 사실은 측정할 수 있고 논쟁의 여지가 없다. 스웨덴에서는 2006년 이후 청년층의 정신 건강 문제가 70% 증가했다. 수면 장애, 초조, 우울, 불안 같은 스트레스 관련 진단 건수도 계속 늘어나고 있다. 이 연령대의 자살 건수도 우려스러울 정도로 증가하고 있다 — 많은 고소득 국가에서 자살은 30세 미만 사람들의 흔한 사망 원인 중 하나이다. 스웨덴에서는 2000년 이래 스스로 목숨을 끊는 젊은이들의 수가 꾸준히 증가해 왔으며, 미국에서는 지난 10년 동안 그 수가 급증했다. 세계보건기구에 따르면 위암, 간경변, 유방암, 알츠하이머병으로 사망하는 사람보다 스스로 목숨을 끊는 사람이 더 많다고 한다. 자살은 전쟁, 폭력, 테러, 가정 폭력을 합친 것보다 더 많은 사람을 죽인다.

자살 뒤에는 거의 항상 우울증이나 불안증 같은 정신질환이 있다. 이는 여전히 수치심과 침묵에 둘러싸인 주제이다. 마음이 아픈 사람과 이야기를 나누는 것은 부담스러울 수 있다. 서투른 말을 해서 상황을 악화시킬 수도 있다는 걱정이 대화를 방해할 수 있다. 그러나 연구에 따르면, 꼭 훌륭하고 완벽한 답변을 할 필요는 없다. 가장 중요한 것은 용기 내어 질문하고, 대답을 들을 준비를 하는 것이다. 우리는 침묵이 아닌 대화를 통해서 생명을 구할 수 있다.

스스로 목숨을 끊은 유명인에 대해 글을 쓰는 데는 일정한 한계가 있다. 그러한 사건의 묘사가 유사한 행동을 촉발할 위험을 피하려면 물리적 위치와 행동 자체를 자세히 설명하지 않아야 한다. 또한, 이 이야기에서 중요한 것은 팀의 마지막 시간을 둘러싼 구체적인 내용이 아니라, 그 결과를 초래한 것이 무엇이고, 그의 죽음에서 우리가 배울 수 있는 것이 무엇인지이다.

　자신의 상황이 견딜 수 없을 것 같다고 느끼거나 스스로 목숨을 끊을 적극적인 계획이 있다면 즉시 응급구조대에 전화해야 한다.
　자신을 해칠 생각이 있거나 가까운 사람에게 도움이 필요하다고 생각되면 언제든지 도움을 받을 수 있다. 마음을 털어놓을 수 있는 사람과 통화하거나 아래 상담소에 연락하길 바란다.

　자살예방상담전화 109
　청소년전화 1388
　정신건강상담전화 1577-0199
　한국생명의전화 1588-9191

나는 1989년 스톡홀름에서 태어났다. 아빠는 자신을 (웃으며) 문방구 사장이라고 부르곤 했는데, 이는 스웨덴인의 겸손함을 보여주는 좋은 예시이다. 아빠는 여러 개의 사무용품 도매점을 운영하며 많은 이익을 거뒀다. 엄마는 유명한 배우였고, 형도 마찬가지였다.

홀 천장에 매달린 묵직한 샹들리에 쪽으로 연기가 피어올랐다. 사냥꾼의 화살이 허공을 가르며 날아가고, 마법사가 용의 머리를 향해 불덩어리를 던졌지만, 보스는 만만하지 않았다. 그의 날카로운 이빨은 어둠 속에서 빛나며 자신에게 접근하는 길드원들을 쫓았다.

성기사 임폴턴트는 이곳에 도착하기까지 드루이드, 사제, 마법사들과 함께 몇 시간 동안 전투를 벌였다. 그들은 전술적이고 영리했다.

불타오르는 판금 갑옷을 입은 임폴턴트는 빠르게 움직였다. 그는 성스러운 빛의 힘을 지닌 성기사로서 생명력을 잃어가는 길드원을 구해주는 역할을 했다.

임폴턴트는 자신의 이름에 걸맞은 캐릭터였다. 그는 갑옷의 양쪽 어깨판에 도검을 꽂고, 유연한 철제 장갑을 끼고, 모두가 탐내는 벨트를 매고 있었다. 투구의 얼굴 가리개 틈으로 보이는 그의 눈은 하얗게 빛났다. 때때로 그는 말을 타고 스톰윈드 주변을 돌아다녔는데, 그것은 오로지 말의 투구에 달린 뿔을 향한 다른 사람들의 부러운 시선을 느끼기 위해서였다. 이는 그가 얼마나 헌신적인 투사인지를 보여주는 분명한 표시였다.

16세의 팀 베릴링은 벽에 등을 기대고 침대에 앉아 임폴턴트를 조종했다. 그는 재빠른 손놀림으로 곤경에 처한 또 다른 흑마법사를 구하기 위해 달려갔다.

친구 프리코는 그의 옆에 앉아 게임을 구경하고 있었다. 김빠진 콜라, 먹다 만 간식, 감자칩 부스러기, 뱉어낸 담배 덩어리들이 놓여 있는 것으로 보아 그들은 몇 시간째 놀고 있었던 것이 분명했다.

프리코와 친구들은 학교 수업이 끝나면 곧바로 컴퓨터를 끌고 팀의 방에 모였다. 자정을 넘길 때까지 월드 오브 워크래프트에서의 습격은 끝나지 않았다. 다른 친구 한 명은 키보드 위에서 거의 잠들 뻔했다.

팀 베릴링은 이 작은 방에서 자랐다. 여기에서 그는 부모님과 친구들의 초상화를 그렸고, 가을 낙엽과 그가 좋아하는 소녀에 대한 시를 썼으며, 《사이언스 일러스트레이티드》에서 인공위성, 고고학, 로봇에 관한 글을 읽었다. 팀은 특히 우주에 관심이 많았다. 그가 어린 소년이었을 때, 망원경이 지구 대기권 밖의 궤도로 발사되었다. 허블은 죽어가는 별부터 빛나는 은하까지 모든 것을 선명하게 찍을 수 있는 카메라를 갖추고 있었다. 팀은 무서운 동화책에 나올법한 거대한 가스 구름의 클로즈업을 훑어보았다. 커다란 먼지와 가스 기둥이 울부짖는 괴물을 연상케 했다. 우리 태양계가 생성된 곳도 아마 비슷하게 먼 곳이었을 것이다. 인간이 발명한 가장 빠른 우주선을 타고 간다고 해도 그곳에 도착하려면 수억 년 이상이 걸릴 것이다.

팀이 생각에 잠겨 앉아 있는 동안, 그의 어머니 앙키는 아들을 위해 미트볼과 스파게티를 요리하며 부엌에서 바쁜 시간을 보냈다.

1980년대 마지막 가을, 9월에 태어난 사랑하는 꼬마 팀아림.

앙키와 클라스는 둘 다 이혼한 지 얼마 되지 않았고 마흔을 넘겼음에도 불구하고 간절히 아이를 갖고 싶어 했다.

팀이 태어났을 때, 세 남매는 10대가 되어있었다. 클라스의 딸 린다와 아들 다비드는 먼저 독립했고, 앙키의 아들 안톤도 얼마 지나지 않아 집을 떠났다. 집에 남은 사람은 셋뿐이었다. 앙키는 팀이 조금 차분하고 소극적인 이유가 이 때문이었을지도 모른다고 생각했다.

동시에 그는 고집이 세고 단호했다. 유치원에서 파스타도, 감자 빵도, 과일 샐러드도, 대황 크림도 먹지 않았다. 팀은 다른 아이들이 간식으로 먹는 모든 음식을 거부하고 크래커와 버터로만 구성된 식단을 고집했다. 유치원의 크리스마스 공연에서 팀이 걷기를 두려워한 탓에 선생님이 팀을 들어 옮겨야 했고, 소풍 날 서커스를 보러 갔을 때 팀은 극장 밖에 있고 싶어 했다.

"저는 그 광대를 몰라요." 그는 안으로 들어가기를 거부했다.

그는 때때로 혼자만의 시간과 공간을 원했다. 앙키와 말다툼을 한 뒤면 팀은 방으로 들어갔다. 그리고 그들은 방문 아래 틈으로 쪽지를 밀어 넣어서 의사소통했다.

"좋아요! 인정해요." 팀이 쪽지를 썼다. "엄마 말이 맞아요. 죄송해요. 하지만 게으름뱅이라는 말은 너무했던 것 같아요."

"네 말이 맞아, 미안해." 앙키가 쪽지를 다시 밀어 넣었다.

그들은 다시 친구가 되었고, 팀은 방 밖으로 나왔다.

어쩌면 그 신중하고 사려 깊은 특성이 그녀의 영향일 수도 있겠다고 앙키는 생각했다. 그녀는 배우였고, 강렬한 연기로 찬사를 받았다. 팀이 태어나기 몇 년 전, 그녀는 오스카상 후보에 오른 영화 〈개 같은 내 인생〉에서 주연을 맡았다. 이제 그녀는 연속극

〈아군과 적군〉에서 어머니 역을 맡아 할스타함마르에 있는 녹음 스튜디오를 오가고 있었다. 다른 많은 배우처럼, 앙키는 자신감이 부족했다. 그녀는 자신이 너무 키가 크고, 남의 시선을 의식하며, 못생겼다고 생각했다.

앙키 리덴의 삶에도 전환점이 있었다.

10대였을 때, 낯선 사람이 그녀를 숲으로 끌고 가서 목 졸라 죽이려고 했다. 그 이후로 그녀는 예민해졌고 어둠을 두려워하게 됐다. 어쩌면 이 트라우마가 그녀의 아이들에게 간접적인 영향을 미쳤을지도 모른다.

가족 식사 시간에 6명이 모두 모이면, 다른 세 남매는 서로에게 끊임없이 소리를 지르며 지옥 같은 시간을 보냈다. 그러나 팀은 조용히 앉아 있다가 갑자기 과감한 말을 던졌다. 그러고는 미소를 짓고 자기 방으로 돌아가 숙제를 계속했다.

팀의 아버지는 사무용품 판매 업체 스코테스를 운영했다. 언뜻 보기에 클라스 베릴링은, 특히 연필이나 천공기의 가격에 대해 논의할 때면, 점잖고 까다로운 사람이었다. 그러나 그 내면에는 예술가의 피가 흐르고 있었다. 그의 아버지는 왕립 오페라 극장에서 장식 책임자로 일했다. 가족 모임에서 클라스는 열정적인 영화감독이나 술에 취한 세일즈맨을 스케치했다. 한가한 토요일 아침이면 목욕 가운을 입고 뒹굴며 레이 찰스의 노래를 들었다. 미국 남부 출신의 시각장애인 소울 가수는 피아노 연주에 있어서 타의 추종을 불허하는 열정을 가지고 있었다. 그 밖에도, 버디 가이나 프레디 킹같이 외도와 질투, 폭력과 비참함에 관한 이야기를 늘어놓는 상처받은 남자들에 대한 우울한 바이닐 컬렉션도 있었다.

팀의 형제자매 또한 많은 음악을 들었고, 그들의 취향을 남동생에게 전하기 위해 최선을 다했다. 다비드는 힙합에서 그런지까지 MTV에 나오는 음악 대부분을 들었고, 안톤은 고등학생 때 록 밴드에서 드럼을 연주했다. 린다는 팀에게 록 밴드 키스의 멤버들을 소개해주었다.

여름이면 가족은 외스텔렌에 있는 실링에를 방문했다. 그들은 오래된 어촌에 있는 낡은 벽돌집을 샀다. 클라스가 일렉트릭 기타를 연주하는 동안, 팀은 오두막을 만들고 항구에서 옵티미스트를 항해하는 법을 배웠다. 팀이 친구와 함께 벼룩시장을 열었을 때, 앙키는 아들을 위해 햄버거와 음료수를 가져다주었다.

이웃집에는 트롬본 연주자 닐스 란드그렌이 살았는데, 어느 날 그가 자신의 작업실에 있던 악기들을 판매했다. 팀은 70년대 후반에 만들어진 야마하 신디사이저를 샀다. 그는 그해 여름의 대부분을 새로운 악기를 익히며 보냈다.

팀은 건반을 이리저리 눌러보았다. 정확한 작동법은 알지 못했지만, 어쨌든 옳게 느껴졌다. 그는 나중에 무엇을 하며 살게 될지는 몰라도 자신이 창의적인 사람인 것은 알고 있었다. 팀은 앙키의 전남편이자 인기 가수 톰뮈 셰르베리를 보며 자신만의 꿈을 키워나갔다.

스톡홀름으로 돌아온 팀은 아버지로부터 마호가니로 만들어진 6현 기타를 선물 받았다. 기타는 신디사이저보다 더 다루기 쉬웠다. 팀은 에릭 클랩튼의 'Tears in Heaven', 애니멀스의 'House of the Rising Sun' 같은 노래를 연습했다. 그는 숨을 가득 들이마시고, 국가 'Du gamla du fria 그대의 조상, 그대의 자유'와 노르드만의 'Vandraren 방랑자'을 연습했다.

목소리는 다소 불안정했지만, 기타 연주에는 점점 자신감이 붙었다.

어머니가 그에게 레슨을 받는 것이 어떠냐고 제안했을 때, 팀은
그것이 터무니없는 생각이라고 생각했다.

당연히 독학할 것이니까.

나는 다소 수줍음이 많은 아이였다. 큰 방해가 될 정도는 아니었지만, 내 안에는 분명 수줍음이 있었다. 아마도 민감한 성향을 지닌 엄마로부터 물려받았을 것이다.

우리는 주말마다 영화를 보고, 사탕을 잔뜩 사고, 가끔 파티하곤 했다.

거실에서 친구들이 하나둘씩 잠에서 깨어났다.

그들은 월드 오브 워크래프트의 용들을 죽이고 새벽녘에야 잠이
든 것이 틀림없었다.

10대 소년들은 눈을 비볐다. 요한네스 뢴노와 프리코 보베리는
베릴링 가족의 소파에서, 야코브 릴리에마르크는 녹색 쿠션을 바
닥에 깔고 잤다. 친구들은 굳은 몸을 쭉 펴고 부엌으로 갔다.

팀의 방문은 평소처럼 닫혀 있었는데, 이는 그가 아직 자고 있
어서 방해받고 싶지 않다는 뜻이었다. 그들은 점심시간 전에 팀을
깨우면 팀이 짜증을 낼 수 있다는 것을 알고 있었다. 대신 프리코
는 구운 샌드위치를 들고 냉장고에 있는 소시지를 꺼냈다. 세 사
람은 초코우유를 한 잔씩 들고, 클라스와 앙키에게 아침 인사를
건넨 뒤 거실에 앉아 영화를 봤다.

"경험치를 더 많이 얻는 방법을 알아냈어." 팀이 마침내 거실로
나오며 소리쳤다.

늘 그렇듯이 그는 친구들이 잠자리에 들 때도 모니터 앞에 남아
있었고, 새벽 6시까지 칼림도르에서 검은 연꽃을 찾아다녔다. 이
식물은 임폴턴트를 더욱 강력하게 만들어 그가 길드에 더 크게 이
바지하도록 만들어 줄 것이다.

그가 웃으며 말했다. "완전 대박이야!"

"밖에 좀 나가자." 프리코가 대답했다. 그도 컴퓨터 게임을 좋아
했지만, 팀만큼은 아니었다. 팀은 고집이 셌고 일단 무언가를 결

정하면 그에게 다른 선택지는 없었다. 하지만 그 역시 햇볕을 좋아했다.

그들은 계단을 뛰어 내려갔다.

프리코도 이곳 외스테르말름에서 자랐다. 그는 예르데트 옆에 살았고, 팀과 마찬가지로 예술적인 사람이었다. 프리코의 아버지는 아돌프 프레드리크 음악 학교 출신의 유명 TV 프로듀서였다. 프리코는 배우가 되고 싶었다. 팀과 프리코는 중학교 초반에 만났고, 둘 다 영화를 좋아했다. 그들은 영화 〈대부〉 같은 고전 작품이나, 쿠엔틴 타란티노, 코엔 형제에 관한 것들을 연구했다. 몇 시간 동안 앉아서 〈트윈 픽스〉의 상징성과 줄거리를 분석하거나, 〈지저스 크라이스트 수퍼스타〉 또는 〈오페라의 유령〉 같은 뮤지컬을 감상하며 휴식을 취하기도 했다. 팀은 프리코의 친절함과 열린 마음을 좋아했다. 그의 건망증과 멍한 성격도 매력적이었다. 그들은 형제와도 같았다.

칼라플란 광장은 팀과 친구들의 놀이터였다. 팀의 집과 그가 다녔던 예르더스콜란 초중학교 사이에는 쇼핑몰 펠퇴베르스텐이 있었다. 식료품점 사비스에는 숙성된 치즈나 차가운 햄 조각을 마음껏 먹을 수 있는 시식대가 있었다. 그들은 쇼핑몰 옥상 정원의 화단 사이를 뛰어다니며 몰래 담배를 피우고, 다음번에는 막심 극장 근처의 상점에서 누가 담배를 살 것인지에 대한 계획을 세웠다. 그곳의 노인은 맥주 여섯 병에 거의 200크로나를 청구했지만, 신분증을 확인하지 않았다.

2000년 이래 이곳은 새로운 방식으로 주목받기 시작했다. 지난 100년 동안 외스테르말름은 성공과 번영의 상징이었다. 칼라베겐의 산책로를 따라 늘어선 20세기 초의 집들은 돈과 권력을 과시했다. 이곳의 기업가, 외교관, 왕족은 웅장한 집에 살면서 가십 기자들이 묘사하기 좋아하는 종류의 삶을 즐겼다.

인터넷의 성장과 함께 외스테르말름도 2000년대 중반 독자적인 통신원을 확보했다. 블로거들은 호텔 앙라이스나 카페 모코에 앉아 누가 어느 클럽에서 누구와 어울리고 누구와 헤어졌는지를 보고했다. 이 모든 드라마가 일어난 클럽은 스투레플란에 있었다.

스투레플란은 펀드 매니저들이 큰 넥타이와 가죽 서류 가방을 메고 돌아다니는 스웨덴의 금융 중심지였다. 저녁이 되면, 그곳은 시끄러운 유흥의 중심지로 변했다. 블로거들은 이러한 밤의 문화를 예의주시했다. 여기에서 위계질서가 확립되었고, 싸움이 시작되었으며, 평화가 중재되었다.

팀의 큰 형 안톤도 그 세계의 일부가 되었다. 그는 어머니 앙키처럼 연속극 주연을 맡았고, 지금은 유명인의 사진을 찍는 사진작가와 만나고 있었다. 때때로 팀이 안톤과 영화 시사회에 동행할 때면, 그는 영화표를 받는 대가로 카메라를 향해 미소 짓는 패션 블로거, 배우, 정치인, 연예인들을 바라보며 다소 이상한 광경이라고 생각했다.

팀은 큰 형 옆에 서서 못마땅한 표정을 지었다.

그는 친구들과 함께 외스테르말름스토리에 있는 비디오 가게에 가거나 과자를 사는 것을 더 좋아했다. 그들은 팀의 방으로 돌아와서 〈반지의 제왕〉 3부작을 보거나, 덴젤 워싱턴과 톰 크루즈가 나오는 액션 영화를 봤다. 태국으로 가족 여행을 갔을 때, 팀은 그들이 좋아하는 영화의 해적판 DVD를 한 묶음 구매했다. 팀과 친구들은 콜라를 마시고 침대 시트에 감자칩 부스러기를 흘리며,

팀이 가장 좋아하는 코미디언 리키 저베이스가 나오는 〈더 오피스〉 시리즈를 정주행했다. 팀은 영국인의 타이밍과 기발한 유머를 좋아했다. 애니메이션 〈사우스 파크〉 역시 마찬가지였다. 에릭 카트먼을 비롯한 주인공들은 조지 W. 부시 미국 대통령, 위선적인 할리우드 유명 인사, 그리고 그 당시의 사회 문제들을 풍자했다.

이번 시즌에는 월드 오브 워크래프트에 관한 에피소드가 방영되었다. 카트먼은 사악한 상대를 물리치는 데 집착해서 친구들에게 전투를 도와달라고 간청했다.

카트먼이 화를 내며 밖에서 노는 것보다 컴퓨터 게임을 하는 것이 훨씬 더 중요하다고 말하자 팀과 친구들은 웃음을 터뜨렸다.

여드름은 나의 자존감에 큰 영향을 미쳤다. 여드름이 심한 날에는 학교 수업을 빼먹었다. 주말에는 외출을 자제하고 피부가 충분히 '맑을 때'에만 외출했다.

나는 여자아이들에게 인기가 없다고 느꼈다.

친구들은 종종 팀에게 빨리 나오라고 잔소리를 해야 했다.

"머리 손질 좀 하고." 그가 화장실 안에서 소리쳤다.

"이미 했잖아!"

"2분만 줘!"

팀은 거울을 들여다보았다. 코는 그의 콤플렉스였다. 그는 자신의 코가 돼지코 같다고 생각했다. 그리고 여드름은 그의 뺨을 타고 이마까지 올라갔다. 그는 자꾸만 생겨나는 여드름을 저주했다.

부모님과 함께 아스푸덴과 외스테르말름에 있는 병원을 방문해 코르티손 연고를 발라보고, 컨실러와 크림도 시도해 보았지만 아무 도움도 되지 않는 것 같았다.

팀은 자신이 여드름에 집착하는 것이 한심하다고 생각했다. 이러한 생각은 그가 스스로를 비난하고 불길한 상상을 하게 만들었다. 그는 자신이 암에 걸릴까 봐 항상 걱정했다. 게임을 하다가도 종종 친구에게 자신의 가슴에 혹이 생기지 않았는지 만져봐달라고 했다. 중학교 졸업을 앞둔 지금도 그의 머릿속에는 그런 생각들이 맴돌았다. 문밖으로 나가자마자 그를 판단할 온갖 시선들을 상상하면 몸이 굳는 것 같았다.

그가 말했듯이, 한심하다.

"팀, 빨리!"

친구들은 항상 약속에 늦는 팀에게 짜증이 났다. 팀은 시간 감각이 없고 자신만의 작은 세계에 사는 것 같았다. 그는 시계라는 게 무엇인지 알긴 할까?

결국, 그는 매번 친구들의 성화에 못 이겨 집 밖으로 나갔다. 그들은 산책로를 따라 걸었다. 공원 가장자리에는 린네가탄 거리를 향해 벽처럼 솟아오른 암석이 있었고, 그 뒤에는 넓은 잔디밭이 있었다. 거리를 산책하는 어른들에게는 십 대들의 모습이 거의 보이지 않았으며, 그곳에서 파티가 시작되었을 거라고는 그 누구도 짐작할 수 없었다.

누군가가 가져온 휴대용 스피커에서는 스노크, 프론다 같은 스웨덴 힙합 아티스트나 지지 다고스티노, DJ 사토미 같은 이탈리아 DJ들의 노래가 나왔다. 그들의 트윈 테크노는 약간 유치하게 느껴졌지만, 그 경쾌한 곡조는 거부하기 어려웠다.

운이 좋다면 누군가가 가져온 코코넛 리큐르나 보드카를 맛볼 수 있었고, 그보다 더 운이 좋은 날이면 프랑스 학교의 여학생 몇 명이 이곳을 찾았다.

팀은 몇 년 전 부모님의 식료품 저장실에서 진 한 병을 몰래 꺼내 처음으로 술을 마셨다. 이제 그는 배가 따끔거리는 느낌과 뺨이 타오르는 열기에 익숙해졌다. 그는 술에 취한 자신의 모습이 마음에 들었다. 편안함을 느꼈고, 자신감이 생겼으며, 대답이 빨라졌다. 무엇보다도 술은 그가 생각의 늪에서 벗어나게 해주었다. 술을 마시면 긴장이 풀리고 머리가 맑아졌다. 팀을 잘 알지 못하는 아이들은 불과 몇 분 전만 해도 그가 거울 앞에서 초조해했다는 사실을 믿기 어려웠을 것이다. 후드티를 입은 그 아이는 완전히 다른 모습을 보여주었다.

팀은 손에 냄새가 배지 않도록 마른 풀밭에서 막대기 두 개를 집어 들고 그사이에 담배를 끼웠다. 그런 다음 담배를 한 모금 마시고 큰 소리로 웃음을 터뜨렸다.

비밀스러운 바위틈의 북서쪽에는 장엄한 외스트라 레알이 우뚝 서 있었다. 외스테르말름의 한가운데에 있는 이 건물은 편집장, 비즈니스 리더, 스웨덴 총리를 배출한 유서 깊은 고등학교였다.

17세의 필리프 오케손은 학교 입구로 이어지는 돌계단에 앉아 프라다 보트 슈즈에 묻은 먼지를 털어냈다. 필리프는 패션에 관심이 많았다. 이를테면 그는 라코스테가 유행에 뒤처졌다는 것을 알고 있었다. 악어를 가슴에 달고 돌아다니는 불쌍한 남자아이들은 그것이 멋있다고 생각할지 모르지만, 사실 그들의 셔츠는 부모가 출장을 마치고 공항 면세점에서 사 올 법한 옷이었다. 반면 필리프는 머리를 뒤로 빗어 넘기고 구찌 벨트를 착용했다. 그의 바지와 셔츠는 몸에 딱 맞았다.

학교에 다니는 남학생들은 거주지와 아버지의 직업에 따라 서열이 정해졌다. 어떤 아이의 아버지는 금융인이었고, 그들은 항구가 내다보이는 스트란드베겐의 펜트하우스에 살았다. 다른 아이의 아버지는 항공사의 최고재무책임자였고, 또 다른 아이의 아버지는 호텔 체인을 운영했다.

필리프 오케손의 아버지는 건축가였으며 그들은 스톡홀름 서쪽의 브롬마에 살았다. 필리프는 자신이 학교에서 잘나간다고 생각했다. 그는 모든 파티에 초대받았고, 한번은 학교 계단에서 한 아이를 묶어놓고 페인트볼을 쏜 적이 있었는데, 이는 그의 친구들 사이에서 매우 좋은 평가를 받았다.

그는 부모로부터 4천 곡을 담을 수 있는 아이팟을 선물 받았다. 필리프는 외스테르말름의 다른 남자들처럼 스웨덴 힙합을 들어왔지만, 2006년 여름에 거부할 수 없을 정도로 활기찬 댄스 음악을 만드는 두 명의 프랑스인을 발견했다. 그의 MP3 플레이어에서는 밥 싱클레어의 'World, Hold On (Children of the Sky)'과 데이비드 게타의 'The World Is Mine'이 반복 재생되었다.

1970년대 말, 프랭키 너클스는 더 웨어하우스 클럽에서 DJ로 일했다. 너클스는 여러 개의 디스코 음악을 끊임없이 재생하여 댄스 플로어에서 시간과 공간의 감각을 사라지게 했다. 그는 샘플러나 드럼 머신 같은 최신 장비를 사용하여 자신이 좋아하는 노래를 리믹스했다. 그는 디스코의 웅장한 느낌을 줄이고 멜로디를 벗겨낸 뒤, 리듬을 더 곧게, 드럼을 더 세게, 베이스를 더 두드러지게 만들었다. 트랙의 리듬을 강화하기 위해 보컬은 점점 사라져갔다.

이 스타일은 그것이 만들어진 클럽의 이름을 따서 하우스 음악이라고 불리게 되었다.

이로부터 30년 후 소프트웨어가 등장했다. 필리프의 MP3에 들어있는 파일은 진정한 디지털 음악이자 미래에서 온 음악이었다. 필리프는 하우스 헤븐, 프로젝트 1048, 페이스 더 뮤직, 리빙 일렉트로 같은 블로그에서 음원을 내려받았다.

다른 경제학과 학생들과 마찬가지로, 필리프 오케손의 사물함은 2층 북유럽 신 토르의 벽화 아래에 있었다. 필리프가 1층의 교실로 달려가는 동안 발소리가 계단에 울려 퍼졌다.

팀 베릴링과 그의 일행은 항상 사물함 왼쪽의 검은 나무 테이블에 앉아 있었다. 필리프 오케손은 팀의 어머니가 배우라는 소문 때문에 그를 알고 있었다. 심지어 그녀는 영화에서 누드 장면도 찍었다고 했다. 학교에는 더 유명한 사람의 아이들도 있었다. 한 명은 TV 진행자 마르틴 티멜의 아들이었고, 다른 한 명은 가수 토마스 레딘의 아들이었다. 그에 비하면 팀의 어머니는 아무것도 아니었다. 필리프의 눈에 팀과 그의 친구들은 도타나 월드 오브 워크래프트 같은 이상한 이야기를 나누는 괴짜들에 불과했다.

그의 외모만 봐도 알 수 있었다. 팀의 얼굴에는 여드름이 있었고, 그는 꽃무늬 7부 바지와 목에 나무 단추가 달린 긴소매 셔츠를 입고 있었다. 그의 아디다스 신발은 밑창이 노랗게 변색되어있었다.

팀 베릴링이 일찍부터 할리우드 아우라를 발산했던 것은 아니었다.

고등학교 2학년이 되기 전 여름 방학 동안 팀과 프리코 그리고 몇몇 친구들은 프랑스 리비에라에 있는 주앙 레 팡으로 여행을 떠났다.

어느 날 밤, 르 빌리지에서 (혹은 위스키 고고였을 수도 있다) 파티를 마치고 집으로 돌아오는 길에, 그들은 해변 산책로에 있던 어떤 남자로부터 대마초를 샀다. 그곳에서 팀은 어둠을 틈타 친구들과 함께 대마초를 두세 모금 빨아들였다.

처음에는 아무렇지도 않았다. 그런데 갑자기 목이 완전히 마르고, 심장이 뛰기 시작했다. 이륙을 위해 제트 엔진의 속도가 빨라지는 것처럼 그의 머릿속에서 굉음이 울렸다. 심장 박동 소리가 격렬하게 고동쳤지만, 맥박은 정상이었다.

이 모든 것이 그저 그의 착각일 수도 있다는 사실은 별로 도움이 되지 않았다. 지금 당장이라도 죽을 것 같았다. 그러나 팀은 스톡홀름으로 돌아와서 그 일을 잊어버렸다. 그러던 어느 날 그가 11시간 동안 컴퓨터를 한 뒤 피곤하고 지친 상태로 의자에서 일어나자, 머리가 핑 돌았다.

그는 정신을 차린 뒤 선반에 쌓여 있는 담배 상자들을 바라보았다. 그 옆에는 팀의 사진이 담긴 액자가 걸려 있었다. 책상 위 선반에는 DVD가 줄지어 서 있었다. 모든 물체와의 거리가 닿을 수 없을 만큼 멀게 느껴졌다.

잠시 자면 좀 나아지리라 생각했지만, 다음 날도 마찬가지였다.

그는 자신이 더 이상 현실 세계에 속하지 않는 것 같았다. 암에 대한 두려움과는 다른 느낌이었다. 불편한 느낌이 그의 가슴에 육체적으로 와닿았고, 이것은 더 이해하기 어려운 일이었다. 정신질환이 생긴 건 아닐까? 팀은 대마초가 정신질환을 유발할 수 있다는 말을 들은 적이 있었다. 판단력이 저하되거나, 환청을 듣거나, 망상에 시달릴 수도 있었다.

며칠간의 고민 끝에 팀은 어머니에게 모든 것을 말하기로 했다. 대마초 때문에 머리에 문제가 생겼다. 어쩌면 그는 미쳐버린 것일지도 모른다.

"마치 제가 모든 것에서 멀리 떨어져 있는 것 같아요. 저 자신과 단절된 느낌이에요." 팀이 말했다.

부모는 팀이 용기를 내어 프랑스에서 일어난 일을 말해주었다는 사실에 안도했다. 모든 것이 잘될 것이다. 클라스는 자신이 팀의 나이였을 때 비슷한 감정을 느꼈다고 말하며 아들을 안심시키려고 노력했다. 그 역시 혼란과 불확실성에 휩싸여 현실이 무너지고 있다고 느꼈던 적이 있었다. 그는 자신의 걱정을 글로 풀어냄으로써 안정을 되찾았다. 팀은 그 불편함을 두려워할 필요가 없었다. 단지 그를 괴롭히는 것이 무엇인지만 알아내면 됐다.

부모는 청소년 정신건강의학 전문가들에게 연락했고 팀과 함께 사밧스베리에 있는 병원에 방문했다. 그곳에서 팀은 심리학자에게 상담을 받았다.

팀은 착잡한 심정으로 자리를 떴다. 이야기를 나누는 것은 좋았지만, 치료를 받아야 한다는 사실은 자신에게 심각한 문제가 있다는 확신을 강화했다.

앙키는 아들에게 깊은 인상을 받았다. 그녀는 자신의 청소년기

를 떠올렸다. 그녀는 자신의 속마음을 부모에게 단 한 번도 보여
준 적이 없었다.

"한 가지 다행인 건 말이야," 그녀가 남편에게 말했다. "팀이 마
약에 빠질까 봐 걱정할 필요는 절대 없다는 거야."

이후 팀은 평소와 같은 모습으로 돌아왔다. 그는 친구들과 사물
함 옆 테이블에 앉아 웃었고, 반 친구들과 다큐멘터리와 게임에
관해 이야기했다.

불안감은 그가 혼자 잠자리에 들 무렵 스며들었다. 그는 불을
끄면 생각이 다시 시작될까 봐 두려웠다. 3주가 지나도 불편함은
사라지지 않았다. 오히려 더 심각해졌다. 이제 그의 생각은 지난
프랑스 여행에서 있었던 일에 국한되지 않았다. 팀은 자신이 걱정
하고 있다는 사실과 불편함이 어디서 오는지 알지 못한다는 사실
에 대해 걱정했다. 그는 모든 면에서 좋은 삶을 살았고, 운이 좋
았으며, 원하는 건 뭐든 얻었다. 스웨덴 부촌에서 탈 없이 안전하
게 자랐다.

그에게 뭔가 문제가 있는 걸까? 그 해로운 감정이 이미 그의
내면에 자리 잡고 있었던 걸까? 어쩌면 그는 망가진 뇌를 가지고
태어날 운명이었을지도 모른다.

그가 자신의 상황을 분석하려고 노력하는 동안, 생각은 머릿속
에서 끊임없이 맴돌았다. 팀은 자신의 환경이 비현실적으로 느껴
지는 상황에 대한 글을 찾아 읽었다. 그가 좋아하는 영화 〈레퀴
엠〉이 떠올랐다. 영화 속 주인공은 TV쇼에 출연하기를 고대하며
체중을 줄이기 위해 약을 먹기 시작했고, 약물에 중독된 주인공은
점점 피폐해지며 환각에 시달렸다.

비현실감. 너무 무섭게 들렸다. 이것도 비슷한 게 아닐까? 어느 쪽이든, 팀은 이제 더 이상 파티에 참석하고 싶지 않았다. 술에 취하면 무슨 일이든 일어날 수 있다고 그는 생각했다.

비슷한 일을 경험한 다른 사람들로부터 조언을 얻기 위해 그는 스웨덴 최대 온라인 토론 포럼인 플래시백에서 스레드를 시작했다. 그곳은 정원 가꾸기부터 약물 중독, 유명인 가십에 이르기까지 모든 것에 대해 전국의 사람들이 생각을 주고받는 곳이었다.

팀은 이렇게 썼다.

3주 전처럼 명확하게 생각할 수 없는 것 같고, 기분이 최악일 때는 모든 것이 무의미한 것처럼 느껴져.

술에 취해서 자제력을 잃을까 봐 걱정돼. 이런 문제는 한 번도 없었는데, 이러다가 모든 것이 의미 없다고 생각해서 삶을 포기하게 될까 봐 걱정이야. :P

몇 주가 지나고 팀은 불안을 다루기 위한 전략을 세웠다. 단순히 생각을 멈추면 된다. 너무 많이 생각하지 말 것. 다른 일을 하며 바쁘게 지내면 분명히 괜찮아질 것이다.

2006년 가을, 팀에게는 다른 생각거리가 있었다. 여름 내내 라디오를 장악한 노래가 있었다. 짜증 나면서도 왠지 거부할 수 없었고, 통통 튀는 신스 베이스, 달그락거리는 드럼, 그리고 스톡홀름의 어느 어른도 이해할 수 없을 것 같은 가사가 인상적인 곡이었다. 컴퓨터에 대해 전혀 모르는 사람들은 제목만 보고 보트에 관한 노래라고 생각했다. 사실, 'Boten Anna 봇 안나'는 채팅방 진행자와의 디지털 러브스토리였다. 불과 몇 달 전만 해도 베이스헌터는 자신이 만든 장난스러운 노래를 온라인에 게시하여 동료들에게 구박받는 컴퓨터 괴짜였지만, 그의 싱글은 몇 달 만에 스칸디나비아에서 가장 인기 있는 노래가 되었다.

어쨌든 그것은 유치한 노래였다. 중학생들에게는 통할지 몰라도, 고등학생에게는 통하지 않았다. 하지만 그 멜로디에는 뭔가가 있었다. 한 번 들으면 잊히지 않았다.

2006년 가을 학기가 시작되던 어느 저녁, 팀은 야코브로부터 유튜브 동영상 링크를 받았다.

재생을 누르자 체크무늬로 뒤덮인 회색 컴퓨터 화면이 나타났다. 왼쪽 가장자리에는 가상 피아노가 있었다. 베이스헌터는 자신이 어떻게 히트곡을 만들었는지 보여주었다. 그는 민트색 노트를 이리저리 끌어다 놓았고, 7분 만에 노래의 뼈대를 완성했다.

간단하고 재미있어 보였다. 팀은 즉시 베이스헌터가 사용한 FL 스튜디오를 내려받았다. 프루티룹스라고 불렸던 이 소프트웨어는 음악 제작 방식에 혁명을 일으킨 프로그램 중 하나였다. 불과 10년 전만 해도 음악가는 노래를 만들기 위해 스튜디오를 임대하거나 기계와 악기 구매에 수십만 달러를 지출해야 했다. 하지만 이제는 컴퓨터 하나로 그 모든 일을 할 수 있었다.

팀은 기타를 연주하면서 소프트웨어를 이해하려고 애썼다. 민트색 노트를 위쪽에 두면 음이 높아졌고, 아래쪽에 두면 음이 낮아졌다. 팀은 프로그램을 이용해 코드를 만들었다. 한 노트를 위로, 다른 노트를 아래로 이동시킨 다음 다시 들었다. 노트를 길게 늘이자, 소리가 더 오래 들렸다.

왼쪽에는 미리 녹음된 가상 기타, 심벌즈, 바이올린 사운드가 있었다. 어떤 것은 유리창에 부딪히는 빗방울 소리처럼 들렸고, 어떤 것은 베이컨이 지글지글 구워지는 소리 같았다. 우주선 사이의 총격전이나 공포 영화 속 한 장면을 떠올리게 만드는 소리도 있었다. 오케스트라 전체, 아니, 수백 개의 오케스트라가 디지털 형식으로 편리하게 패키징되어 있었었다.

팀은 밤새도록 모든 것을 시도하고 섞어보고 맞춰보고 움직였다. 실패하고 다시 시도했다.

그는 곧 같은 코드라도 왼쪽 열에서 어떤 소리를 선택하느냐에 따라 완전히 다른 느낌을 줄 수 있다는 것을 깨달았다. 차분하게 반복되던 소리는 날카로운 울음소리로 바뀔 수 있었다. 그는 Trance Delivery, Foreign Attack, Space Bell, Fusion Poly 같은 이름의 사운드 중에서 Z3ta+라는 신디사이저를 선택했다. 멜로디가 콧소리처럼 들리기 시작했다.

완벽했다. 사람들은 노래가 자극적일수록 멋지다고 생각할 것이다. 사운드 라이브러리 Vengeance Essential Clubsounds Volume 2에는 열렬한 하이햇 사운드가 있었다. 비트, 베이스, 파티, 가자! 라고 외치는 목소리도 녹음되어 있었다.

이제 무언가를 닮아가기 시작했다. 이것이 패러디라는 것을 강조하기 위해, 그는 곧바로 또 다른 목소리를 추가했다. 베이스! 베이스! 베이스! 베이스! 베이스!

좋은 곡은 아니었을지 몰라도 재미있는 곡이었다.

필리프 오케손은 콘크리트 벽을 통해 울리는 진동을 따라갔다. 그와 친구가 나카의 산업 지역에 있는 허름한 창고에 깊숙이 들어가자, 숨어있던 파티장이 나타났다. 오케손은 기계에서 뿜어져 나오는 안개 사이로 주위를 둘러보았다.

외스트라 레알의 지루한 수업과는 전혀 달랐다.

그곳에는 댄스 플로어 위를 소용돌이치는 녹색 레이저 광선, 몸에 달라붙는 드레스를 입은 금발 머리의 여성들, 값비싼 재킷을 입고 반짝이는 버클이 달린 신발을 신은 남성들이 있었고, 강렬한 일렉트로닉이 그의 고막을 두드렸다.

오케손은 오랫동안 이 장면을 실제로 마주하기를 꿈꿔왔다.

시카고에서 탄생한 하우스와 테크노는 호기심 많은 영국인에 의해 미국에서 유럽으로 전파되었다. 그리고 음악과 함께 파티가 열렸다. 1988년 여름, 춤을 갈망하는 영국인들이 런던의 고속도로 옆 들판에서 불법 레이브를 열었고, 90년대 초 베를린 거리에서는 평등과 자유를 축하하는 러브 퍼레이드가 열렸다.

그 이후로 대륙 전역의 버려진 공장과 외딴 숲에서 파티가 계속되었으며, 댄스 음악은 곧 현대 유럽 대중음악으로 자리 잡았다.

2007년 프랑스인들은 희미한 베이스라인과 디스코 샘플을 기반으로 한 하우스 음악을 만들었다. 영국의 무허가 라디오에서는 불규칙한 베이스가 특징인 덥스텝 음악이 울려 퍼졌다. 댄스 음악이 가장 큰 인기를 끌었던 곳은 네덜란드였는데, 티에스토는 요란한 드럼과 웅장한 현악 편곡을 기반으로 한 트랜스로 공연장을 가득 채웠다.

스웨덴에서 댄스 음악의 규모는 그렇게 크지 않았다. 그러나 필리프 오케손과 같은 선봉자들은 동요가 일어나고 있다는 사실을 알아챘다. 스톡홀름에서는 폭발적이면서도 행복한 느낌을 주는 독특한 음악적 표현이 성장하고 있었다.

필리프 오케손은 베이스라인에 맞춰 본능적으로 춤추는 사람들 사이로 빠져들었다. 몇 주 전 그는 엑스터시를 처음 시도한 뒤 음악이 온몸을 간지럽히고 근육을 부풀게 만드는 것을 느꼈다. 멜로디가 훌륭하게 들렸고, 스네어 드럼은 신체 일부가 된 것 같았다. 음악은 기분 좋은 경련을 일으키며 오케손의 몸을 통해 고동쳤다. 이 음악이 천천히 성장하는 방식에는 뭔가 마법 같은 것이 있었다.

하우스 음악에 익숙하지 않은 사람들에게는 노래가 계속 반복되는 것처럼 들릴 수도 있지만, 그것이 핵심이었다. 단조로움은 음악을 암시적이고 자극적으로 만들어 모든 감각을 유혹했다. 천천히 폭풍우가 몰아치는 바다와도 같았다.

찢어진 청바지에 티셔츠를 입고 LA 다저스 로고가 새겨진 야구 모자를 거꾸로 쓴 남자가 무대 위로 올라왔다. 그는 천천히 페이더를 올리고, 모자를 벗어 던졌다.

그의 이름은 스티브 안젤로였다. 필리프 오케손의 눈에는 스톡홀름의 모든 하우스 프로듀서 중에서 이 24세 청년이 가장 멋져 보였다. 안젤로는 사람들의 시선은 신경 쓰지 않는다는 듯 자신감 넘치는 몸짓을 발산했다.

안젤로의 여자친구는 블로그를 운영하고 있었고, 남자친구가 스투레플란에 있는 클럽에서 만취했을 때에 관한 이야기를 올렸다. 그녀는 클럽 그로단, F12, 라로위의 술을 평가했고, 스티브 안젤로와 협력하고 있던 다른 두 명의 프로듀서 악스웰과 세바스티안 인그로소의 사진을 게시했다. 약간 장난스러우면서도 반어적으로, 마치 스웨덴 씬이 얼마나 작지만 중요한지를 강조하는 듯 그들은 자신을 스웨디쉬 하우스 마피아라고 부르기 시작했다. 여름에 그들은 이비자에 있는 클럽에서 공연을 했다. 블로그에는 세바스티안 인그로소가 스타 데이비드 게타와 함께 클럽 파샤에서 거대한 음료를 손에 들고 있는 사진이 올라왔다. 스티브 안젤로는 밀짚모자를 쓰고 해변에 앉아, 음악 잡지 믹스매그에서 자신에 대한 글을 읽었다.

꿈에 그리던 인생.

필리프는 하드 신스 리프에 맞춰 손을 흔들기 시작했다.

이곳이 그의 세상이었고 그가 찾던 모든 것이었다.

팀 베릴링은 클럽에는 전혀 관심이 없었다. 그는 4개월 동안 컴퓨터 앞에 앉아 작곡에만 열중했지만, 여전히 부족한 느낌이 들었다.

그는 자신이 작업하는 곡이 어떤 장르에 속하는지 알 수 없었다. 이런 음악을 뭐라고 하지? 고민 끝에 그는 자신의 노래를 '트윈 심플 유로댄스 테크노'로 정의했다. 2007년 1월 말 그는 스웨텐의 온라인 포럼 사이트에 FL 스튜디오에 관한 질문을 올렸다.

혹시 FL 스튜디오에 대해 잘 아시는 분 계신가요? 며칠 동안 보컬과 베이스 드럼을 듣기 좋게 만들기 위해 컴프레서, 베이스 부스트, 보코더 등을 조작하고 있는데 아무 소용이 없네요. 특히 컴프레서를 어떻게 사용해야 하는지 모르겠어요.

팀은 포럼에서 얻은 모든 팁을 흡수했다. 다른 프로듀서들이 유튜브에 올린 영상도 계속해서 시청했다.

일반적으로 작곡은 잘 어울리는 드럼과 베이스라인을 찾는 것으로 시작했다. 그것이 노래의 밑바탕이자 중추였다. 약간의 샘플이나 목소리도 가미할 수 있었지만, 제작을 진전시키는 것은 드럼과 베이스였다.

팀의 본능은 그를 다른 길로 이끌었다. 그는 드럼과 베이스 대신 멜로디로 시작했다.

당장 생각나는 멜로디가 없어도, 화음을 가지고 놀다 보면 멜로디가 자연스럽게 떠올랐다.

멜로디가 정해지고 나면 그다음은 멜로디에 어울리는 신디사이저를 찾았다. FL 스튜디오의 재미있는 점은 각각의 소리를 왜곡할 수 있다는 것이었다. 소프트웨어 프로그램에서 악기는 고전적인 역할에서 해방되었다. 감미로운 현악기가 둔한 리듬 악기가 될 수 있고, 짧고 공격적인 트럼펫은 부드러운 베이스로 바뀔 수 있었다.

화음을 맞춘 뒤 팀은 노래의 나머지 부분을 만들기 시작했다. 그리고 어떤 드럼과 이펙트를 사용할 것인지 결정했다.

유튜브에서 악스웰의 'Feel the Vibe (Til the Morning Comes)' 뮤직비디오가 반복 재생되었다. 팀은 베이스와 멜로디가 상호작용하는 방식을 연구했다. 팀은 노래가 주는 행복하고 부드러운 느낌을 좋아했다. 노래를 다 듣고 나서도 여운이 남았다. 그는 악스웰이 어떻게 이런 노래를 만들었는지 궁금했다. 팀의 비트가 날카로운 연필로 그려졌다면, 악스웰의 노래는 다채로운 파스텔 크레파스로 그려진 것 같았다.

팀은 밤새도록 포럼의 글을 읽고 질문했다. 친구들이 보기에도 팀은 새로운 것에 집착하는 것이 분명했다. 그들이 영화를 보거나 게임을 할 때도 팀은 멀찍이 떨어져 앉아 있었다. 한 시간, 어쩌면 두 시간을 기다려야 할 수도 있었다. 마치 팀에게는 그들의 말이 들리지 않는 것 같았다.

그는 노래 속 퍼즐에 매료되었고, 그 자체로는 하찮게 느껴지는 조각일지라도 다른 조각과 결합하면 완전히 강력해질 수 있다는 것을 깨달았다. 그 과정에서 팀은 마음이 편안해지는 것을 느꼈다.

팀은 숙제하는 것을 잊고, 먹는 것을 잊고, 여드름을 잊었다.

그의 머릿속은 음악으로 가득 찼다.

두 개, 세 개, 그리고 마침내 네 개의 퍼즐 조각이 맞춰지자, 팀은 의자에서 들썩이기 시작했다. 얼마 전까지만 해도 모니터에 빈 격자무늬밖에 없었지만, 이제 그의 헤드폰에서 완전한 비트가 쿵쿵거리고 있었다. 심지어 약간의 스윙도 있었다!

그는 손을 흔들며 공중에서 화음을 연주했고 그의 가슴에 기쁨과 자부심이 차올랐다.

갑자기 앙키가 침대에서 일어나 화장실로 가는 소리가 들렸다.

그는 재빨리 천장 등을 껐다.

외스테르말름의 청소년들 사이에서 문보이라는 DJ에 대한 소문이 퍼지기 시작했다. 학교 복도에 설치된 무선 스피커에서 'En låda 상자'라는 노래가 흘러나왔고, 2007년 봄, 마지막 학기에 열린 파티에서 필리프 오케손은 이 노래를 들었다.

얼마 후, 필리프와 함께 독일어 수업을 듣는 남학생이 문보이가 그들의 학교에 다니는 것 같다고 말했다. 필리프는 말도 안 된다고 생각했다. 그의 또래가 만들기에는 너무 전문적인 곡이었다.

E2C의 그 아이 말하는 거야? 엄마가 배우인 그 아이? 사물함옆 테이블에 앉아서 컴퓨터 게임 얘기를 하던 그 아이? 노란 밑창의 낡아빠진 아디다스를 신고 다니는 그 아이?

팀 베릴링이 문보이라고?

필리프 오케손은 아무리 바보 같은 옷을 입었더라도 직접 음악을 만들 줄 아는 아이를 알아갈 기회를 놓치고 싶지 않았다. 그래서 필리프는 금요일 방과 후 팀의 집을 찾아갔다.

"부모님이 집에 안 계셔서 거실에만 있을 수 있어." 팀이 문을 열며 말했다.

1년 반 동안 같은 학교에 다녔지만 두 사람은 한 번도 제대로 대화를 나눈 적이 없었다. 그들은 팀의 컴퓨터를 거실로 가지고 나와 TV에 연결했다.

필리프는 즉시 세바스티안 인그로소와 악스웰의 노래를 틀기 시작했다.

"멋지지 않아?"

"정말 멋져!"

필리프는 자신이 가장 좋아하는 'Teasing Mr Charlie'와 비슷한 노래를 만들자고 제안했다.

팀은 재빨리 작곡에 돌입했다. 그는 Saw Dist Tube 사운드를 클릭하고 구성 요소를 배치하기 시작했다.

필리프는 넋을 잃고 연두색 노트가 회색 격자를 가로지르며 춤추는 모습을 지켜보았다. 그는 몇 년 동안 하우스 음악을 들어왔지만, 노래가 이렇게 발전하는 것을 본 적이 없었다.

단 몇 분 만에 팀은 반복하기 쉬운 패턴을 만들었다. 그리고 그 패턴을 복사하여 첫 번째 노트 아래에 배치했다. 이는 사운드를 무겁게 만드는 가장 좋은 방법이라고 그는 설명했다.

그러고 나서 그는 베이스 드럼과 약간의 손뼉 소리를 추가했다.

"이제 여기서 애타게 만들어야지." 필리프 오케손이 말했다.

바로 여기서 필리프의 경험이 엿보였다. 팀의 히트곡 'En låda'는 그에게 깊은 인상을 주었지만, 자신의 아이팟에 있는 노래처럼 절정에 이르진 못했다.

프로그레시브 하우스는 기대감을 바탕으로 만들어진 음악의 한 종류였다. 노래가 꽃처럼 서서히 성장하다가 피어난다는 것이 '프로그레시브 progressive'라는 단어의 요점이었다.

차분하던 노래가 고조되면서 드럼이 현악기로 바뀌고, 제트기가 예열되는 듯한 소리를 내며 폭풍이 심해졌다. 노래가 절정에 다다르자, 멋진 드랍이 가슴을 폭발하게 했다.

섹스하는 것 같았다. 소년들이 상상하는 섹스가 이런 것이라면 말이다.

필리프 오케손은 댄스 음악에 대해 잘 알고 있었다. 우선 최소 30초 동안은 드럼만 연주되어야 했다. 디제잉 할 때 다른 노래와 자연스럽게 섞일 수 있어야 하기 때문이다. 그리고 나서 한두 음 정도의 멜로디에 대한 짧은 프리뷰는 듣는 사람을 더 애타게 했다.

팀은 방법을 잘 아는 사람을 만난 것이 멋지다고 생각했고 필리프의 지시를 따랐다.

정확히 30초 동안 드럼을 연주한 후, 멜로디를 살짝 들려주고, 드럼을 15초 연장했다. 1분간 인내심을 가지고 노래를 고조시킨 끝에 마침내 멜로디가 폭발했다.

괴성을 지르는 듯한 신스가 거실을 가득 메우고 필리프가 환호성을 질렀다.

"소리 높여, 인마! 넌 천재야, 팀!"

늦은 밤 아라쉬 푸르누리는 친구와 함께 차를 타고 시내를 돌아다니며 버스 정류장에 포스터를 붙였다. 2007년 여름, 그는 스투레플란에 위치한 전설적인 클럽 카페 오페라에서 공연을 열 계획이었다.

바로 이 곳에서 혁명이 시작됐다.

스투레콤팡니에트 클럽에서 DJ 에릭 프리즈가 세바스티안 인그로소를 처음 만났고, 이것이 스웨디쉬 하우스 마피아의 탄생으로 이어졌다. 그로단 레스토랑의 지하에서 사람들은 욘 달스트룀이나 아담 베이어 같은 스웨덴 프로듀서들을 향해 두 손을 뻗었고, 프레스가탄12 레스토랑은 유명한 DJ들을 섭외했다.

애쉬라고 불렸던 아라쉬 푸르누리는 하우스 음악계에 한 걸음 더 나아가기를 열망했다.

아라쉬는 다섯 살 때 홀어머니와 두 명의 어린 동생들과 함께 스웨덴에 왔다. 그들은 스톡홀름 남쪽 교외 지역 스카르프네크에 집을 마련했다. 그는 'Rosor av stål 강철 장미'이라는 노래로 지역 장기자랑에서 우승하며 음악가로서의 미래를 꿈꾸기 시작했다. 그의 어머니는 근면 성실을 강조했고 아이들이 의사가 되기를 바랐지만, 아라쉬는 자신이 사업가가 되리라는 것을 항상 알고 있다. 그는 그 단어가 무엇을 의미하는지 알기 전부터 자신이 사업가처럼 느껴졌다.

그러나 사업가가 되기 위한 여정은 험난했다.

그는 10대 후반에 스톡홀름의 대형 IT 회사 스프레이에서 음악 스트리밍 서비스에 대한 아이디어를 발표했다. 그는 회사 변호사에게 아직 특허를 출원하지 않았다고 말했고, 6개월 뒤 회사는 아라쉬 몰래 큰돈을 받고 아이디어를 팔았다. 그는 나중에야 자신이 순진했다는 사실을 깨달았다. 굴욕감을 느낀 그는 법을 공부하기 시작했다. 누구도 다시는 그를 속일 수 없을 것이다.

아라쉬는 스톡홀름과 오슬로에서 클럽을 홍보하기 시작했다. 일주일에 3일은 공부를 하고, 주말이 되기 전에 버스를 타고 국경을 넘어 노르웨이로 가서 자신의 클럽에서 DJ로 활동했다.

이 시기에 그는 휴대폰을 한 번 잃어버렸는데, 이는 그의 다음 사업 아이디어에 불을 지폈다. 심 카드는 휴대폰 콘텐츠의 백업 복사본을 만들어 중요한 번호와 메모를 보호하는 역할을 했다. 아라쉬는 이에 착안해 25만 크로나를 대출받아 많은 개발자를 고용했다. 그러나 프로젝트가 예상외로 오래 진행되면서 비용이 눈덩이처럼 불어났다. 결국, 프로젝트는 실패했고, 모든 투자자가 떨어져 나갔다.

그러나 이는 모두 지나간 일이다. 이제 그는 스톡홀름 시민들에게 하우스 음악의 힘을 알리기 위해 노력하고 있었다. 그와 그의 친구가 카페 오페라 클럽과 맺은 계약은 사실 매우 형편없었고, 클럽 경영자가 티켓 수익의 대부분을 가져갔다. 하지만 그들은 이를 통해 업계에 또 다른 발을 내딛게 되었다. 그리고 그들은 2007년 여름을 앞두고 네덜란드인 레이드백 루크와 영국인 듀오 프리메이슨즈를 비롯한 인기 있는 DJ들을 섭외했다.

이제 더 많은 사람이 그들의 환상적인 세계로 초대될 것이다.

순식간에 친해진 팀 베릴링과 필리프 오케손은 그들만의 루틴을 만들었다. 그들은 아침에 학교에서 잠깐 만난 뒤, 점심 식사 후 학교를 빠져나와 린네가탄에 있는 팀의 집으로 향했다.

팀과 필리프는 함께 침대 위에 엎드려서 독일 토카디스코나 다프트 펑크, 조아킴 가로 같은 프랑스인들의 노래를 연구했다.

그들은 저음역을 두고 잦은 논쟁을 펼쳤다. 필리프는 우렁차고 공격적인 베이스를 원했다. 클럽에 어울리는 노래라면 쿵쿵거리는 소리가 울려 퍼져야 할 것이다.

반면 팀은 작곡 자체에 더 관심이 많았다. 그는 베이스 드럼이 있다는 것 자체로 노래의 밑바탕은 충분하다고 생각했고, 그보다 다채롭고 쉬운 멜로디를 만들기 위해 노력했다. 그는 동요처럼 듣자마자 머릿속에 꽂히는, 자유롭고 따뜻한 멜로디를 추구했다.

몇 시간 동안 일을 하고 나면 방 안의 산소가 다 고갈되어 팀과 필리프는 서로의 방귀만 들이마시는 것 같았다. 학교 수업을 빼먹는다는 것을 클라스나 앙키가 눈치채지 못하도록 그들은 저녁에 외스테르말름스토리에서 피자를 먹고, 학교에서 돌아오는 척하며 팀의 방에 틀어박혀 작업을 계속했다.

팀은 부모님을 속이는 데 능숙했다. 그는 꾀병을 부리거나 학교가 쉬는 날이라고 거짓말했고, 스페인어 선생님이 아프다는 핑계를 댔다.

비록 그의 부모는 막내가 하고 싶은 대로 하도록 내버려 두었지만, 그가 꾸며낸 이야기들은 믿지 않았다. 클라스와 앙키는 팀에게 학교에 가야 한다고 설득했지만, 소용이 없었다.

그들의 아들은 믿을 수 없을 정도로 고집이 셌다.

팀이 유치원에서 크래커 외에 다른 음식을 먹지 않았던 것과 마찬가지로, 이제 그는 수학 숙제에 대한 부모님의 훈계를 듣는 것을 거부했다. 그의 우선순위는 흔들리지 않았다.

졸업이 다가오자, 학교 행정실로부터 편지 한 장이 도착했다. 팀이 결석을 너무 많이 해서 수업료 지원이 취소될 위기에 처했다는 것이다. 클라스는 외스트라 레알의 담임 교사에게 전화를 걸어 아들이 어떻게 해야 할지를 물어보았다.

"네, 우선 수업에 오는 것부터 시작하죠."

2007년 말, 팀과 필리프는 그들의 노래가 외스트라 레알 밖에서도 흥행할 만큼 좋다고 생각했다.

팀은 문보이라는 이름이 마음에 들지 않았다. 그는 위키피디아에서 가장 큰 죄인들을 위한 불교 지옥인 '아비치'에 관한 글을 발견했다. 범죄자들이 타오르는 불길 속에서 끝없는 고통에 시달리는 곳이었다.

아비치라는 이름은 문보이보다 훨씬 강해 보였다.

팀과 필리프는 아비치와 필굿이라는 이름으로 스웨덴 하우스 음악 블로거들에게 'A New Hope'이라는 노래를 보냈다. 이제 그들이 할 일은 누군가가 그것을 블로그에 게시할 만큼 좋아하기를 바라는 것뿐이었다.

동시에 팀은 토론이 활발하게 이루어지고 있는 또 다른 사이트를 발견했는데, 바로 네덜란드인 프로듀서 레이드백 루크의 홈페이지였다. 팀은 그곳에 자신의 노래 'Mr Equalizer'와 'Who's the Wookie Now?!'를 올렸고, 여러 사람에게서 즉시 박식한 답변을 받았다.

"처음 4박부터 별로." 한 사람이 지적했다. "차라리 백색소음을 만드는 게 나을 듯."

"살짝 아쉬운 점이 있다면," 또 다른 사람이 말했다. "두 번째 브레이크 이후에 나오는 베이스와 신스의 주파수를 바꿔보세요. 아무튼, 좋은 곡이에요. 이 곡으로 디지털 음원도 발매할 수 있을 거예요."

매년 여름 암스테르담의 축구 경기장은 흰색 옷을 입은 3만 명의 사람들로 가득 찼다. 티에스토는 센세이션 페스티벌의 왕이었다. 빠른 속도의 드럼과 웅장한 신스 패턴을 기반으로 한 그의 트랜스 음악은 그를 유럽 전역의 슈퍼스타로 만들었다. 4년 전, 티에스토는 아테네 올림픽 개막식에서 공연했다. 그의 고국인 네덜란드에는 그의 이름을 딴 특별한 튤립도 있었고, 여왕은 그에게 왕실 메달을 수여했다.

아프로잭, 처키와 함께 레이드백 루크는 네덜란드의 차세대 DJ로 떠올랐고, 루크는 뛰어난 작곡 실력을 갖추고 있었다.

어느 날 팀에게 개인 메시지가 도착했다. 레이드백 루크가 포럼 사이트를 통해 직접 팀에게 보낸 메시지였다.

팀은 메시지를 열 자신이 없었다.

"필리프, 이거 좀 읽어주라."

루크는 팀의 노래에 대한 피드백을 적어 보냈다. 그는 솔직하면서도 친절했다. 그는 팀이 하드 일렉트로닉보다는 그가 잘하는 멜로디에 집중해야 한다고 말했다. 그는 팀의 노래를 주의 깊게 듣고, 베이스 드럼을 더 풍성하게 만드는 방법이나 신스 루프를 생동감 있게 만드는 방법을 알려주었다. 레이드백 루크는 음반사 믹스매시 레코드를 보유하고 있다고 말했고, 팀이 계속해서 이 속도로 발전한다면, 언젠가 아비치의 노래를 발표해 줄 수 있다고 말했다.

이제 영국에서도 댄스 음악에 관심을 가지기 시작했다. 90년대 초부터 BBC 라디오 프로그램에서 하우스 음악을 소개해 왔던 DJ 페티통은 2008년 4월, 젊은 프로듀서들을 대상으로 경연대회를 열었다.

팀은 자신의 노래 'Manman'을 보냈고, 이 곡은 청취자들에 의해 1위로 선정되었다.

몇 주 후, 팀과 필리프는 클럽 프로모터 아라쉬 푸르누리를 만나기 위해 외스테르말름에 있는 카페 모코로 향했다.

아라쉬는 누가 봐도 지적이고 세속적인 사람이었다. 그의 수염은 완벽하게 손질되어 있었고, 그는 깨끗한 운동화를 신고 있었다. 그는 26세의 성인이었다.

아라쉬는 팀에게 페이스북 메시지를 보내서 블로그에서 팀의 노래 몇 곡을 들었고 만나서 이야기를 나눠보고 싶다고 했다. 팀은 혼자 낯선 사람을 만나는 것이 무서워 필리프를 데려갔다.

아라쉬는 팀의 노래에 특별한 무언가가 있다고 말했다. 대다수의 하우스 프로듀서들은 강렬한 비트에 치중했지만, 팀은 달랐다. 팀의 노래는 날 것 그대로였고 방향성이 없었지만, 잘 다듬기만 한다면 좋은 노래가 될 수 있었다.

"스웨덴에서 하우스 음악이 인기를 끌고 있어." 아라쉬가 말했다. "이걸 기회로 삼을 거야. 나는 널 띄워줄 인맥을 가지고 있어."

아라쉬는 1년 안에 팀을 스웨덴 최고의 아티스트로 만들어 주겠다고 약속했다. 사업에 실패한 후 그는 복수에 대한 욕망으로 가득 차 있었다. 다시는 다른 사람의 손에 놀아나지 않을 것이며, 다른 사람에게 의존하지 않을 것이다. 그는 지식과 경험을 통해 아비치와 필굿을 순식간에 정상에 올려놓을 것이다.

"이 일을 직업으로 삼기 위해서는 준비가 되어있어야 해." 아라쉬가 말했다. "만약 네가 평범한 직업을 가졌다면, 하루에 8시간만 일해도 되겠지. 하지만 여기서 성공하려면, 적어도 16시간은 투자해야 해."

팀과 필리프는 앞으로 일어날 일에 매료되어 고개를 끄덕였다.

애쉬와의 첫 만남은 순조롭게 진행되었고, 그렇게 우리의 첫 번째 매니지먼트 계약이 성사되었다. 그는 나를 세계 최고의 DJ로 만들어 줄 것이며, 자신은 그렇게 하는 방법을 정확히 알고 있다고 말했다.

나는 18세의 나이에 매니저가 있다는 게 너무 행복하고 멋있다고 느껴져서 애쉬의 제안을 받아들였다.

태양이 팀의 얼굴을 뜨겁게 달구고 있었다. 검은 양철 지붕 위에서 스톡홀름 중심부가 내려다보였다. 바로 앞에는 클라라 교회 탑이, 오른쪽에는 노라 반토리에트 광장이 있었다. 드로트닝가탄의 상점가를 걸어가는 관광객들의 모습도 볼 수 있었다.

졸업 직후, 팀은 집을 떠나 형 안톤이 살던 캄마카리아탄의 원룸으로 이사했다.

그에게는 1년의 시간이 주어졌다. 팀이 프로듀서로 자리를 잡는 동안 부모님은 팀의 생활비를 지원해 주기로 했다. 그는 밤을 새워서 노래를 만들고, 아침에 잠이 쏟아지면 지붕 위에 누워 잠을 잤다. 그렇게 해서 그는 잠과 햇볕을 모두 잡았다. 비록 피부가 빨갛게 탔지만, 그는 화상을 입으면서 여드름이 사라지는 것 같다고 생각했다.

잠에서 깨어난 팀은 옥상에서 내려와 집으로 향했다. 그의 원룸은 씻지 않은 접시, 담배 뭉치, CD들로 어수선했다. 코카콜라와 냉동 피자로 가득 찬 냉장고와 침대가 차지하는 공간을 제외하고는 발 디딜 틈이 없었다.

팀은 책상에 앉아 일을 계속했다. 그가 직접 조립한 컴퓨터는 높은 사양의 프로세서, 램, 하드 드라이브를 갖추고 있었다. 레이저 디스트럭터라고 불리는 마우스 패드는 금속으로 코팅되어 커서를 빠르게 움직일 수 있게 해주었는데, 이는 월드 오브 워크래프트뿐만 아니라 프로듀싱을 할 때도 도움이 됐다.

가장 좋았던 점은 아라쉬 푸르누리에게 계획이 있다는 것이었다. 그는 음악 업계가 어떻게 돌아가는지 잘 알고 있었고, 유통, 포지셔닝, 마케팅 전략 같은 지루한 것들에도 능통했다.

전략은 꽤 실제적이었다. DJ와 클럽 프로모터로 일하면서 아라쉬는 비즈니스 관계자의 이메일 주소와 전화번호를 얻었다. 그는 자신의 노래를 리믹스해주길 원하는 유명 아티스트를 찾았다. 이렇게 하면 팀과 필리프는 노래를 처음부터 만들 필요도 없고, 유명한 아티스트의 인기에 편승할 수도 있었다. 만약 그들이 한 달에 한 번씩 리믹스를 발표한다면, 그들은 지속해서 양질의 작품을 선보이는 프로듀서로 자리매김하게 될 것이다.

아라쉬는 이미 첫 번째 과제를 준비해 두었다. 독일인 DJ 프란체스코 디아즈의 노래 'When I'm Thinking of You'의 공식 리믹스를 만드는 것이었다.

팀은 자유롭게 상상의 나래를 펼쳤다. 그는 스웨덴의 80년대 그룹 시크릿 서비스, 듀란듀란, 투 언리미티드, 컷 앤 무브 같은 유로댄스 아티스트의 곡을 리믹스하고 싶었다.

아라쉬는 그것만으로 충분하지 않다고 생각했다. 팀은 전적으로 직감에 충실했지만, 아라쉬는 분석적이었다. 그는 자신을 대중의 입장에 두는 능력이 뛰어났다. 아라쉬는 집에서, 차에서, 헤드폰을 끼고 음악을 들으며 청중에게 이 노래가 어떻게 들릴지 끊임없이 분석하려고 노력했다.

아라쉬는 팀의 노래에 대한 의견을 써서 장문의 이메일을 보냈다. 그는 드랍을 더 묵직하게 만들거나, 샘플을 더 일찍 잘라내거나, 스네어 드럼의 속도를 높이길 원했다.

그다음 그들은 제안 사항을 함께 검토했다. 한 요소를 제거하는 것은 다른 요소를 추가하는 것만큼 효과적일 수 있다. 사운드를 간소화하고 다듬는 것이 중요했다. 청중은 노래의 복잡성이 아닌 본질을 기억할 것이다.

한 가지 중요한 점은 아라쉬가 경영을 담당하는 동안 팀은 음악에만 집중할 수 있다는 것이었다. 이전에 실패를 겪은 이후, 아라쉬는 다시는 통제권을 잃지 않기로 했다. 그 누구도 그처럼 열심히 일할 수 없었고, 그가 다른 사람에게 주도권을 넘겨줄 때마다 모든 것이 엉망이 되었다. 팀이 아라쉬가 자신을 세계적인 스타로 만들어 줄 것이라고 믿지 않았다면, 그들은 함께 일하지 않는 편이 더 나았을 것이다.

그 대가로 팀은 자신이 원하는 것, 즉 새로 구매한 24인치 모니터 앞에 앉아 멜로디를 만드는 것에만 집중할 수 있었다. 팀에게 완벽한 계획이었다.

그러나 모든 부모가 프로듀서를 꿈꾸는 아들을 지원해 준 것은 아니었다. 졸업 후 필리프 오케손은 칼라플란 광장 근처 식료품점에서 캐셔로 일했다. 그는 이미 친구보다 뒤처진 것 같았고, 팀은 매주 훌륭한 음악적 발전을 이루고 있었다. 필리프는 교대 후에 팀이 그날 무엇을 성취했는지 보기 위해 서둘러 팀의 집으로 향했다.

어느 날 저녁, 필리프는 약속보다 몇 시간 늦게 팀의 집에 도착했다. 엥엘브랙트 학교의 한 남학생이 대마초를 팔고 있었기 때문이다.

팀은 필리프가 왔을 때 이미 화가 나 있었다. 필리프가 늦어서가 아니라, 그가 대마초를 사느라 그들의 귀중한 시간을 허비했기 때문이었다.

그들에게는 이제 무언가 큰일을 할 기회가 주어졌다. 아라쉬는 호주 회사 비셔스 그루브스와 연락했고, 레이드백 루크는 대중에게 선보일 만한 좋은 곡이 나오기를 기다리고 있었다.

"어쩌라고." 필리프가 소리쳤다. "겁쟁이처럼 굴지 마."

팀이 화를 내며 맞섰다.

"난 대마초 피우는 사람하고는 상종하고 싶지 않아!"

어느 날 아라쉬가 중고 장비 몇 상자를 들고 팀의 집에 왔다. 그들은 DJ 컨트롤러와 두 개의 CD 플레이어를 일렬로 놓았다.

첫 만남에서 아라쉬는 진짜 돈은 라이브 공연에서 나온다고 설명했다. 히트곡이 나오기 전까지는 노래로 돈을 벌 수 없었다. 사람들이 무료로 음원을 내려받는 것에 익숙해져 있으므로 노래는 그저 자신의 이름을 알리는 방법으로 여겨졌다. 진정한 비즈니스 기회는 공연이었다.

아라쉬는 케이블을 어떻게 끼워야 하는지, 중요한 버튼과 크로스페이더가 어떻게 작동하는지와 같은 기본적인 사항들을 알려주었다. 이러한 기술을 익히는 것은 그리 어렵지 않았다. 중요한 것은 분위기를 파악하는 법이었는데, 아라쉬는 오슬로 클럽에서 디제잉할 때 이를 터득했다. 약간의 연습만 하면 그들은 사람들이 진짜로 신이 나서 춤을 추는지, 아니면 더 강렬한 노래를 원하는지를 구분할 수 있었다.

아라쉬는 하나의 DJ 셋을 세 단계로 나누어 설명했다. 첫 번째는 청중의 흥을 돋우고 그들을 댄스 플로어 위로 불러내는 것이었다. 두 번째는 강렬한 음악을 이용해 청중을 달아오르게 만드는 것이고, 세 번째가 마침내 클럽의 모든 사람이 음악에 미치는 절정의 시간이었다. 댄스 플로어를 장악한 DJ는 숙련된 영화감독처럼 청중의 관심을 조종할 수 있었다.

팀은 칼손스 중학교의 9학년 학생들을 위한 댄스파티에서 첫 공연을 하기로 했다.

댄스파티 전날 오후, 팀과 필리프는 토카디스코 리믹스와 에릭 프리즈, 데이비드 게타의 노래를 CD에 넣었다. 팀은 바닥에 발을 구르고, 손뼉을 치고, 일어서서 원을 그리며 돌아다녔다.

"이거 틀어도 돼?"

"그래, 야, 그거지!"

"내가 할 수 있을까?"

필리프도 긴장했지만, 팀은 완전히 겁에 질린 것 같았다. 근육 하나하나가 긴장됐고 입에서는 끊임없이 말이 쏟아졌다.

필리프 오케손은 팀과 친해질수록 그가 과도한 불안에 시달린다는 것을 눈치챘다. 그는 강박적으로 문손잡이를 네 번 당겼고, 냉장고 안의 코카콜라 병을 특정한 방식으로 배열했다. 예고 없이 가슴에 통증을 느꼈고, 필리프에게 종양이 생겼는지 만져봐 달라고 했다. 그러나 이것은 완전히 새로운 수준의 긴장감이었다.

필리프는 팀의 끝없는 걱정에 지쳤다. 고민할 건 별로 없었다. 아무리 어려운 일이라도 그저 이를 꽉 물고 헤쳐나가면 된다. 다른 사람이 문제를 대신 해결해 줄 수는 없다.

"이 곡으로 끝내면 될까?" 팀이 물었다.

"당연하지. 야, 그냥 가볍게 해. 뭐가 그렇게 무섭다고."

댄스파티는 학교 강당에서 열렸다. 다행히도, 학생들은 그의 노래가 얼마나 자연스럽게 섞이는지보다는 데이트할 누군가를 찾는 것에 훨씬 더 관심이 있었던 것으로 드러났다.

2008년 여름 동안 팀과 필리프는 쇠데르말름에 있는 카페 코지에서 디제잉을 했다. 그곳은 사람들이 일부러 찾아오기보다는 온종일 쇼핑을 한 뒤에 잠깐 들러 파이 한 조각을 먹으러 오는 곳이었다.

팀과 필리프는 주방 근처 통로에 디제잉 장비를 설치했다. 그 카페는 디제잉을 연습하기에 매우 좋은 장소였는데, 왜냐하면 그곳의 주인은 아라쉬의 지인이자 그들의 음악에 맞춰 춤을 추던 유일한 사람이었기 때문이다. 그러나 디제잉 도중 팀이 실수로 일시정지 버튼을 건드리자, 음악이 끊기고 말았다.

필리프는 팀이 다시 음악을 재생하기를 기다렸다.

그러나 아무 일도 일어나지 않았다. 팀은 온몸이 마비된 채 겁에 질려 서 있었다. 필리프는 그의 친구 너머로 손을 뻗어 대신 음악을 틀어야 했다.

커피를 마시는 손님들이 알아차리지도 못한 10초간의 찰나였다. 그러나 팀에게 그것은 중대한 실수이자 굴욕의 순간이었다.

그는 더 이상 코지에서 디제잉 하고 싶지 않았다.

그리고 몇 달 뒤 같은 일이 반복됐다.

스톡홀름에서 청소년 축제 '영08'이 열렸다. 도시 한가운데에 있는 쿵스트레디에르덴 공원에서 공무원들은 천막을 치고 청소년들에게 콘돔을 착용하는 법이나 화재 시 행동하는 법을 가르치고 있었다.

아라쉬는 팀이 금요일 밤 폐막식 무대에 올라 5천 명의 아이들 앞에서 공연하도록 주선했다. 역대 최고 규모의 공연이었다.

팀은 당황했다.

"거긴 애들이나 가는 데야." 그가 말했다.

필리프 오케손은 청중의 나이가 문제가 아니라고 생각했다. 중요한 것은 청중의 숫자였다. 쿵스트레디에르덴 공원은 쇠데르말름의 카페와는 전혀 달랐다. 팀은 더 이상 무명 DJ가 아니었고, 이제 누군가 그를 큰 소리로 무대에 불러들일 차례였다.

팀은 거절했다. 수백 번의 논쟁 끝에, 결국 그는 공연하지 않기로 했다.

필굿이 그를 대신해 무대에 올랐다.

팀이 DJ라는 직업에 적응하기 어려울 때면, 그는 컴퓨터 앞에서 더욱 열심히 일했다. 노래가 거의 완성되면 세 사람은 음악이 잘 믹싱되었는지 알아보기 위해 아라쉬의 차를 타고 여행을 떠났다.

팀과 필리프는 뉘브로가탄에 있는 모닝턴 호텔의 체육관이 종종 비어있다는 사실을 발견했다. 그곳에서 팀은 벽에 고정된 스피커의 볼륨을 높이고, 필리프와 함께 팀의 신곡 'Ryu'에 나오는 묵직한 베이스라인을 평가했다.

이 곡은 획기적인 발전을 의미했다. 'Ryu'와 'Strutnut'은 레이드백 루크가 자신의 음반사 믹스매시에서 발매할 만큼 좋다고 생각한 첫 노래들이었다.

그뿐만이 아니었다. 2009년 3월, 루크는 팀, 필리프, 아라쉬를 미국으로 초대하여 첫 해외 공연을 함으로써 발매를 기념하기로 했다.

루크가 기획한 파티는 마이애미의 한 고급 호텔 지하에서 열렸다. 그곳에는 팀 외에도 두 명의 네덜란드인 DJ들이 있었는데, 베테랑 듀오 초콜릿 퓨마와 팀 또래의 남자아이 하드웰이었다.

윈터 뮤직 컨퍼런스는 전통 업계 모임으로 시작했다. 21세기에 들어서 미팅과 레이브가 함께 열리기 시작했고, 이는 점차 오늘날의 울트라 뮤직 페스티벌로 성장했다. 윈터 뮤직 컨퍼런스는 음반사 임원, 공연 기획사, 경영진을 위한 세미나와 패널 토론을 열었고, 주말에는 울트라 뮤직 페스티벌이 수천 명의 학생을 폭발적인 비트와 레이저 쇼가 있는 파티로 끌어들였다. 1년 전, 스웨덴인 에릭 프라이즈는 울트라에서 그의 첫 번째 미국 페스티벌 공연을 펼쳤다. 그 당시 레이디 가가는 상대적으로 잘 알려지지 않은 아티스트였지만, 이제 그녀의 노래 'Poker Face'는 2009년 베스트셀러 싱글이 되기 위해 나아가고 있었다.

미국에서 마지막으로 댄스 음악이 주목받았던 때는 프로디지, 케미컬 브라더스, 팻보이 슬림 같은 영국인들이 차트에 올랐던 90년대 후반이었다. 그러나 레이브와 함께 엑스터시가 성행하자, 정치인들은 전국의 창고와 숲에서 열리는 레이브를 강력하게 단속하기 시작했다. 많은 정치인은 댄스 음악을 젊은이들에 대한 위협으로 여겼다. 2002년 조 바이든 상원의원은 엑스터시의 유행을 막기 위해 레이브를 금지하는 법안을 추진했다. 이 제안은 너무 광범위하다는 비판을 받았다. 야광봉은 파티를 중단시키기에 충분한 이유였고, 심지어 마사지 오일은 마약의 표시로 여겨졌다.

법안은 곧 완화되었지만, 하우스 음악의 발상지인 시카고는 허가 없는 레이브를 금지한 미국 최초의 도시가 되었다. 그 이후 수많은 야간 경찰의 급습으로 인해 현장은 상당히 냉각되었다.

미국 라디오 방송국은 전통적인 팝 구조를 갖추지 못한 음악의 등장에 당황했다. 미국에서 벌스, 코러스, 브리지가 없는 노래가 흥행하는 것은 사실상 불가능한 일로 여겨졌다.

그러나 변화의 조짐이 보였다. 데이비드 게타의 노래가 미국 라디오에서 흘러나오기 시작했다. 미국 슈퍼 트리오 데스티니스 차일드의 전 멤버 켈리 롤랜드가 'When Love Takes Over'의 보컬을 맡았고, 데이비드 게타가 만든 'I Gotta Feeling'은 블랙 아이드 피스의 히트곡이 되었다. 그는 유럽 하우스 음악의 에너지와 미국 최고의 팝 가수를 결합하는 마법의 공식을 찾은 것 같았다.

긴 비행이 끝나갈 무렵, 팀은 창문 너머로 비행기 날개가 위아래로 흔들리는 것을 바라보았다. 그는 비행을 싫어했고, 가장 불쾌한 것은 착륙이었다. 훈련받은 조종사라 할지라도 이런 난기류 속에서 비행기를 착륙시키는 일은 힘들 것이다. 그들은 마이애미 공항 주변을 30분 넘게 맴돌고 있었다.

"팀, 우린 죽을 거야."

필리프 오케손은 옆자리에 앉은 팀 베릴링을 비웃었다.

"우린 추락할 거야, 팀!"

"닥쳐!"

팀이 필리프의 어깨를 때리자, 순간적으로 불안감이 해소됐다.

사우스 비치의 한 일식당에서 미팅이 열렸다. 레이드백 루크와 인사를 나누는 팀의 손이 떨렸다.

"좀 긴장되네요. 디제잉을 안 한 지 너무 오래돼서요."

루크는 팀의 심경을 이해했다. 비록 원인은 정반대였지만, 31세인 그도 오랫동안 불안과 자기 회의에 시달려 왔다.

루크는 공연하는 데 아무런 문제가 없었다. 오히려 그는 무대에 서는 것을 좋아했다. 그는 강렬함과 기술적인 용기로 음악의 힘을 찬양했다. 90년대 후반에 전설적인 DJ 칼 콕스가 루크의 노래 'The Stalker'를 틀었을 때 그는 팀과 같은 나이였다. 그는 암스테르담의 레코드 매장에 줄지어 있는 음악 잡지에서 자신의 이름을 보았다. 이제 그는 자신이 정상에 머물 자격이 있다는 것을 증명해야 했다.

하지만 그는 갑자기 작곡에 어려움을 겪기 시작했다. 아무리 열심히 작업해도 후속곡을 만들 수 없었다. 그는 오후와 저녁 내내 베이스 드럼 소리를 만지작거리다가 작업을 포기했다. 귀에서 피가 나는 느낌이 들 때까지 볼륨을 높였지만, 소리가 어떻게 들리는지 알 수 없었다. 얼마 후, 그는 친구들과의 만남도, 외출도 중단했다. 친구들의 질문에 루크는 일주일 내내 스튜디오에서 일했다고 말했지만, 실제로 그는 자만심과 자기혐오에 빠져 침대에 누워 하루를 보내기 시작했다.

많은 사람이 이 기회를 꿈꾸었다. 왜 그는 기회를 잡지 않았을까? 칼 콕스가 그의 노래를 틀었다는 것은 틀림없이 그가 무언가가 되었다는 것을 의미했다.

어느 날 그가 소파에 누워 몸을 쭉 뻗자, 몸이 따끔거리기 시작했다. 그 느낌은 점점 더 강렬해졌고, 갑자기 숨쉬기가 어려워졌다. 마치 누군가가 그의 목을 손으로 누르는 것 같았다. 그는 비명을 지르려고 했지만 숨을 들이마실 수 없었다.

잠시 후 루크는 자신이 공황발작을 겪었다는 것을 깨달았다. 그는 이 일을 누구에게도 말하고 싶지 않았다. 그는 강하고 능력 있는 사람이고, 불안은 겁쟁이나 느끼는 감정이었다. 그는 이를 꽉 물고 더 열심히 일할 것이다.

그리고 12년 뒤 일식당에서 루크는 팀에게 용기를 심어주기 위해 최대한 차분한 모습을 보이려고 노력했다.

"그냥 긴장을 풀고 분위기를 느껴봐. 청중이 원하는 것을 파악하면 돼." 그가 팀 베릴링에게 말했다.

저녁이 되고, 일찍 디제잉을 마친 팀은 행사를 편안하게 즐겼다. 미국에서는 그가 누구인지 아는 사람도 거의 없었고, 그의 노래를 들으러 오는 사람도 없었다. 팀이 침착하게 박자를 맞추는 동안, 사람들은 바에 서서 술을 마실 뿐이었다.

마이애미에서의 일주일이 지나고, 필리프 오케손은 휴식 시간을 갖기로 했다. 스톡홀름에서 온 두 명의 지인이 코카인을 가지고 있다고 했다. 필리프는 코카인을 처음 시도해 볼 생각에 들떠있었다.

"하지 마. 그럴 가치 없어."

팀이 그의 곁에 앉아 말했다. 침착하고 단호하게, 그는 다시 한 번 프랑스에서의 형편없는 여행담을 털어놓았다. 그는 필리프가 마약에 손을 대지 않겠다는 약속을 할 때까지 포기하지 않았다.

"바보 같은 짓 하지 마, 필리프, 나중에 후회할 거야."

몇 시간 후 두 사람이 해변에 있는 클럽에서 다시 만났을 때 필리프는 이미 약에 취한 상태였다. 그는 한 번 더 코카인을 하기 위해 클럽 화장실에 들어갔고, 3초 뒤 누군가 문을 발로 찼다.

경비원들은 필리프를 쓰러뜨리고, 그의 손을 등 뒤로 모은 다음, 그를 외딴 방으로 끌고 가서 바닥에 넘어뜨렸다.

"신분증 어디 있어?"

"뒷주머니요." 필리프가 엎드린 채 새어 나오는 웃음을 참으며 대답했다.

이 얼마나 멋진 장면인가. 계속 이 상태로 있어도 좋을 것 같았다.

"호주머니에 돈이 있어요." 그가 말했다.

경비원은 지폐를 꺼내 묵묵히 셈을 했다.

"170달러예요. 그 정도면 충분할 것 같은데요."

필리프가 비틀거리며 방에서 나왔다. 도대체 무슨 일이 있었던 거지? 내가 방금 미국 나이트클럽 경비원에게 뇌물을 준 건가?

다음날 그의 기분은 불안으로 바뀌었다.

집으로 돌아가는 비행기에서 팀은 헤드폰을 끼고 모니터를 바라보고 있었다. 필리프가 클럽에서 경비원들과 무슨 일이 있었는지 자랑했을 때 팀은 실망했다. 그들은 아침 내내 말다툼을 했고, 팀은 필리프가 약속을 어겼다고 생각했다. 게다가, 그는 좋은 기회를 놓쳤다. 아라쉬가 그들을 위해 한 모든 것을 생각하라고!

팀은 다시 비트를 작업하기 시작했다.

긴장감에 대처하는 방법은 하나밖에 없다고 생각한 필리프는 승무원에게 위스키를 한 잔 더 달라고 부탁했다.

아라쉬는 엑스지빗의 힙합곡을 인용해 알코올 중독에 관한 이야기를 꺼냈다.

갑자기 팀의 얼굴이 환해졌다. 자신이 작업하고 있는 노래에 어울리는 제목이 떠오른 것이다. 바로 'Alcoholic 알코올 중독자'이었다.

보낸 사람: 팀 베릴링

받는 사람: 클라스 베릴링

날짜: 2009년 3월 21일

병원 진료를 예약해주시겠어요? 더 이상 문제는 없지만, 아시 잖아요, 그냥 한 번 더 확인해 보면 좋을 것 같아서요! 기분이 정말 좋고 특별히 불안하지도 않지만, 아무런 문제가 없다는 걸 완전히 확신하고 싶어요!

팀 올림

보낸 사람: 클라스 베릴링

받는 사람: 팀 베릴링

날짜: 2009년 3월 21일

안녕, 팀.

자신의 건강에 대해 염려하는 사람은 너뿐만이 아니야, 나도 어렸을 때 자주 그랬지. 사실 꽤 자연스러운 현상이야. 그러 니 부끄러워하거나 이상하게 생각할 필요 없단다. 월요일에 병원에 전화해 볼게.

엄마 아빠가

클라스 베릴링은 팀의 방에 서서 아들의 옷 주머니에서 발견한 구겨진 종잇조각을 만지작거렸다.

팀은 영수증을 요구하는 것을 자주 잊었고, 그마저도 받았다 하면 곧바로 구겨서 주머니에 쑤셔 넣었다. 클라스는 다리미에 약간의 열을 가해 각종 영수증을 다림질했다.

지난 한 해 동안 모든 것이 어지러울 정도로 빠르게 진행되었다. 팀은 푸르누리의 스타트업 매니지먼트 회사 앳나이트와 계약을 체결했고, 이제 팀에게는 매니저가 생겼다. 정말 운이 좋았다.

당시 클라스는 64세였고, 사무용품 회사를 매각한 뒤 연금을 받으며 조용한 나날을 보내고 있었다.

하지만 그는 이제 아들의 수입을 관리하기 시작했으며, 클라스는 일종의 무급 회계사가 되었다. 그는 아비치에게 한 달에 2만 5천 크로나의 급여를 지급했다.

그들은 아티스트 팀과 회계사 클라스라는 새로운 종류의 관계를 발전시키기 시작했다. 2009년 봄, 팀은 수입을 요약해 보냈다.

첫 싱글 1000달러
리믹스 500유로
리믹스 800달러
리믹스 500유로
공연 2회 약 3000크로나

팀은 로만 잘츠거와 데이빗 토트의 곡을 리믹스했다. 또한, 그가 만든 'Sound of Now'는 좋은 성적을 거두었다. 'Street Dancer'는 80년대 중반의 브레이크 비트, 디지털 신스, 플루트를 결합한 곡이었다. 팀의 노래는 〈Clubbers Guide to 2009〉라고 불리는 컴필레이션 앨범에 수록되었고, 자신의 이름이 세바스티안 인그로소와 레이드백 루크 옆에 있다는 사실에 팀은 자부심을 느꼈다.

마이애미에서의 첫 공연 이후, 해외 프로모터로부터 더 많은 제안이 오기 시작했다.

여행이 다가올수록 스트레스 때문에 배가 아팠다. 그는 몸이 안 좋으니 검진을 받고 싶다고 불평했다. 하지만 의사들은 아무런 문제도 발견하지 못했다.

불안은 다른 형태로도 나타났다. 2009년 5월, 부모가 팀을 공항으로 데려다주려고 했을 때, 앙키는 술 냄새를 풍기며 현관 바닥에 누워있는 팀을 발견했다. 공항에서 체크인하던 팀은 노트북을 차에 두고 왔다고 말했고, 클라스는 급히 주차장으로 달려가야 했다.

아마도 비행에 대한 두려움 때문이었을 것이다. 그러나 클라스는 아들의 스트레스를 좀 더 근본적인 무언가의 신호로 여겼다. 팀은 스톡홀름을 떠나는 것에 대해 불안감을 느끼는 것 같았다. 그는 밝은 무대 조명 아래서 자신의 얼굴에 난 여드름이 보일까 봐 걱정했다.

하지만 막상 무대에 오르면 괜찮았고, 그는 자신감을 되찾았다.

팀이 음악에서 자신의 소명을 찾은 것이 분명했다. 클라스는 아들이 성장하길 원했고, 그렇기에 어떤 것도 부정하고 싶지 않았다.

그리고 팀의 목표는 정상에 오르는 것이었다.

2009년 여름이 끝나갈 무렵, 팀 베릴링은 캄마카리아탄에 있는
자신의 집에 머물고 있었다. 이불이 흐트러져 있었고, 화장실 문
이 열려 있었다.

그는 이제 막 잠에서 깬 듯한 얼굴로 똑같은 문장을 10번 넘게
녹음하고 있었다.

"안녕하세요, 아비치입니다. 9월 19일 토요일, 파리에서 열리는
테크노 퍼레이드에서 공연할 예정입니다…."

그는 말하는 것을 멈추고, 부끄러운 표정으로 카메라를 바라보
았다. 너무 행복한 표정을 짓지 말라고 스스로 상기시켰다. 그는
이미 며칠 전 여러 개의 영상을 찍었지만, 아라쉬는 이를 사용할
수 없다고 말했다.

팀은 손가락으로 평화의 표시를 했는데, 이는 절대로 반복해서
는 안 되는 일이었다. 입술을 오므리거나 한쪽 눈으로 윙크하는
것도 안 됐다. 아라쉬는 팀이 14살짜리 아이 같아 보인다고 말했
다.

팀의 노래는 계속해서 인기를 얻고 있었다. 팀이 만든 노래
'Alcoholic'은 세바스티안 인그로소의 삼촌이 운영하는 스웨덴 음
반사 요이아에서 발매되며 온라인에 퍼지기 시작했다. 호주 음반
사 비셔스는 'Muja'와 'Record Breaker'를 발매했다. 팀은 더티
사우스의 'We Are'를 리믹스했고, 세바스티앙 드럼스와 함께 작
업했다. 프랑스 잡지사와 인터뷰도 했다. 《온리 포 디제이스》는
"20살도 되지 않은 이 젊은 스웨덴 청년이 모든 공연에서 열풍을

불러일으키고 있다. 2009년 여름은 의심할 여지 없이 그의 잠재력을 확인할 것이다."라고 했다.

이제 팀은 파리로 가는 중이었다. 그는 천천히 길을 따라 달리는 트럭 위에서 디제잉을 했고, 사람들은 음악에 맞춰 춤을 췄다.

아라쉬로서는 상황이 너무나 명확했다. 이제 브랜드를 구축할 때가 되었고, 새롭게 등장한 소셜 미디어 생태계는 이를 위한 좋은 수단이었다. 사업가는 더 이상 기자가 자신의 제품을 신문에 실어주기를 기다릴 필요가 없었다.

사람들은 온라인에 직접 글을 발행하거나 영상을 올렸고, 독자와 시청자들의 강한 충성심을 얻었다.

페이스북과 트위터의 핵심은 쌍방향으로 소통이 이루어진다는 것이었다. 스타가 되기 위해 성장하는 아비치의 뒤에는 팬들의 도움을 기꺼이 받아들이는 겸손한 남자가 있었다. 아라쉬는 소셜 미디어에서 팬들과 소통하기 위해, 팬들에게 'Alcoholic'의 공식 뮤직비디오를 만들어 달라고 요청했다.

팬들은 창의성과 장인정신을 동시에 보여주었다. 한 스위스 남자는 우울한 여우로 분장하고 술을 마시며 장크트갈렌 거리를 활보했고, 스톡홀름의 팬은 취중의 밤을 기록해 우승을 거머쥐었다. 우승자는 VIP 내빈으로 프랑스에 초대되었는데, 댓글난에는 아라쉬가 원하는 토론이 벌어지고 있었다.

진짜 멋있다!!!

최고.

편집 잘했네.

그래서 상은 어떻게 된 거야? 진짜 아비치를 만났어?

응, 프랑스에서 아비치랑 주말을 보냈고 공연도 두 번 봤어! 정말 멋졌어!

팀은 아라쉬의 브랜딩 방식에 감탄했다.

그의 음악 또한 맹렬한 속도로 발전했다. 2010년 1월 말, 그가 새로 발견한 디지털 마림바는 음악에 유쾌하고 가벼운 카리브해의 느낌을 더해주었다.

팀은 이 노래가 슈퍼뱅어가 될 가능성이 있다고 느꼈다. 그는 아라쉬에게 이메일을 보내 앞으로 나아갈 수 있도록 도움을 요청했다.

브레이크에서 마림바로 차분한 느낌을 주다가 갑자기 템포를 높여서 현악기로 멋진 빌드업을 만드는 거야. 그런 식으로 노래를 완성하고 싶어.

팀은 그 곡이 악스웰이 리믹스한 티비 록의 'In the Air'를 연상시킨다고 생각했다. 노래를 매혹적으로 만든 것은 부드러움과 단단함의 충돌이었다. 그 곡에는 형을 의미하는 'Bro'라는 이름이 붙여졌다. "멜로디가 완전 최고." 팀이 썼다. "내가 이 노래를 틀 때 사람들이 어떻게 반응하는지 봐봐. 이런 노래는 누구도 들어본 적이 없을걸!"

2010년 초에 접어들면서 전반적으로 많은 것이 자리 잡기 시작했다. 모든 요소가 조화롭게 어우러졌고. 이제는 분명한 음악적 정체성이 생겼다. 이는 팀의 'New New New' 리믹스나 셔머놀로지와 공동 작곡한 'Blessed'에 잘 드러났다.

팀이 작업하면서 느낀 만족감은 흥겨운 멜로디에 고스란히 묻어났다. 모든 조각이 들어맞을 때 그를 휩쓸었던 행복감은 공중제비를 돌고 돌아 하늘을 향해 뛰어오르는 장난스러운 드랍으로 변했다.

아비치는 아비치처럼 들리기 시작했다.

당시 티에스토도 스톡홀름에 집을 한 채 샀다. 그는 스투레플란 근처 레스트마카리아탄에서 여가를 보냈다.

티에스토는 자신의 삶이 어디로 향하고 있는지 알 수 없었다. 친구들이 가정을 꾸리는 동안, 자신은 마흔 가까이 되어가는 나이에 일 년에 거의 300일을 날아다니며 생활했기 때문이다. 그는 여자친구와 결혼할 계획이었으나 계속되는 여행으로 결혼식이 미뤄지면서 관계가 틀어지게 됐다.

티에스토 역시 최근 몇 년간 너무 공격적으로 변한 네덜란드의 댄스 음악에 조금 싫증이 났다. 그는 스톡홀름에서 유행하기 시작한 포근하고 따뜻한 음색의 하우스 음악에 매료되었다.

그 음악에는 뿌리가 있었다.

아바는 부드러운 스웨덴의 민속 음악과 세심한 하모니, 세련된 코드 진행을 결합해 'Dancing Queen', 'Take a Chance on Me' 같은 세계적인 히트곡을 만들어 냈다. 70년대의 많은 사람이 이 그룹을 별난 존재로 보았으나, 역사는 그들이 옳았음을 증명했다.

아바는 90년대 초 유럽 전역을 휩쓴 댄스 음악에 영향을 미쳤다. 스웨덴인 DJ 스톤브리지가 리믹스한 로빈 에스의 노래 'Show Me Love'는 세계적으로 히트했고, 데니즈 팝은 혼성그룹 에이스 오브 베이스를 기획했다. 그들의 히트곡 'The Sign'은 몇 주 동안 미국 차트에서 1위를 차지했다.

21세기에 접어들면서, 맥스 마틴은 몇 년 동안 전 세계의 팝 음악을 정의했다. 마틴은 백스트리트 보이즈, 브리트니 스피어스, 엔싱크의 히트곡을 만들었다. 전형적인 미국 R&B 멜로디를 갖추면서도, 어법보다 조화를 중시하는 가사로 이루어진 곡들이었다. 'Quit Playing Games (With My Heart)', '...Baby One More Time', 'I Want It That Way', 'It's Gonna Be Me' 같은 노래들은 스톡홀름의 작은 스튜디오에서 탄생해 전 세계를 여행했다.

2010년이 되어 로빈은 스타일리시한 일렉트로팝을 만들기 시작했고, 스웨디쉬 하우스 마피아는 폭발적이면서도 깔끔한 스타일로 주목받았다.

스톡홀름은 놀랍도록 깨끗하고 정돈된 도시였다. 주민들은 최신 유행의 옷을 입고 향기를 풍기며 돌아다녔다. 음악에도 똑같은 효율성이 있었고, 그것은 티에스토가 찾던 일종의 질서였다.

2010년 2월, 티에스토는 클럽 베른스에서 우연히 아라쉬 푸르누리를 만났다. 아라쉬는 그에게 아비치의 최신곡이 담긴 USB 플래시 드라이브를 건넸다. 티에스토는 이미 아비치에 대해 알고 있었지만, USB에 담긴 5번 트랙은 평범하지 않았다.

티에스토도 오래전부터 리믹스를 만들어왔다. 그의 돌파구는 델리리움의 'Silence'와 사무엘 바버의 'Adagio for Strings' 리믹스에서 찾아왔다. 그는 노래를 자르고, 루프를 만들고, 샘플과 샘플을 섞었다. 기존에 있던 노래들로 리믹스를 했고, 코드를 들어야만 흉내 낼 수 있었다. 그는 턴테이블 뒤의 스타가 되어 레퍼토리를 넓힐 필요가 있었을 때 비로소 자신의 노래를 만들기 시작했다.

팀 베릴링이 그와 반대 방향에서 왔다는 것은 꽤 분명했다. 티에스토는 타고난 DJ였고, 아비치는 DJ가 된 작곡가였다.

티에스토는 노래 속 마림바 소리에 매혹됐다. 아비치는 그를 돋보이게 하는 공간감, 가벼움, 대담함을 가지고 있었다. 마치 그의 손끝에 팀 베릴링의 심장이 닿는 것처럼, 그는 음악 뒤에 숨은 남자와 연결된 느낌을 받았다.

티에스토는 추후 'Bromance'라고 불리게 된 그 곡에 깊은 인상을 받았고, 팀을 유럽 클럽 문화의 중심지가 된 섬으로 초대했다.

수십 년 전 이비자는 잘 알려지지 않은 가난한 농촌 지역이었다. 이곳에는 비트족, 보헤미안, 전쟁을 거부하는 미국인, 프랑코 군사정권을 피해 떠나온 스페인인 동성애자들이 모여 살았다. 외부와 단절된 채 쾌락주의 클럽 문화가 발전했고, 특히 아르헨티나 출신의 DJ 알프레도가 암네시아 클럽에서 이를 이끌었다.

80년대 말, 한 무리의 영국인들이 이비자에 왔다. 그들은 엑스터시에 취해 알프레도의 이탈리아 디스코, 아메리칸 하우스, 나이지리아 펑크에 맞춰 밤새도록 춤을 추었다. 그들은 런던으로 돌아가 같은 스타일의 클럽을 개업했고, 새로운 세대의 영국인들은 댄스 음악과 작은 섬에서의 파티에 눈을 뜨게 되었다.

2010년 여름 데이비드 게타는 파샤에서 정기 공연을 했고, 레이드백 루크는 매주 목요일 암네시아에서, 그리고 칼 콕스는 스페이스에서 전설적인 8시간 연속 공연을 펼쳤다.

티에스토는 이비자의 가장 큰 클럽에서 매주 화요일 새벽 3시부터 6시까지 디제잉을 했다. 프리빌리지는 클럽 그 이상이었다. 오래된 목욕탕을 개조한 그 클럽은 아이스하키 경기장만큼 넓었고, 1만 명을 수용할 수 있었다.

팀 베릴링은 소파에 앉아 무대 위로 올라가기를 기다리고 있었다.

그는 이 상황이 믿기지 않았다.

스웨덴 블로그에 첫 곡을 보낸 지 불과 2년 만에 팀은 이비자에서 매주 월요일마다 티에스토의 오프닝 공연을 맡게 됐다.

댄서들이 무대 위로 올라오고 있었고 팀은 웃으며 술을 마셨다. 그의 옆에는 또 한 명의 젊은 스웨덴인이 앉아 있었는데, 재미있게도 그 역시 외스트라 레알을 나왔으며 필굿과 이름이 같았다.

필리프 홀름은 팀보다 한 살 어렸지만, 자신을 클럽계의 베테랑이라고 소개했다. 그는 공연 기획사 EMA 텔스타에서 일하던 아버지 밑에서 자랐으며, 어렸을 때부터 VIP 출입증을 목에 걸고 공연장을 뛰어다녔다. 필리프 홀름은 외스트라 레알을 졸업하고 라로위, F12, 카페 오페라 같은 하우스 클럽을 운영하며 이름을 날렸다. 어느 날 밤, 그는 클럽 밖에서 우연히 티에스토를 만났고, 그들은 담배를 피우며 음악에 관한 이야기를 나누었다. 큰 나이 차이에도 불구하고 홀름과 티에스토는 친구가 되었다.

"외스트라에서 형을 본 적이 없다는 게 정말 이상하네." 홀름이 팀에게 말했다.

"내가 학교에 잘 안 가서 그래." 팀이 웃으며 대답했다.

셔틀버스를 타고 온 사람들이 클럽으로 쏟아져 들어왔다. 귀청이 터질듯한 음악 소리가 클럽을 진동시켰다. 팀과 홀름은 소리를 질렀지만, 서로의 말을 거의 알아듣지 못했다. 그래서 그들은 대화를 나누는 대신 예거마이스터를 마셨다. 티에스토는 걸쭉한 독일 리큐르를 좋아했다. 팀 베릴링은 또다시 술을 따랐다.

무대를 앞두고 긴장을 가라앉힐 필요가 있었다.

무대 위에서도 팀은 계속해서 술을 마셨다. 가끔 그는 술에 취해 음악을 전환할 타이밍을 놓치기도 했지만, 그 사실은 중요하지 않았다. 파티를 즐기러 온 사람들에게 완벽한 비트 믹싱은 관심 밖이었다.

날이 밝자 그들은 티에스토의 얼굴로 뒤덮인 거대한 현수막이 늘어선 도로를 따라 차를 몰고 티에스토의 집으로 향했다. 붉은 절벽으로 둘러싸인 연분홍빛 별장은 애프터 파티가 열리는 곳이었다.

돌고래 타일이 깔린 수영장 위쪽으로 DJ 데크가 설치된 테라스가 있었다. 바르셀로나에서 아침 일찍 출발한 여객선이 수평선 너머로 모습을 드러내자, 팀과 티에스토를 비롯한 여러 DJ가 번갈아 가며 노래를 틀기 시작했다. 폭포가 있는 돌담 앞에서 여자들이 폴댄스를 추고 레이저 조명이 거실 벽을 네온으로 물들였다.

새로 사귄 친구들에게 둘러싸인 팀은 술을 마실수록 더 행복해졌다. 그는 웃으며 주변 사람들에게 술병을 건네고 술을 마시기를 권했다. 그는 모두가 자신처럼 긴장감에서 벗어나 편안한 상태에 빠지길 바랐다.

그는 정오가 될 때까지 술을 마셨다. 그런 다음 비틀거리며 수영장 아래에 있는 방으로 가서 꾸벅꾸벅 졸았다.

팀이 이비자를 떠나는 날이 왔다. 파티가 한창이었고, 티에스토의 투어 매니저는 손님들을 스톡홀름에서 열리는 공연에 초대하고 있었다.

"팀, 가자!"

"싫어요."

"가야 해."

팀이 도망치려는 순간 술잔을 밟았다. 발바닥에 파편이 박혔고 타일 위로 피가 뿜어져 나왔다.

이비자의 병원에서 반나절을 보낸 후, 팀은 공항에서 필리프 홀름을 만났다. 그의 다친 발은 거즈로 싸여 있었고, 유리 조각을 모두 빼내지 못해서 스톡홀름의 병원에 가야만 했다. 팀은 숙취에 시달렸지만, 행복했으며 아주 회복력이 좋았다.

"어떻게 된 거야?" 홀름이 물었다.

"유리를 밟았어."

"휠체어가 있어야겠는데."

"됐어, 수레에 타면 돼."

같은 해 여름, 음반사 매니저 페르 순딘은 이비자의 항구 지역에 있는 클럽 파샤 안에 앉아 있었다.

2010년 여름까지만 해도 페르 순딘은 댄스 음악에 대해 아는 것이 거의 없었다. 그는 스웨덴 북부 사람이자 록 팬이었고, 그저 스웨덴 출신의 3인조 DJ 스웨디쉬 하우스 마피아를 보고 싶어 하는 친구를 따라 이곳에 온 것이었다.

순딘은 스칸디나비아 음악계의 주요 인물 중 한 명이었다. 지난 몇 년간 불법 다운로드는 음반 산업에 큰 타격을 입혔고, 순딘은 200명이 넘는 사람들을 해고해야 했다. 심지어 스웨덴 총리가 TV 토론 중에 불법 다운로드를 한 아이들에 대한 이해를 표했을 때, 순딘의 어머니는 아들에게 전화를 걸어 업계를 바꾸길 권했다.

하지만 그는 유니버설 음반사의 대표가 되는 길을 택했고 위기에서 탈출하기 위해 최선을 다했다. 페르 순딘의 목표는 단순했다. 미국 빌보드 차트 1위를 차지할 스웨덴인 예술가와 계약하는 것이었다. 그것은 스웨덴의 음반사 경영진이 취할 수 있는 최대의 거래였다.

그들은 파샤의 테라스에 앉아 전혀 시작할 것 같지 않은 쇼를 기다리고 있었다. 이 섬에서의 하루는 정반대로 돌아갔다. 사람들은 저녁에 일어나 아침밥을 먹고, 자정에 점심밥을 먹었다. 클럽은 약에 취한 사람들로 가득 차 있었다. 페르 순딘은 팝의 여왕 카일리 미노그가 새벽 2시 반쯤 무대에 오르기 전까지 잠들지 않기 위해 사투를 벌여야 했다.

깃털과 반짝이가 어우러진 멋진 쇼였다. 순딘은 세 명의 스웨덴인이 어떻게 이를 능가할지 궁금했다.

마침내 스웨디쉬 하우스 마피아가 등장하자 그는 충격을 받았다. 청중은 그들의 최신곡 'One'에 맞춰 손을 흔들었고, 지붕에서 드라이아이스 구름이 뿜어져 나왔다.

뭐야, 이거 장난 아닌데?

페르 순딘은 청중을 관찰하기 위해 댄스 플로어로 내려갔다. 사람들은 이곳에 춤을 추러 온 것이 아니었다. 그들은 DJ를 숭배하기 위해 모였다. 마치 콜드플레이, 메탈리카, 브루스 스프링스틴 같은 월드 팝 스타의 공연 같았다.

소름이 돋은 순딘은 비틀거리며 클럽을 빠져나왔다.

그는 스웨디쉬 하우스 마피아 같은 새로운 스웨덴인 DJ를 찾을 것이다.

페르 순딘은 스웨덴에 돌아와 DJ를 발굴하기 시작했고, 팀 베릴링과 그의 노래 'Bromance'에 대한 정보를 입수했다.

팀 베릴링은 아비치라는 이름으로 공연을 했는데, 가끔은 자신을 톰 행스라고 소개하기도 했다. 이는 곡의 분위기에 따라 달라지는 것 같았다. 순딘은 그 차이를 잘 이해하지 못했지만, 아라쉬의 넘치는 자신감에 깊은 인상을 받았다. 아라쉬는 팀이 세계를 장악할 것이라고 진심으로 확언했으며, 그 여정에 함께하도록 초대받은 음반사라면 이를 고맙게 여겨야 한다고 말했다.

순딘은 자전거를 타고 유니버설 사무실에서 스튀르만스가탄까지 이동했다. 그곳에는 아라쉬 푸르누리의 매니지먼트 회사 앳나이트가 있었다.

그는 앳나이트에 도착해 사무실을 둘러보았다. 빨간 카펫과 빨간 가죽 의자는 고급스러운 느낌을 주려는 의도였을지 몰라도, 밝은색 벽의 조합은 그곳을 저렴한 미용실처럼 보이게 했다.

"신발 벗어요!"

아라쉬의 콧소리가 울려 퍼졌다. 그는 책상 뒤 안락의자에 앉아 있었다. 순딘은 부츠를 벗어 던졌다.

스웨덴에서 가장 영향력 있는 음반사의 임원이 아티스트를 직접 찾아가는 것은 상당히 이례적인 일이었다. 하지만 아라쉬는 그가 아비치에게 관심이 있다면 당연히 이곳을 직접 찾아와야 한다고 생각했다.

순딘은 아라쉬의 건방진 모습에 마음을 뺏겼다.

"노래 한번 들어보실래요?" 아라쉬가 물었다.

페르 순딘이 의자에 앉자, 아라쉬는 볼륨을 높이고 팀의 노래를 들려주었다. 순딘이 발표하고 싶은 첫 번째 싱글은 이미 정해져 있었다.

스웨디쉬 하우스 마피아는 그들의 곡 'One'에 스타 퍼렐 윌리엄스의 보컬을 추가해 'One (Your Name)'이라는 이름으로 곡을 재발표했다. 팀 역시 같은 방식으로 'Bromance'에 멋진 보컬을 가미한다면 하우스 음악 세계 밖에서도 통할 수 있을 것이다.

새로운 버전을 위한 준비 작업은 이미 완료되었다. 알빈 앤 다 프렌치는 팀의 비트와 사무엘 사르티니의 'Love U Seek' 보컬을 믹싱했다. 팀은 여름 동안 리믹스 버전의 'Bromance'로 공연했는데, 청중의 반응이 좋았다. 그래서 가수 아만다 윌슨에게 노래를 다시 한번 녹음해 달라고 요청했고, 팀의 노래에 딱 들어맞는 보컬을 얻게 되었다.

새 버전에는 마치 아비치가 팀 버그의 곡을 리믹스한 것처럼 'Seek Bromance (Avicii Vocal Edit)'라는 다소 정직한 이름이 붙여졌다. 페르 순딘은 유니버설이 스웨덴, 노르웨이, 핀란드에서 음원을 발매할 수 있도록 아라쉬, 팀과 첫 번째 계약을 맺었다.

'Seek Bromance'는 2010년 가을 노르웨이, 덴마크, 헝가리, 폴란드, 영국, 미국의 차트에 올랐고, 팀은 더더욱 빠르게 성장했다. 아비치의 트위터 피드에는 팀이 호텔 방에서 CD를 굽고, 매일 3시간을 자고, 목발을 짚고 대륙을 오가며 광란의 공연을 펼치는 모습이 올라왔다.

옛날 록스타들은 한 해는 음반을 내고 다음 해에는 투어를 하는 예측 가능한 삶을 살았다. 투어 스케줄은 여유롭고 깔끔했다. 하지만 DJ 업계는 완전히 달랐다. 하우스 음악은 끊임없이 쏟아지는 새 싱글을 기반으로 했고, 정규 앨범에 관심을 두는 팬은 거의 없었으며, 세상 어딘가에는 멋진 음악이 필요한 파티가 항상 열렸다. 칼 콕스는 새해 전야에 호주에서 공연한 뒤 비행기를 타고 하와이에 도착해 불꽃놀이와 함께 새해를 맞이했다.

하룻밤에 두 번의 새해 전야 행사. 그것이 진짜 DJ가 일하는 방식이었다.

팀 역시 하루에 공연을 두 개씩 하기 시작했다. 2010년 8월 말 그는 초저녁에 네덜란드에서, 밤에 독일에서 공연했다. 어디를 가든 보드카, 샴페인, 레드불이 있었고, 팀은 자신의 노래가 좋았는지를 끊임없이 의심했다.

"노래 괜찮았어?" 그가 필리프 홀름에게 물었다.

그들은 네덜란드 페스티벌 리프의 백스테이지로 가는 길이었다.

필리프 홀름은 이제 팀의 투어 매니저로 일하기 시작했다. 홀름은 DJ와 프로모터 사이의 연결고리였고, 팀이 공연하는 동안 그는 팀의 곁을 지켰다.

팀은 위트레흐트에서 선보였던 유리드믹스의 'Sweet Dreams' 리믹스 버전에 대한 청중의 반응이 궁금했다.

"지금 농담하는 거야? 사람들이 완전히 좋아했잖아!" 필리프 홀름이 말했다.

"글쎄, 나는 전혀 모르겠던데."

"무슨 소리야? 엄청 열광적이었어!" 홀름이 직접 촬영한 영상을 보여주었다. 영상 속 이탈리아인 프로듀서 베니 베나시는 확실히 그 노래를 좋아하고 있었다.

"봐, 이 사람도 좋아했다니까! 정말 멋졌어, 팀!"

"그러네. 영상 잘 찍었다."

이러한 대화는 매번 반복됐다. 팀은 너무 자기 비판적이었고, 청중의 반응만이 그의 유일한 관심사였다.

그래서 그는 쉬지 않고 일했다.

팀은 마지막 순간까지, 종종 그보다 더 오래 공연을 준비했다. 그는 셋을 구성하기 위해 레코드박스라는 소프트웨어를 사용하여 여러 곡을 미리 믹싱해 놓았다. 하지만 그는 계속해서 곡을 뒤섞어 누군가 같은 공연을 두 번 보는 일이 없도록 하고 싶었다. 각 공연은 수백 대의 휴대폰 카메라로 촬영되어 유튜브에 업로드되었고, 팬들은 셋 리스트를 분석했다.

그는 매일 밤 공연했고, 끊임없이 비트와 보컬을 섞었으며, 그의 대담한 리믹스는 널리 알려지기 시작했다. 일부 곡은 'The Tracks of My Tears', 스모키 로빈슨 앤 더 미라클스의 1965년 소울 발라드, 템테이션스의 'Papa Was a Rollin' Stone' 등 그가 린네가탄에서 자라며 들은 음악의 영향을 받았다. 또한 팀은 힙합 그룹 비스티 보이즈와 클래식 록 밴드 도어즈의 곡을 리믹스했고, 격렬한 인스트루멘탈 'Abow'와 킹스 오브 리온의 울부짖는 팝 보컬을 섞었다.

마르쿠스 린드그렌은 어두운 호텔 방에서 팀이 책상 앞에 앉아 있는 모습을 촬영했다. 팀은 아무도 알아차리지 못할 작은 드럼 소리에 몰두하고 있었다.

"언제 공연하러 가세요?" 마르쿠스가 물었다.

"자정이요." 팀이 행복하게 대답했다.

마르쿠스는 디지털 시계를 촬영했다. 0시 26분이었다.

유튜브에 올리기 완벽한 영상이었다.

24세의 마르쿠스 린드그렌은 앳나이트에 새로 들어온 영상 제작자였다.

아라쉬 푸르누리는 팬들을 위해 영상을 올리는 것이 중요하다고 생각했고, 마르쿠스는 빠르게 촬영 기술을 익혔다. 청중을 가까이

서 촬영하면 댄스 플로어에 약간의 공간이 있어도 클럽이 꽉 찬듯한 느낌을 줄 수 있었다. 최적의 각도는 댄스 플로어 중앙이었다. 마르쿠스는 무대 위 팀의 움직임을 포착하는 동시에 아비치에게 열광하는 청중의 모습을 담아냈다. 팀은 손을 흔들며 열성 팬들을 내다보았다.

2010년이 끝나갈 무렵, 팀은 한 해 동안 300번 이상의 공연을 했는데, 이는 칼 콕스조차도 따라올 수 없는 일정이었다.

그는 기내에서 책을 읽으며 비행에 대한 두려움을 극복했다. 어느 날 그는 헤비메탈 밴드 머틀리 크루의 전기 『더 더트』에 깊이 빠져들었다. 밴드 멤버들은 10년간 치명적인 교통사고, 약물 과다 복용, 내분을 견뎌냈지만, 그들의 중재자 역할을 했던 매니저를 해고하면서 상황이 악화됐다. 이후 돈을 둘러싼 싸움, 탐욕스러운 변호사들과의 만남이 있었고, 그들의 7집 앨범은 방향성을 상실한 작품으로 남게 되었다.

팀은 책에서 고개를 들었다.

"난 절대 매니저를 바꾸지 않을 거야!"

아라쉬 푸르누리는 말할 것도 없이 최고의 매니저였다. 2010년 크리스마스를 앞두고 'Seek Bromance'는 유튜브에서 1,600만 건의 조회 수를 기록했고, BBC에서도 엄청난 인기를 끌었다. 팀은 센세이션 페스티벌에서 공연했고, 다프트 펑크의 노래를 리믹스했다. 밥 싱클레어는 그에게 경의를 표했고, 처키는 그를 '올해의 돌파구'라고 불렀다. 팀은 8개의 다이아몬드가 박힌 중고 롤렉스 시계를 샀고, 회사 계좌에는 2만 유로가 넘는 돈이 있었다.

그러나 팀에게 가장 중요한 것은 여드름에 효과가 있는 약을 찾앗다는 사실이었다.

테트랄리살은 박테리아의 성장을 억제하는 항생제를 포함한 적황색 캡슐이었다. 물론 잠재적인 부작용도 있었다. 그 약은 신체의 세균 층을 교란할 수 있으므로 빈속에 먹어서는 안 되며, 두통이나 메스꺼움을 동반할 수 있었다. 또한, 드물게 췌장에 염증을 발생시킬 수도 있었다. 그러나 불과 몇 주 만에 팀은 효과를 보기 시작했다.

침입자들은 물러났고, 그의 얼굴에 대한 공격도 멈췄다. 모든 것이 순조롭게 흘러가기 시작했다.

앳나이트 가장 안쪽에는 녹음실이 딸린 방이 있었다. 책상 위에 컴퓨터와 스피커가 놓여 있었고, 그 옆에는 키보드가 있었다.

2011년 2월 어느 날, 곱슬머리의 날씬한 남자가 팀의 작은 스튜디오를 찾았다. 살렘 알 파키르는 팀보다 8살 많았지만, 그의 명랑함은 그를 더 젊어 보이게 만들었다.

팀은 5년 전부터 이미 그에 대해 알고 있었다. 그는 형제자매의 수만큼 많은 피아노가 있는 집에서 자랐고, 3세에 바이올린 연주에 대한 훈수를 두었으며, 유치원에서 음악을 만들었다. 12세에 그는 러시아에서 음악 교수를 사사했고, 바이올리니스트 신동으로서 투어를 다니다가 16세부터 독특한 팝을 만들기 시작했다.

29세의 살렘 알 파키르는 세 장의 앨범을 발매하고, 네 개의 스웨덴 그래미상을 받고, 업계에서 입지를 다지는 데 성공한 사람이었다. 6개월 전 왕세녀가 결혼할 때, 살렘 알 파키르는 신랑 신부를 위해 특별히 작곡한 노래를 가지고 공연을 했다.

살렘은 자신이 이 스튜디오에 온 이유를 알지 못했다. 그에게 아비치의 노래는 컴퓨터 게임 음악처럼 들렸다. 하지만 팀은 그에게 멋진 노래를 함께 만들자고 제안했다.

"이거 좋은 거 같아요." 팀이 말했다. 저음의 울부짖는 소리가 스튜디오를 가득 채웠다.

"이거 어때요? 마음에 들어요?"

살렘은 키보드 앞에 서서 메이저 코드를 기반으로 한 즉흥 연주를 시작했다. 리드미컬한 발소리가 서서히 커졌다.

살렘이 예상치 못한 곡조를 연주하자 팀은 즉시 반응을 보였다.

"저기요! 방금 그거 뭐예요?"

살렘은 다시 같은 키를 연주했다.

"그거예요! 완전 제대로 된 훅인데!"

클래식 음악 이론을 공부한 악기 연주자와 전적으로 감정에 충실한 독학 작곡가의 만남이었다.

살렘은 반짝거리는 음색을 번개처럼 빠르게 포착하는 팀의 능력에 깊은 인상을 받았다. 단순한 반주에도 다양성과 생동감이 필요했고, 팀은 작은 변화에도 예민하게 반응하는 완벽한 귀를 가진 것 같았다. 게다가 전통적인 이론에 구애받지 않고 노래를 만든다는 것도 흥미로웠다.

팀은 이제 컴퓨터 앞에 앉아 드랍을 만들기 시작했다. 그는 누가 봐도 정식 교육을 받지 않은 사람이었지만, 자신이 맡은 일을 훌륭하게 해내고 있었다.

한편으로 팀은 악기를 잘 다루는 살렘의 능력이 부러웠다. 팀은 소리와 멜로디에 대한 느낌을 얻기 위한 용도로만 키보드를 사용했다. 모든 작업은 컴퓨터를 통해 이루어졌다. 반면 살렘의 손가락은 지구상의 모든 악기를 다룰 수 있는 것 같았다. 그 앞에 놓여 있는 것이 현이든 건반이든 바위든 말이다.

이것이 바로 팀이 가고자 했던 방향이었다. 살렘과 같은 음악가의 도움을 받는다면 그는 미래에 레이 찰스나 니나 시몬, 또는 그의 아버지가 좋아하는 노래 못지않은 음악을 만들 수 있을 것이다.

"완전 대박이야!" 팀이 아라쉬에게 메시지를 보냈다.

그들은 3시간 만에 노래를 완성했고, 살렘은 집에 가서 가사를 완성해오겠다고 했다.

훗날 그 노래는 'Silhouettes'이라고 불리게 되었다.

"살렘이 하우스 음악과 사랑에 빠지게 해야 1000가지 일을 함께할 수 있어!"

작업실 밖 사무 공간에서는 밤낮없이 업무가 진행됐다.

이때쯤 앳나이트의 주요 구성원이 결정되었다.

칼 베르네르손은 팀과 같은 중고등학교에 다녔는데, 팀은 항상 그가 좋은 사람이라고 생각했다. 베르네르손은 예테보리 출신의 클럽 프로모터 파노스 아야소텔리스와 함께 공연 스케줄을 잡았고, 영상 제작자 마르쿠스 린드그렌은 아비치의 페이스북과 유튜브에 올라갈 영상을 만들었다.

필리프 홀름도 이제 사무실 직원이 되었다. 그는 투어 매니저 대신 아라쉬의 조수로 일하기 시작했다.

필리프 홀름은 상사의 추진력에 매료되어 그를 지켜보았다. 아라쉬 푸르누리는 전형적인 세일즈맨이었다. 뻔뻔하며 말솜씨가 좋았고, 때로는 냉정하고 계산적이었다. 상대는 이겨야 할 적이었고, 경쟁은 무자비했다.

홀름도 같은 방법을 사용했다. 그들은 모든 협상을 이메일로 하고 항상 상대방이 먼저 입찰을 하도록 했다. 그들은 아비치의 섭외비가 얼마인지 대답하지 않고, 프로모터의 예산이 얼마인지를 물었다. 이를 통해 그들은 실제 가격보다 더 많은 금액을 제안받았고, 입찰가가 너무 낮으면 바로 제안을 거절했다. 프로모터들은 무방비 상태로 자신의 패를 보여줬다.

2011년 초, 그들은 공연 당 15,000달러를 받았고, 아비치의 몸값은 빠르게 상승하고 있었다.

중요한 일이 있을 때면 모든 직원이 밤낮을 가리지 않고 일했다. 세계를 장악하기 위해서는 시차를 뛰어넘어야 했다. 그리고 아라쉬 본인도 누구보다 열심히 노력했다. 그는 여자친구, 딸과 함께 저녁 식사를 하기 위해 집에 갔다가, 몇 시간 후에 사무실로 돌아와 밤을 지새우곤 했다.

"완전 모드네." 마르쿠스 린드그렌이 새로운 영상을 작업하며 말했다.

그 표현은 세바스티안 인그로소가 만들었다. 모드는 무언가가 좋고, 멋지고, 강력하다는 뜻이었다. 반대로 마이히는 쓰레기 같다거나 지루하다는 뜻이었다. 그리고 파기르는 돈을 뜻했다.

영상에는 멋진 장면이 많았다. 마르쿠스가 편집을 마친지 이틀 만에 수십만 명의 사람들이 영상을 시청했다.

영상 속 팀은 고텐부리 공연장으로 가는 기차 안에서 노래를 흥얼거리며 신곡을 작업하고 있었다.

그는 풍부하면서도 뚜렷한 사운드를 내기 위해 7, 8개의 신디사이저와 어쿠스틱 피아노 코드를 겹치고, 손가락 튕기는 소리, 사이렌 소리, 우렁찬 베이스 소리를 넣었다.

"오, 이거 좋은데." 팀이 말했다.

"응, 정말 멋지다." 아라쉬가 말했다.

팀은 멜로디에 딱 맞는 샘플도 가지고 있었다. 50년 전 블루스 가수 에타 제임스가 부른 'Something's Got a Hold on Me'는 새로운 사랑에 대한 행복과 설렘이 담긴 러브송이었다. 프로듀서 듀오 프리티 라이츠는 이를 샘플링해 몇 년 전 'Finally Moving'

이라는 노래를 냈고, 팀은 그 곡을 통해 샘플을 발견했다.

"Ooooh…"

"뭐해?" 아라쉬가 물었다.

"키를 맞추려고."

팀이 미소 짓는 동안 에타 제임스의 목소리가 기차에 울려 퍼졌다.

"Ooooh, sometimes…. I get a good feeling!"

2011년 봄, 에밀리 골드버그는 기분 좋은 나날을 보냈다. 조지 워싱턴 대학교에서의 생활은 즐거웠고, 예술사 학사 과정을 마치기까지 몇 달밖에 남지 않았다. 21세의 그녀는 헤드폰으로 스크릴렉스의 'Scary Monsters and Nice Sprites'를 듣고 있었다. 스크릴렉스는 덥스텝의 어두운 느낌을 덜어내고 멜로디를 활기차게 만든 로스앤젤레스 출신의 DJ였다. 우렁찬 베이스에 의해 트랜스 멜로디가 부드럽게 흩어졌다. 모래 속 전기톱처럼 떨리는 음악이었다.

무언가 끓어오르고 있는 게 분명했다. 몇 년 전 데이비드 게타와 스웨디쉬 하우스 마피아가 미국 팝스타들과의 협업을 통해 유럽 하우스 음악의 문을 열었다면, 이제 그 문은 활짝 열리려 하고 있었다. 스코틀랜드 출신 프로듀서 캘빈 해리스는 리아나의 히트곡 'We Found Love'를 만들었고, 브리트니 스피어스도 덥스텝 장르의 노래를 냈다.

에밀리는 왠지 댄스 음악이 자신과 어울린다고 느꼈다. 그 노래는 그녀가 누구인지, 어쩌면 그녀가 되고 싶은 사람이 누구인지를 알려주는 것 같았다.

당시 미국의 상황은 그다지 좋지 않았다. 몇 년 전, 심각한 금융위기가 시작되었다. 경제학자들은 미국이 1920년대 대공황 이후 가장 심각한 위기를 겪고 있다고 말했다. 3년 만에 장기 실업자의 수가 2백만 명에서 6백만 명으로 늘어났다. 사람들은 정규직을 얻는 대신 저임금을 받으며 단기 근로직으로 일했다. 에밀리의 또래들은 자가를 마련하기보다는 월셋집에 사는 것을 택했다.

발전이 멈춘 듯했다. 지금의 젊은이들은 이전 세대보다 더 가난해진 걸까?

그러나 적어도 하우스 음악은 에너지로 들끓었고, 트렌드에 발맞추어 움직였다. 나이프 파티의 노래 'Internet Friends'는 페이스북에서 자신을 차단한 바보를 죽이고 싶다는 내용이었고, 스크릴렉스는 유튜브에서 컵의 균형을 맞춘 것에 기뻐하며 소리치던 어린 소녀의 목소리를 샘플링했다.

에밀리는 하우스 음악이 나오는 클럽과 페스티벌의 따뜻하고 화기애애한 느낌을 좋아했다. 많은 사람이 엑스터시에 취해 있었기 때문에 포근하고 친밀한 분위기가 조성됐고, 경비원들은 위협 대신 악수와 수제 팔찌를 받았다.

그리고 아비치는 음악에 희망과 행복을 담아, 모든 것이 잘될 것이라는 메시지를 전달했다.

예를 들어, 아비치의 노래 'Silhouettes'은 이제 막 성인이 된 사람의 희망 가득한 이야기였다.

So we will never get back to
to the old school
to the old rounds, it's all about the newfound
we are the newborn, the world knew all about us
we are the future and we're here to stay

그러니 우리는 결코 과거로 돌아가지 않을 거야

이건 새로운 발견에 관한 거야

우리는 새로 태어났어, 세상은 우리에 관해 모두 알고 있어

우리가 곧 미래야, 우리는 이곳에 남을 거야

록 세대는 가사 속 단어와 상징에 집착했다. 사람들은 모호한 가사에 의미를 부여했다. 자기 연민과 우울 또한 록 가사의 특징이었다.

에밀리 골드버그에게 가사는 그다지 중요하지 않았다. 중요한 것은 노래가 그녀의 가슴에 어떤 느낌을 주는지였다.

새로 발견한 아비치의 신곡 'Levels'는 그녀에게 행복을 선사했다. 중독성 있는 리프 멜로디가 머릿속에 꽂혔고, 거친 블루스 음성이 환상적인 기분에 대해 노래했다.

아비치가 미국에서 공연하고 있다는 것을 알아낸 에밀리 골드버그는 그를 만나기 위해 워싱턴 DC의 클럽으로 향했다.

그녀는 무대 뒤에서 정신없어 보이는 스웨덴 스타와 악수한 뒤, 친구와 함께 2층으로 올라갔다. 아비치는 스웨디쉬 하우스 마피아가 리믹스한 디페쉬 모드의 노래를 틀었다.

에밀리는 댄스 플로어에서 춤을 추는 청중을 내려다보았다. 남자의 어깨에 올라탄 여자들이 보였고, 향수 냄새, 땀 냄새, 술 냄새가 났다.

셋이 끝나갈 즈음 모두가 기다리던 노래가 나왔다. 클럽에 있는 모든 사람이 'Levels'의 신스 리프를 따라 불렀다.

두두두-두두두두-두두두두! 두두두-두두두두-두두두두!

에타 제임스의 코러스가 끝난 후 현악기 소리가 클럽을 가득 채웠다. 에밀리는 눈을 감고 바이올린 연주하는 시늉을 했다. 아래 층에서는 아비치가 팔을 공중에 들어 올리고 믿을 수 없을 정도로 행복한 표정을 짓고 있었다. 신스가 다시 울려 퍼지자, 스포트라이트가 위로 향했고 아비치는 2층을 향해 시선을 옮겼다. 그가 에밀리를 바라보는 것 같았다. 그녀는 가슴이 터질 것 같았다.

몇 분 후, 팀이 아델의 'Rolling in the Deep' 리믹스를 틀고 있을 때, 그의 투어 매니저가 나타났다. 그는 소녀들을 데리고 계단을 내려와 댄스 플로어로 향했다. 어느새 에밀리는 무대 중앙에 서서 팀의 바로 옆에서 춤을 추고 있었다.

팀은 'My Feelings for You'로 곡을 바꾼 뒤 에밀리에게 술 한 잔을 건넸다.

몇 시간 후, 그들은 도노반 호텔의 스위트룸에 앉아 있었다. 누군가가 돔 페리뇽 병을 넘어뜨렸고 수건을 가지러 뛰어나갔다.

"넌 수건이야." 팀이 낄낄거리며 웃었다.

그는 〈사우스 파크〉에 나오는 캐릭터 타올리를 떠올렸다. 살아 있는 천 조각인 타올리의 관심사는 오로지 마약뿐이었다. 그 방에 있는 누구도 팀의 말을 알아듣지 못한 것 같았지만 에밀리는 타올리의 명대사를 외쳤다. "취하고 싶어?"

팀은 에밀리를 보고 고개를 끄덕이며 감탄했다. 그는 에밀리에게 다가갔고 그들은 〈사우스 파크〉의 어느 에피소드가 최고였는지 큰 소리로 이야기하기 시작했다.

늦은 아침, 팀이 소파에서 기절하기 직전에 그와 에밀리는 번호를 교환하고 다시 연락하기로 약속했다.

주류 음악 잡지들은 미국 전역을 휩쓸고 있는 하우스 음악을 주

목하기 시작했다. 〈위 레이브 유〉, 〈댄싱 에스트로너트〉 같은 신생 사이트들은 댄스 음악을 찬양했다. 모든 노래가 서사적이고 거대한 '뱅어'였다. 아프로잭, 처키, 하드웰 같은 네덜란드인들은 당대의 거장으로 묘사되었고, 스웨디쉬 하우스 마피아가 9분 만에 매디슨 스퀘어 가든의 입장표를 매진시킨 것은 인류의 승리와도 같았다.

〈댄싱 에스트로너트〉의 어느 기자는 라스베이거스 전역의 모든 수영장 파티에서 신곡 'Levels'가 들렸던 주말을 이야기하며 "아비치는 신이다."라고 썼다. 그는 아비치의 노래를 듣고 기쁨에 가득 차 어떻게 해야 할지 몰랐다고 말했다. 누군가와 이 순간을 공유하고 싶을 만큼 주체할 수 없을 정도로 행복해서 바로 옆에 있는 사람을 껴안아도 될지 고민하다가, 결국 맥주를 뿌렸다고 했다.

라스베이거스는 미국에서 댄스 음악 인기의 상승세가 가장 뚜렷한 곳이었다. 그곳은 새로운 청년 문화의 진원지로 빠르게 진화하고 있었다.

2011년 6월 말, 수만 명의 젊은이가 도시 북쪽의 스피드웨이 경기장을 찾았다. 그들은 대륙 각지에서 버스와 카라반을 타고 왔다. 여자들은 네온색 상의에 나비 날개를 꿰매고 브래지어에 깃털을 붙였으며, 남자들은 가슴에 페인팅하고 머리에 야광 막대를 꽂았다. 그 밖에 판다 모자, 여우 꼬리, 야광 치마를 착용한 사람들도 눈에 띄었다. 경기장 내부에 설치된 무대 옆에서 롤러코스터와 그네가 무지갯빛으로 빛났고, 곡예사들은 불을 뿜거나 죽마를 타고 걸었다.

약 7만 명의 사람들이 일렉트릭 데이지 카니발에 참여하여 스웨디쉬 하우스 마피아, 레이드백 루크, 데이비드 게타, 티에스토, 니키 로메로 같은 유럽 스타들을 향해 손을 흔들었다. 여러 면에서 이는 1988년 런던 외곽의 댄스파티와 같았다. 미국에서 '레이브'라는 단어는 사용할 수 없었지만, 충분한 보안 인력을 고용하고 '페스티벌'이라는 이름을 붙이면 모든 것이 정치적으로 실행 가능했다.

팀은 셋째 날이자 마지막 날 무대에 올랐다. 그는 무대 뒤에서 아름다운 광경을 지켜보았다. 청중은 마치 해저에서 흔들리는 반짝이는 산호초 같았다. 그는 프랑스나 독일의 작은 클럽보다 이곳에서 공연하는 것이 훨씬 더 좋았다. 빛나는 휴대폰 카메라의 바닷속에서 누군가가 자신을 회의적으로 쳐다보고 있는지, 아니면 드랍 도중에 술을 마시러 자리를 뜨는지 알 수 없었기 때문이다. 게다가 팀은 엄청나게 좋은 셋을 구성했고, 자신도 그것을 알고 있었다. 니키 로메로, 더티 사우스, 헨리크 B의 노래 없이도, 그는 이제 자신의 노래만으로 1시간 20분을 공연할 수 있었다.

땀에 젖은 상체가 들썩였고, 그 뒤에는 AVICII 라고 쓰인 스크린이 번쩍였다. 팀은 그가 'Edom'이라고 불렀던 노래를 틀고, 색색의 조명으로 빛나는 사람들을 바라보았다. 그들은 마치 한 몸이 된 것처럼 동시에 반응했다.

아비치가 미국을 정복한 순간이 있다면 아마도 오늘, 2011년 6월 26일이었을 것이다. 팀은 오른팔을 들고 'Levels'에 맞춰 리듬을 탔다.

제시 웨이츠는 새로 개업한 대형 클럽 XS의 경영 파트너로, 라스베이거스의 급속한 변화 이면에 있는 사람 중 한 명이었다. 클럽 수익의 80%는 개인 테이블의 주류 판매에서 나왔다. 보드카 한 병의 가격은 약 400달러였으며, 숙성된 샴페인과 브랜디로 만든 음료는 10,000달러였다. VIP 손님들은 거대한 샴페인 병을 껴안고, 술로 채워진 아이스 버킷에 남들의 월평균 임금을 쓰곤 했다.

제시 웨이츠는 파리의 게이 클럽 르 퀸과 데이비드 게타가 운영하는 나이트클럽을 방문했다가 하우스 음악과 사랑에 빠졌다. 제시는 술에 취해 집으로 돌아와 생각했다. 미국에서 하우스 음악 클럽을 여는 것은 어떨까?

2011년 봄, 제시 웨이츠는 캐나다 출신의 DJ 데드마우스를 섭외했다. 데드마우스는 프로그레시브 비트와 더불어 항상 커다란 쥐 마스크를 쓰고 공연하는 것으로 유명했다. 그가 공연하는 날이면 평소보다 3배 더 많은 손님이 몰렸고, 클럽은 하룻밤에 약 40만 달러를 벌어들였다. 제시는 더 많은 DJ를 섭외하기 시작했고, 아비치는 제시 웨이츠가 찾던 바로 그 DJ였다.

제시가 팀을 공항으로 데리러 갔을 때, 그는 팀이 유난히 긴장하고 있다는 것을 알아챘다. 그는 자신이 가장 좋아하는 식당에 팀을 데려가 조심스럽게 대화를 시작함으로써 팀의 긴장을 풀어주려고 했다. 제시는 본능적으로 팀이 마음에 들었다. 팀은 겸손하고 성실해 보였고, 라스베이거스 사람들과는 달랐다. 제시는 팀과 특별한 연대감을 느꼈다. 그 역시 여러 면에서 소외감을 느껴왔기 때문이다. 물론, 표면적으로 제시는 라스베이거스의 나이트클럽 왕이자 패션 리포트에 등장해 루이비통 신발과 자동차를 자랑하는 사람이었다.

제시 웨이츠의 배경을 아는 사람은 거의 없었다. 그는 누구도 자신을 동정하지 않기를 바랐기 때문에, 하와이의 황량한 섬에서 자랐다는 사실을 숨겼다. 그의 어머니, 아버지, 삼촌은 젊고 멋진 서퍼들이었는데, 캘리포니아를 떠나 하와이로 이주했다. 하지만 그들의 자유분방한 삶은 마약으로 인해 빠르게 파괴되었다. 제시의 아버지는 헤로인을 남용하기 시작했고, 그의 어머니는 제시가 어렸을 때 스스로 목숨을 끊었다. 그가 가진 어머니의 유품은 사진 몇 장과, 그녀의 혼잣말이 녹음된 네 개의 카세트테이프뿐이었다. 하지만 제시는 여전히 어머니의 목소리를 들을 용기가 없었다.

표면 아래 깊은 곳에 그는 팀 베릴링과 같은 취약성을 숨기고 있었다.

보낸 사람: 클라스 베릴링
받는 사람: 팀 베릴링
날짜: 2011년 9월 29일

안녕, 팀.
잘 지내니? 우리는 아까 실링에 도착해서 포커를 쳤단다. 밤하늘
이 맑고 가을 공기가 상쾌하구나. 오랜만에 찾아도 이곳은 한결같아
서 참 좋아.
네 생각을 많이 한다. 공연은 할 만하니? 중간에 충분히 휴식을 취
하면 좋을텐데…. 하지만 선택은 네 몫이니까.
잘 지내길 바란다!
아빠가

2011년 가을, 'Levels'는 정식으로 공개되기도 전에 유튜브에서
2,000만 건의 조회 수를 기록했다. 아비치는 페이스북에서 10만
명이 넘는 팔로워를 보유하고 있었고, 팀 베릴링이 미국의 대학
도시를 순회하는 동안 팔로워는 매일 밤 늘어갔다.
미국에서는 타이밍이 중요했다. 70년대 중반, 가수 비에른 시프
스는 'Hooked on a Feeling' 커버 곡으로 미국에서 큰 인기를

얻었지만, 스웨덴인의 의무감에 사로잡혀 모든 기회를 날려버렸다. 그가 스웨덴에서 공연을 준비하고 있을 때, 음반사가 대서양 반대편에서 전화를 걸어 그의 노래가 곧 1위를 차지할 것 같다고 말했다! 바로 미국에서! 이봐, 모든 것을 취소하고, 비행기에 몸을 던져! 시프스는 뮤지컬 배역을 맡아서 불가능하다고 말했다. 그가 뒤늦게 미국에 도착했을 때, 열기는 이미 식은 상태였고 그에게 더 이상의 기회는 주어지지 않았다.

아비치는 같은 실수를 저지르지 않을 것이다. 그는 'Levels'의 추진력을 이용해 집중적으로 투어를 돌았다. 새로 고용된 말릭 아두니와 필릭스 알폰소는 각각 투어 리더와 제작 책임자 역할을 맡았다. 아비치와 동료들은 밤낮으로 대륙을 횡단했다. 2011년 10월의 어느 일주일을 예로 들자면, 그는 월요일에 켄터키에서 시작해서, 플로리다, 라스베이거스, 샌디에이고에서 공연하고, 토요일 밤 인디애나에 도착했다. 이제 그들은 다음 공연을 위해 뉴저지의 아레나로 가는 중이었다.

평소와 마찬가지로 팀은 샴페인을 마시며 노트북 화면을 바라보고 있었다.

그는 몇 달 전 워싱턴 DC에서 만났던 소녀 에밀리와 대화를 나누기 시작했다. 왓츠앱을 통해 그들은 TV 시리즈 〈못 말리는 패밀리〉 속 대사를 따라 했고, 귀여운 나무늘보 사진을 공유했고, 책 『왕좌의 게임』에 대해 토론했고, 디즈니 영화에 대해 농담했다. 하나의 밈이 다음 밈으로 이어졌고, 대화가 끊이지 않았고, 모든 것이 강렬하고 재미있었다. 그들은 서로 다른 나라에서 왔지만, 팀은 그녀에게 동질감을 느꼈다. 에밀리는 재미있을 뿐만 아니라, 취향도 좋았다. 팀은 그녀가 추천한 미국 애니메이션 〈아처〉를 즉시 내려받아 시청했다.

그 와중에도 일은 끝이 없었다. 필리프 홀름은 약간의 유머를 더해 팀에게 이메일을 보냈다.

[긴급] 7888444번째 인터뷰

또 다른 학생 기자의 인터뷰 요청이었다. 팀이 자신의 음악에 관해 이야기하고 싶지 않았던 것은 아니지만, 똑같은 15개의 질문에 몇 번이고 답하는 것은 무척 피곤한 일이었다.

에스프레소와 라떼 중에 어떤 걸 좋아하시나요? 스키 탈 줄 아세요? 청소할 때 즐겨듣는 노래는 무엇인가요? 그 질문들은 무의미했지만 적어도 다른 잡지의 질문들과는 달랐다. 대부분은 훨씬 더 평범했다.

이만큼 성공할 줄 아셨나요?

스웨디쉬 하우스 마피아와 협업할 생각이 있으신가요?

클럽에서 주로 어떤 음악을 트시나요?

마지막 질문을 한 사람은 슬로베니아 신문의 기자였다.

"이걸 묻는다는 게 말이 돼?" 팀은 짜증이 났다. 가장 기본적인 것조차 알지 못하면서 왜 나에 관한 기사를 쓰려고 하지?

무대에 오르기 전에 항상 하는 행동이 있나요?

"저는 무대에 오르기 전에 예거를 한 잔 마셔요. 이 습관을 만들어 준 티에스토에게 감사합니다!"

팬케이크, 와플, 크레이프 — 당신의 선택은?

"크레이프."

파티를 완벽하게 만드는 것은 무엇일까요?

"좋은 음악, 좋은 사람들, 그리고 예거마이스터요."

아비치라는 이름의 뜻은 무엇인가요?

"짜증 나, 구글에 치면 답변이 5000개는 나오겠다."

어느 일요일 보스턴에서 필릭스 알폰소는 팀이 사람들에게 둘러싸여 불편해한다는 것을 깨달았다. 그날 밤 공연 전에 그들은 최신 트랜스포머 영화를 보기로 했다.

필릭스는 영화관을 향해 걸어가는 팀의 행동이 평소와 다르다는 것을 눈치챘다. 그는 대화에 참여하지 않고 조용히 땅을 내려다보며 걸었다.

"팀, 왜 그래? 괜찮아?"

팀은 모자를 쓰고 서둘러 걸었다.

"괜찮아. 그냥 불안해서. 여기 사람이 너무 많아. 모두가 날 쳐다보는 것 같아."

필릭스는 당황했고 어떻게 대답해야 할지 몰랐다. 물론, 어떤 사람들은 그가 아비치라는 것을 알아보았다. 그는 언론 속 사진과 똑같은 차림새였다. 똑같은 티셔츠, 똑같은 체크 셔츠, 똑같은 모자.

"아무도 널 알아보지 못해." 필릭스가 말했다. "그냥 계속 걸어가면 괜찮을 거야."

매표소 안은 사람들로 붐볐다.

팀의 가슴에 압박감이 느껴졌고 온몸이 긴장에 휩싸였다. 그는 아무런 끔찍한 일도 일어나지 않을 것이라고 자신을 다독였다. 단지 친구들과 밖에 놀러 나왔을 뿐이다. 그는 깊고 조용히 호흡하는 데 집중하려고 노력했다.

그러나 숨을 들이마실 수가 없었고 서 있기가 어려웠다.

"공황장애인 것 같아." 그가 말했다.

페르 순딘은 하우스 음악이 미국을 휩쓰는 모습을 멀리서 지켜보았다. 'Levels'는 팀의 모든 것을 바꾸고 있었다. 유튜브 속 사람들은 행복한 얼굴로 그의 노래를 따라불렀다. 그는 봄부터 음원 발매 권리를 사기 위해 노력해왔다. 아라쉬의 30번째 생일 파티에서 순딘은 거래를 성사하는 데 도움이 될 것이라는 희망으로 일부 익살스러운 댄서들에게 엉덩이를 맞기도 했다.

2011년 초가을, 그와 아라쉬는 다시 통화했다. 아라쉬는 런던의 버진 EMI도 관심을 보인다며 그들이 50만 유로를 제안해 왔다고 말했다.

페르 순딘은 충격을 받았다. 50만 유로는 노래 한 곡에 대한 엄청난 금액이었다. 게다가 그 제안은 업계의 모든 관례에 어긋났다. 음반사는 기본적으로 벤처 투자가였다. 그들은 아티스트의 잠재력을 평가하고 높은 수익을 올리기 위해 투자했다. 스웨덴에서 앨범 한 장에 대한 선입금은 통상 5만 유로였다. 그리고 음반사는 두 개의 음반을 더 발매할 수 있는 권리도 얻었다. 비록 데뷔 앨범이 기대만큼 잘 안 되더라도, 그들에게는 아티스트를 스타로 만들 수 있는 몇 년의 시간이 있었다. 하지만 여기에는 그러한 옵션도 없었다.

페르 순딘은 이것이 권력의 완전한 이동을 의미한다는 것을 깨달았다. 음반사는 투자금을 회수하기 위해 더욱 열심히 노력해야 하고, 만약 아비치가 잘 된다면 회사는 다음 곡을 놓고 또다시 다른 음반사와 경쟁해야 할 것이다.

페르 순딘은 응찰을 포기하겠다고 말하고 빠르게 대화를 끝냈다. 그는 사무실에 앉아 방금 들은 내용을 되짚어보았다. 물론, 아비치에게 관심을 보이는 사람들은 많았다. 순딘은 팀의 최신곡

'Fade Into Darkness'를 발매하기 위해 1만 유로를 지급했다. 이제 아라쉬는 50만 유로를 원했다. 옵션도 받지 않고 그 금액을 제안할 만큼 멍청한 사람이 있을까?

동시에 순딘은 버진 EMI의 런던 지사에서 일하는 사람이 스웨디쉬 하우스 마피아와의 계약을 성사시킨 제이슨 엘리스라는 것을 알고 있었다. 어쩌면 엘리스는 스웨덴의 3인조 그룹보다 아비치에게서 더 큰 잠재력을 보았을지도 모른다.

앳나이트는 흥분에 휩싸였다. 아라쉬가 50만 유로의 입찰을 받았다는 것은 거짓말이었다. 하지만 그게 무슨 문제인가? 아라쉬는 그것이 기만이라고 생각하지 않았다. 50만 유로는 그가 생각하는 유럽에서의 'Levels'의 가치를 반영한 금액일 뿐이었다.

아라쉬는 회사 탕비실에서 자신의 위험한 행동에 대해 말했다.

"사기꾼이 된 것 같아." 그가 웃었다.

필리프 홀름은 이것이 앳나이트에서 겪을 수 있는 특별한 경험이라고 생각했다. 이전에 누구도 이런 일을 해본 적이 없었기 때문에 아무도 지침에 관심을 두지 않았다. 규칙을 알지 못한다면 규칙에 신경 쓰지 않는 편이 훨씬 쉬웠다.

페르 순딘은 골치가 아팠다. 그는 몇 달 동안 유니버설의 동료들에게 아비치에 관해 말해왔다. 아비치가 바로 그를 새로운 단계로 나아가게 해줄 아티스트였다. 그런데 갑자기 50만 유로라니. 화가 난 순딘은 유럽 전역의 현지 임원들에게 전화를 걸어 방금 일어난 일을 설명했다.

놀랍게도 동료들은 그를 구하러 올 준비가 되어있는 것 같았다. 특히 벨기에 출신의 베테랑 파트릭 뷔스호츠는 이 아티스트를 놓칠 수 없다고 말했다.

아라쉬는 순딘에게 마음을 바꿀 수 있는 짧은 기한을 주었고 유니버설은 스웨덴, 독일, 영국, 미국 지사가 선입금을 4분의 1씩 내기로 합의했다.

그러나 유니버설은 곧 그들이 실제로 존재하지 않는 입찰가에 속았다는 것을 깨달았다. 이제 페르 순딘과 스웨덴, 유럽, 미국 지사는 원금을 회수하기 위해 열심히 일해야 했다. 그리고 만약 그들이 성공하지 못한다면, 아라쉬에게는 다음 곡을 가지고 다른 음반사로 갈 권리가 있었다.

음반사는 아라쉬의 덫에 걸렸다.

필리프 오케손이 선셋대로의 인도로 나섰다.

조용한 도로 위로 아침 햇살이 노란 택시 지붕을 핑크빛으로 물들였다.

그는 하이드 선셋 레스토랑에서 공연을 마치고 나오는 길이었다.

필리프는 음악가로 자리매김하기 위해 로스앤젤레스로 거처를 옮겼다. 몇 년 전 마이애미에서의 혼란스러운 밤은 그와 팀 사이에 균열을 일으켰고, 필리프가 프랑스에서 진탕 술을 마셨을 때 관계가 악화됐다. 그는 툴루즈 어딘가의 뜰에서 깨어났고, 아침 비행기를 어떻게 타야 할지, 심지어 공항이 있는 곳까지 갈 수 있을지조차 몰랐다.

아비치와 필굿의 듀오 활동은 끝이 났지만, 필리프는 야망을 품고 스톡홀름을 떠났다. 그에게는 인맥이 있었고, 그는 베이스와 드럼을 다루는 데 능했으며, 팀과 함께 시간을 보내며 프로듀싱 기술을 익혔다. 이제 필굿은 아비치의 그늘 밖에서 자신을 증명할 것이다. 5년 안에 그는 울트라에서 가장 큰 무대에 설 것이고, 그 다음에는 할리우드에 있는 3층짜리 집을 가지게 될 것이다. 그곳에서 그는 티에스토처럼 여자들이 오가고 술이 흐르는 파티를 열 것이다. 어쩌면 결국에는 최고의 미녀와 결혼하게 될지도 모른다.

하지만 그의 계획은 곧바로 현실에 부딪혀 무산되었다. 그는 로스앤젤레스에 도착해 빌렸던 레인지로버를 3개월 만에 반납했다.

그가 발표한 노래는 누구의 관심도 끌지 못했다. 그는 목표했던 1만 달러에 훨씬 못 미치는 2,500만 달러를 벌었다.

2011년 가을, 아비치의 뒤를 이어 미국에 온 스톡홀름 청년들이 빠르게 성장하기 시작했다.

오토 예트만 또한 외스트라 레알을 졸업한 DJ였다. 그는 오토 노즈라는 이름으로 'Million Voices'를 비롯한 여러 노래를 발표했다. 스웨디쉬 하우스 마피아는 아마추어 DJ를 육성하기 시작했는데, 그중에서 알레소는 떠오르는 스타였다. 그는 스웨디쉬 하우스 마피아가 무대에 오르기 전에 오프닝 공연을 했고, 그가 3인조와 함께 발표한 노래 'Calling'은 큰 인기를 끌었다. 또 다른 신예 AN21은 스티브 안젤로의 남동생이었다. 스톡홀름 듀오 다다 라이프는 거대한 바나나 풍선이 날아다니는 정신없는 쇼로 유명했다.

간단히 말해, 2011년 스웨덴인들이 미국 침공에 앞장서기 시작했지만, 필굿은 그 누구의 관심도 얻지 못했다.

필리프 오케손은 스케이트보드를 타고 선셋대로를 따라 달렸다. 평소처럼 클럽에서 술을 마시고 술에 취한 그는 신이 났고 새로운 일이 일어나기를 바랐다. 그는 속도를 내기 위해 작은 벽을 타고 올라갔는데, 실수로 다른 방향으로 넘어져 3m 아래 덤불 속으로 떨어졌다.

다음날 의사는 그에게 반월상 연골이 파열됐다고 말했다. 회복하는 데 오랜 시간이 걸릴 수도 있었다.

필리프는 낙담한 채 목발과 약병을 들고 절뚝거리며 집에 돌아왔다.

주황색 약통의 겉면에 옥시콘틴이라는 라벨이 붙어 있었다. 처음 보는 약이었다. 그는 5일 동안 하루에 최대 2알씩 복용한 뒤, 다시 의사를 만나기로 했다.

필리프 오케손은 갈색 소파에 조용히 앉아 알약을 삼켰다. 가슴이 두근거리기 시작했고 그의 몸은 온기에 휩싸였다.

옥시콘틴은 10여 년 전 미국에서 출시된 신약이었다. 그러나 알약을 그토록 즐겁고 위험하게 만든 유효성분은 훨씬 더 오랜 역사를 갖고 있었다.

먼 옛날에 인간은 양귀비의 씨앗을 으깨서 물과 밀가루를 섞어 마시면 몸이 진정되는 효과가 있다는 것을 깨달았다. 아편이라고 불리게 된 그 혼합물은 행복감을 주고, 근육을 이완시키며 통증을 완화했다.

19세기 초 독일의 한 수습 약사가 양귀비 씨앗에서 분리해 낸 강력한 활성 물질은 그리스 신화에 나오는 잠과 꿈의 신 모르페우스의 이름을 따서 모르핀이라고 불렸다. 미국 남북전쟁 중에 중상을 입은 병사들에게 모르핀이 제공되었는데, 이후 집으로 돌아온 수만 명의 참전 용사들이 금단 현상을 겪기 시작했다. 모르핀에 중독된 사람들은 약물의 효과가 사라지자 두근거림, 오한, 불안, 걱정에 시달렸다. 그리고 최악의 경우에는 과다 복용과 사망으로 이어질 수 있었다.

그 이후로 의사들은 최근 수술을 받았거나, 급성 통증 질환을 앓고 있거나, 삶의 마지막 단계에 있는 환자들에게만 모르핀을 처방하기로 했다.

모르핀의 긍정적인 특성을 유지하면서도 환자를 중독과 금단 현상으로부터 보호하는 오피오이드를 생산하기 위한 연구는 계속되었다. 이를테면 헤로인도 이러한 방식으로 탄생한 모르핀의 대체재였다.

또 다른 진통제는 모르핀보다 50% 더 강한 옥시코돈이었다. 옥시코돈은 퍼코셋이나 퍼코단 같은 많은 약에 쓰이기 시작했다.

필리프 오케손이 처방받은 옥시콘틴은 지난 10년간 미국 의사들 사이에서 인기를 얻었던 모르핀과는 전혀 다른 것이었다.

옥시콘틴에는 옥시코돈만 들어있었다. 옥시코돈의 활성 물질이 모르핀보다 훨씬 강하다는 사실에도 불구하고, 신약 개발 회사 퍼듀 파마는 자사 제품이 경쟁사보다 중독성이 덜하다고 주장했다. 그들은 옥시콘틴이 서방형으로 만들어졌기 때문에 효과가 더 오래 가고, 사람들이 약에 덜 중독된다고 말했다.

퍼듀 파마의 영업사원들은 병원을 돌아다니며 약의 광범위한 용도를 칭찬하는 동시에 멋진 여행에 의사를 초대했다. 무엇보다도 그들은 미국의 시골 지역에서 마케팅을 펼쳤는데, 그곳은 수십 년 동안 탄광이나 자동차 공장에서 육체적으로 힘든 일을 한 많은 사람이 만성 통증에 시달리는 곳이었다.

그리고 마침내 그들은 미국 의사들의 태도를 바꾸는 데 성공했고, 2000년 이래 미국에서 오피오이드 처방은 4배 증가했다.

필리프는 소파에 기대어 커피 테이블 위에 놓인 상자에 다리를 올려놓았다.

기분이 너무 좋았다.

돈도, 실패한 DJ 경력도 신경 쓰지 말자. 다 괜찮을 거야.

아니, 그보다 더 좋았다. 이미 모든 것이 괜찮았다.

TV에서 농구 경기 영상이 흘러나왔다. 필리프 오케손은 창가로

고개를 돌렸고 해설자들의 열띤 목소리를 들으며 멍하니 앉아 있
었다.

2011년 11월 팀은 뉴질랜드, 호주, 아시아에서 공연했다. 한 달간 그는 오클랜드, 시드니, 퍼스, 멜버른, 애들레이드, 브리즈번, 베이징, 홍콩, 싱가포르, 델리, 푸네, 뭄바이 등에서 23회의 공연을 펼쳤다.

방콕에서 그는 아침에 호텔 방에서 나가기를 거부했다. 투어 매니저는 짜증이 난 마닐라의 프로모터에게 전화를 걸어 필리핀 공연을 24시간 연기해야 했다.

새해 전야에 그는 캐나다 나이아가라폴스에서 공연했다. 자정이 되기 전에 무대 밖으로 달려가서, 차를 타고 버팔로로 갔고, 비행기를 타고 뉴저지로 가서, 헬리콥터를 타고 맨해튼으로 날아갔다. 그를 클럽까지 데려다준 자동차는 제시간에 클럽에 도착하기 위해 인도 위를 달렸다. 뉴욕에서의 신년 공연은 불꽃놀이와 함께 성공적으로 끝났다.

버스가 다음 도시를 향해 달려가는 동안 팀은 버스 뒤편의 침대에 기대어 앉았다.

그곳에는 그와 에밀리 골드버그의 방이 있었다. 에밀리는 그의 여자친구가 되었고, 학교에 가지 않는 날이면 투어에 참여했다. 팀은 사자 캐릭터가 그려진 침대보 위에 담요 요새를 만들었다.

그는 아버지와 이메일을 주고받고 있었다. 클라스 베릴링은 아들이 그가 자란 집에서 한 블록 떨어진 칼라베겐에 있는 다락방을 사서 리모델링하는 것을 도왔다. 부자는 목재와 가전제품 사진을 주고받았다. 팀은 검은색 마룻바닥이 마음에 들었고, 찬장 문이 부엌에 잘 어울린다고 생각했다.

클라스와 일 외적인 이야기를 나눌 수 있어서 좋았다. 아버지를 비즈니스 파트너로 두는 것은 쉽지 않았다. 클라스는 스트레스를 받으면 급여세와 회계, 수입과 지출을 추적하는 것의 중요성에 대한 장문의 이메일을 보냈고, 팀에게는 그 모든 것이 지루하게 느껴졌다.

"오버하지마세요." 팀이 시큰둥하게 답장했다. "제가 회사에 좀 더 관여해야 하는 건 맞지만, 아빠가 설명을 해줘도 저는 무슨 말인지 전혀 모르겠어요."

어떤 샤워헤드가 가장 멋진가에 관한 토론이 더 즐거웠다. 욕실에 반투명 유리를 설치하는 것은 어떨까? 팀은 상상의 나래를 펼쳤다. 그는 DJ 맥이 선정한 세계 6위 DJ에 등극했고, 이제 휴식을 취할 집을 장만할 자격이 있다고 생각했다.

하지만 그는 집에 머물 시간이 없었다. 뉴욕에서의 새해 공연 이후로, 그는 디트로이트, 미니애폴리스, 밀워키, 피츠버그, 하노버, 세인트루이스, 캔자스시티, 볼더, 리노, 투손, 피닉스, 오스틴, 샌안토니오, 엘패소, 휴스턴, 댈러스에서 공연했다.

'하우스 포 헝거' 투어는 2012년 1월 내내 진행될 예정이었다. 물론 그것은 아라쉬의 아이디어였다. 유튜브에 올라온 홍보 영상에서 그는 아비치가 26일 동안 미국 전역의 25개 무대에서 공연하고, 모든 수익금을 기부할 것이라고 말했다. 그들은 무료 급식소와 노숙자들을 위한 쉼터를 운영하는 미국의 비영리단체 피딩 아메리카와 협업하기 시작했다.

의류 회사 랄프 로렌은 온라인 캠페인에 팀의 노래를 사용하기를 원했다. 아라쉬는 세계 최대 패션 브랜드와 함께하는 것을 좋은 기회로 여겼고, 온라인 캠페인보다 더 큰 프로젝트를 진행해야 한다고 회사를 설득하기 위해 많은 노력을 기울였다. 하우스 음악은 성장하는 청년 운동이었고, DJ는 청년층을 겨냥한 완벽한 광고 모델이었다.

아라쉬는 랄프 로렌에서 새롭게 출시한 데님 앤 서플라이와 파트너십을 맺었고, 그들은 함께 하우스 음악이 들어있는 배지 모양의 MP3 플레이어를 만들었다. 그 프로모션 배지에는 'Wear it loud, feed the world'라는 메시지가 쓰여 있었다. 고객은 배지를 착용함으로써 굶주린 사람들에 관한 관심을 보여줄 수 있었다.

자선 활동과 비즈니스가 조화를 이루고 있었다.

"안녕하세요, 저는 아비치이고 여기는 NRJ입니다. 저의 모든 신곡은 NRJ에서 가장 먼저 들을 수 있습니다…."

팀은 또한 여행 중에 다양한 라디오 방송국의 CM송을 만들었다. 그는 티에스토의 팟캐스트에서 생일 축하 인사를 하고, 스웨덴 시상식 P3 굴드에서 감사 연설을 하고, 이메일 인터뷰를 했다.

"안녕하세요, 아비치입니다. 여러분은 지금 FG 라디오에서 타라 맥도날드의 셧 업 앤 댄스를 듣고 계십니다! 제가 가장 좋아하는 스웨덴 도시는 스톡홀름입니다. 제가 가장 좋아하는 스웨덴 음식이요? 스웨디쉬 미트볼이죠."

팀은 동료들에게 아무 말도 하지 않았지만, 무언가 걱정이 되기 시작했다. 몇 달 전 보스턴에서 있었던 공황발작의 후유증이 남아 있었다. 마치 레드불 8캔을 마신 것처럼 불안하고 초조했지만, 정신이 멍했다. 피곤함과 동시에 긴장감이 감돌았다.

몇 번인가 그는 영문도 모른 채 울기 시작했다. 그저 눈물이 흘러내렸다.

그는 2년 동안 끝없는 혼란 속에 살았다. 600회가 넘는 공연을 하면서 그는 항상 움직일 준비가 되어있어야 했다. 클럽 프로모터들과의 건배, 팬들과의 셀카, 인터뷰가 이어졌다. 팀은 눈물을 삼키며 앞으로 나아갔고, 이 상황이 곧 끝나리라 생각했다.

그는 아라쉬 푸르누리에게 "이제 매일매일 기절할 것 같은 느낌"이라고 썼다. "어제오늘 일이 아니야. 예전에 내가 처음 지쳤다고 말했을 때부터 계속 그랬어. 하지만 그렇다고 해서 내가 할 수 있는 건 없으니까, 그래서 말하지 않은 것뿐이야."

캐나다와 국경을 맞대고 있는 대학 도시 로체스터에서 팀은 호텔 방 문을 닫는 것을 잊었다. 그가 낮잠을 자는 동안 누군가가 몰래 방에 들어와 캐리어를 훔쳐 갔다. 캐리어 속 노트북에는 신곡 스케치와 레코드박스로 준비한 셋이 있었다.

하지만 팀에게 가장 큰 문제는 적황색 캡슐이 사라졌다는 것이었다. 그들은 곧 푸에르토리코로 여행을 떠날 예정이었고, 그는 어떻게 여드름 치료제를 구해야 할지 몰랐다.

도둑은 자신의 우상과 사진을 찍게 된다면 기꺼이 노트북을 돌려주겠다며 이메일을 보내왔다. 제작 책임자 필릭스 알폰소는 팀인 척 대답했지만, 계속해서 야단법석을 떨던 그 바보는 이내 답장을 멈추고 사라졌다. 도대체 사람들은 왜 그러는 걸까?

다음날 그들이 올랜도에 도착했을 때, 한 무리의 십 대들이 공항에서 팀을 기다리고 있었다. 그들은 팀을 에워싸고 소리를 질렀다. 그중 최악은 그와 함께 찍은 사진을 잔뜩 가지고 와서 모든 사진에 사인해 주길 바랐던 남자였다.

필릭스는 팬들 사이로 비집고 들어가서 뒤로 물러서라고 말했다. 사진을 가져온 남자가 소리를 지르자, 필릭스는 그의 가슴을 밀쳐냈다. 잘한 일은 아니지만, 누군가는 선을 그어야 했다. 그들은 팀이 기분 나빠하고 있다는 것을 눈치채지 못한 걸까?

팀은 푸에르토리코 공연을 마치고 미국으로 돌아와 마침내 여드름 치료제를 다시 손에 넣을 수 있었다.

그는 며칠 동안 약을 먹지 못했기 때문에 3일 치 복용량을 한 번에 섭취하는 게 좋겠다고 생각했다.

에밀리 골드버그가 학교 수업을 마치고 막 집에 돌아왔을 때, 팀에게서 전화가 걸려 왔다. 그는 뉴욕 소호의 한 호텔 방에 누워 복통을 호소하고 있었다. 마치 그의 안에 있는 장기들이 마구 엉켜 통증을 유발하는 것 같다고 말했다. 그들은 로드아일랜드로 가야 했고, 팀이 오늘 밤 공연을 하려면 정말 강력한 진통제가 필요했다.

팀은 통증이 점점 더 심해지고 있다고 말했다. "배 위쪽이 가장 아파." 그가 말했다.

그녀는 팀에게 다른 사람에게 전화를 넘겨달라고 부탁했다.

"지금 당장 팀을 병원으로 데려가야 해요. 아프다고 소리 지르고 난리 났어요!" 에밀리가 말했다.

"오늘 밤에 공연이 있어." 반대편 누군가가 말했다.

"상관없어요! 이 사람은 제 남자친구라고요!"

팀은 휴대폰을 건네받아 전화를 스피커 모드로 바꾸었다.

"팀, 그냥 누워있어." 그녀가 말했다. "괜찮아. 침착하게 호흡해."

이내 팀은 더 대답하지 않고 신음을 내며 훌쩍거렸다. 화가 난 에밀리는 씩씩대며 말했다. "구급차를 불러달라고요. 당장."

투어 매니저 말릭 아두니가 맨해튼 남쪽 끝에 있는 장로교 병원에 도착했을 때, 팀은 404-2호에 입원해 있었다.

말릭은 침대에서 잠이 든 팀을 바라보았다. 그는 비니를 쓰고 있었고, 여러 전선과 장치들에 연결되어 있었는데, 말릭은 그것이 무엇인지 잘 알지 못했다.

하지만 하우스 포 헝거 투어의 마지막 공연이 열리지 않을 것이라는 점은 분명했다.

그들은 어떻게 여기까지 오게 되었을까? 어떻게 상황이 이렇게 걷잡을 수 없게 되었을까? 팀은 깨어나자마자 고통에 얼굴을 찌푸렸고, 위경련에 효과가 있는 모르핀을 투여받았다. 그리고 고체 음식을 먹을 수 없었기 때문에, 얇은 얼음 조각을 먹었다.

병원에 도착한 에밀리 골드버그는 복도를 서성거리다가 팀의 어머니가 보낸 이메일에 답장했다. 하루에도 몇 번씩 팀의 아버지는 걱정스러운 목소리로 전화를 걸어왔다. 그는 팀이 비행기를 타고 스웨덴에 돌아와 치료받는 것이 나을 것 같다고 생각했다.

팀의 동료들은 팬들에게 계속 소식을 전해줘야 한다고 생각했고, 그래서 팀은 왼쪽 손목에 링거 튜브를 매달은 채 찍은 사진을 트위터에 올렸다.

"지난 3일을 보낸 곳." 그는 트위터와 페이스북의 많은 팬으로부터 애정이 어린 댓글을 받았다.

힘내, 팀! ♥ 몸조심해, 건강이 우선이야. :)

텔아비브에서 만나요.

나중에 펜실베이니아로 돌아와요!

몸조심하세요. 기다릴게요. ;)

사랑해, 빨리 낫길 바라.

통증이 왔다 갔다 했다. 진통제를 맞을 땐 괜찮았지만, 약효가 떨어지면 즉시 배에 통증이 찾아왔다.

놀라운 점은 팀이 특별히 우울해 보이지 않았다는 것이다. 대신 필릭스와 에밀리에게 새 노트북을 구해달라고 부탁했다. 이스라엘, 오스트리아, 이탈리아 공연이 취소됐고, 업무 연락도 잦아들었다. 그는 편안하게 블리자드에서 새로 출시된 게임을 하기 시작했다.

일주일 뒤, 에밀리는 병실 벽에 걸려 있는 오래된 TV를 켰다. 미국 미식축구 리그의 결승전인 슈퍼볼이 방송되는 날이었다. 슈퍼볼은 세계적인 스포츠 행사였고, 1억 명이 넘는 미국인들이 뉴욕 자이언츠와 뉴잉글랜드 패트리어츠의 대결을 지켜보고 있었다.

하지만 팀과 동료들은 다른 것에 더 관심이 있었다.

첫 번째 휴식 시간이 되자, 모두가 조용히 스크린을 바라보았다. 처음에는 자동차와 탄산음료 광고가 나왔다. 그러고 나서 그들이 기다리던 광고가 나왔다.

옷을 잘 차려입은 직장인들이 파티를 즐기고 있었다. 배경 음악으로 'Levels'가 흘러나왔고, 아비치는 디제잉을 하며 미소 지었다.

한 달 전 팀은 버드와이저의 새로운 저칼로리 맥주 광고를 촬영했다. 온종일 촬영했고, 촬영하는 매 순간이 싫었지만, 이보다 더 강력한 광고는 없었다. 미국 인구의 3분의 1이 이 광고를 지켜보고 있었다.

그 후, 에밀리는 팀의 좁은 침대로 살금살금 올라갔다. 팀의 마취가 풀리기 전까지 그들은 서로를 꼭 껴안고 잠이 들었다.

보낸 사람: 앙키 리덴
받는 사람: 에밀리 골드버그
날짜: 2012년 2월 2일

안녕, 사진 잘 받았어. 팀과 네가 함께 있는 사진을 보니 너무 좋다. 혹시 CT도 찍었니? 열은 어때? 괜찮아 보여? 아마도 너는 지금 자고 있겠구나. 어디에서 머무르고 있니? 얼마나 같이 있을 수 있어? 묻고 싶은 게 너무 많네…. 둘 다 잘 지내고 팀에게 안부 전해주렴. 앙키가

보낸 사람: 에밀리 골드버그
받는 사람: 앙키 리덴
날짜: 2012년 2월 2일

안녕하세요 어머니,
팀은 잘 지내고 있어요. 어제 CT 촬영을 했는데 심한 췌장염이 있대요. 적어도 1~2일은 더 입원해야 한다고 하네요. 어젯밤에 미열이 좀 있었는데 오래가지는 않았어요. 많이 나아졌고 통증도 그렇게 심하지 않아요.
또 연락드릴게요.
에밀리

앙키 리덴은 정처 없이 말뫼를 거닐었다. 그녀는 시내의 한 극장에서 겨자 제조업자와 그의 사생아에 관한 희극에 출연하고 있었지만, 아들이 지구 반대편의 병상에 누워있는 상황에서는 무대 위에서 벌어지는 코믹한 음모와 혼란에 집중하기가 힘들었다.

이 모든 상황이 비현실적으로 느껴졌다. 가끔 방 밖으로 나가기를 거부하던 그녀의 아들은 이제 매일 밤 수만 명의 새로운 사람들 앞에 홀로 섰다.

팀은 자신이 무대 위에서 어떻게 행동해야 할지 알아냈다고 자랑스럽게 이야기했다. 사람들과 눈을 마주치지 않는 것이 핵심이었다. 청중 너머를 바라보면 된다. 그리고 행복한 표정을 짓고, 많이 웃고, 노래 가사를 따라 부르면, 청중은 만족해했다. 하지만 친절하게 행동하고, 함께 셀카를 찍고, 인터뷰하고, 클럽 경영진들과 저녁 식사를 하는 것은 쉽지 않았다. 프로모터들은 매번 그를 레스토랑으로 초대해서 클럽이나 페스티벌을 홍보하기 위한 간단한 인터뷰에 응해주기를 바랐다.

앙키는 그에게 거절해도 괜찮다는 점을 상기시키려고 노력했다. 가령 누군가가 와서 사진을 찍어달라고 하면, 중요한 회의를 하러 가는 중이라고 말하면 된다. 그녀도 그런 방식으로 사람들의 요청을 거절해 왔다.

앙키는 팀이 병원에서 어떻게 지내는지 궁금했다. 사실 그녀는 모든 것을 취소하고, 택시를 타고 공항으로 가서 뉴욕행 비행기에 탑승하고 싶었다. 하지만 팀은 부모님이 비행기를 타고 오는 것은 불필요한 일이라고 말했다. 그는 며칠간의 휴가를 받았고 곧 퇴원할 것이라고 말했다.

의사들은 통증의 원인을 찾아냈다. 췌장염이었다.

췌장은 복부 위쪽에 위치하며 음식물의 소화에 필요한 효소를 분비한다. 다량의 알코올을 지속해서 섭취하면 염증이 생기고 장기가 망가질 수 있다. 게다가 의사들은 알코올 외에 그의 여드름 치료제도 문제가 되었을 것이라고 설명했다. 팀이 입원하기 직전에 먹은 3일 치 알약이 아마도 이를 촉발했을 것이다.

염증을 치료하기 위해서 팀은 최소 6개월 동안 술을 끊어야 했다. 지금 위가 제대로 회복되지 않는다면 평생 회복되지 않을 수도 있다. 그렇게 되면 팀은 만성 통증에 시달릴 위험이 있었다.

앙키는 맥도날드에 들어가 맥피스트를 주문했다. 그때, 익숙한 피아노 소리가 들려왔다. 어둠을 피해 빛 속으로 도망가는 내용을 담은 팀의 노래 'Fade Into Darkness'였다.

"이 환상적인 곡을 만든 사람이 바로 제 아들이에요!"

그녀는 모두에게 소리치고 싶었다.

"저기요! 완전 대단하지 않아요!?"

하지만 그녀는 묵묵히 햄버거를 먹는 데 집중하려고 노력했다. 팀의 상태가 호전됐고 에밀리, 필릭스, 말릭이 함께 있다는 것이 위안이 되었다. 팀의 북미 에이전트 데이비드 브래디도 병원에 있었다.

팀은 진통제를 처방받았다고 했다. 앙키는 그게 어떤 약인지 잘 몰랐지만, 팀에게 도움이 되어서 좋다고 생각했다.

———————

병원에서의 나날은 지난 6년 중에 가장 편안하고 스트레스 없는 날이었고, 우울하게 들릴 수 있겠지만 나에게 있어 진정한 휴가였다. 극심한 고통에서 벗어날 수 있어 안심됐고, 모두가 나에게 충분한 휴식을 취하고 회복하는 것 외에 아무것도 기대하지 않는다는 것이 좋았다. 지금까지 소화해 온 엄청난 일정을 생각하면 정말 엄청난 안도감이었다.

———————

"나 사랑해?"

"당연하지, 내가 더 많이 사랑한다고 했잖아!"

"거짓말."

팀은 미국에 있는 여자친구와 문자를 주고받고 있었다. 통증은 병원에서처럼 심하지는 않았지만, 완전히 사라지지도 않았다. 자고 일어나면 위경련이 찾아왔고, 움직일 때마다 통증에 시달렸다.

하지만 다시 스톡홀름에 돌아와서 좋았다. 집은 아직 공사 중이 었지만, 클라스의 도움 덕분에 오래된 다락방은 팀이 원하던 모습을 갖춰가고 있었다. 검은 표면이 반짝이는, 깔끔하고 현대적인 느낌의 집이었다. 팀은 빌트인 와인 셀러를 설치하는 것이 가능한지 궁금했다. 그리고 그는 항상 열기로 빛나는 석고 벽난로를 원했다.

팀은 생바르텔르미를 여행하는 동안 에밀리와 함께 지낼 숙소를 찾으며 소파에 앉아 쉬고 있었다. 말뫼와 오슬로에서의 공연은 취소됐고, 마침내 그는 며칠 동안 카리브해의 해변에서 잠시 휴가를 보낼 기회를 얻었다.

TV에서는 스웨덴 음악 시상식 그래미스가 방영되고 있었다. 팀은 시상식에 참석하는 것을 거부했고, 소파에 누워서 자신이 올해의 아티스트로 등극하고 'Levels'가 2011년 최고의 노래로 선정되는 것을 지켜보았다.

"자기야, 상 받았어?"

"두 개 받았지." 팀이 대답했다.

"내 남자친구가 스타라니!!! 완전 브래드 피트 같아."

팀은 아버지와 함께 스톡홀름에 있는 병원에 가서 위에 대한 추적 검사를 받았는데, 결과는 그리 좋지 않았다.

그는 이제 피자나 햄버거 같은 것을 먹을 수 없게 되었다. 기름진 음식이 위를 자극하기 때문이다. 몇 달 동안 술을 마시는 것도 금지됐다. 그의 고통을 완화하기 위해 더 많은 진통제가 처방되었다.

팀은 생각했다. 그가 뉴욕 병원에서 받은 오피오이드는 옥시코돈과 파라세타몰의 혼합물이었지만, 이 새로운 알약에는 옥시코돈만 들어있었다. 그렇다면 이 진통제는 효과가 더 약하지 않을까?

그는 에밀리에게 진통제에 관해 물어보았지만, 에밀리 역시 잘 알지 못했다.

"조심해. 그 약은 중독성이 강해." 그녀가 말했다.

"괜찮아." 팀이 대답했다. 진통제를 삼키자 위경련이 완전히 사라지고 행복하고 편안한 느낌이 들었다.

지금 이 순간 그가 해야 할 일은 카리브해에 있는 멋진 숙소를 찾고 에밀리와 메시지를 주고받는 것뿐이었다.

"자기야 사랑해."

"나도 많이 사랑해."

사랑한다는 말은 아무리 해도 질리지 않았다.

"우리가 영원히 함께였으면 좋겠어."

잠시 후 에밀리가 대답했다.

"넌 날 사랑하지 않아." 그녀가 장난스럽게 말했다. "넌 약에 취했을 때만 사랑한다고 말하잖아."

"진짜 사랑하는 거 맞아. 나 아직 약에 안 취했어. 그냥 예방 차원에서 먹는 거야."

"하하하. 자기야, 그게 중독자들의 단골 멘트잖아."

"하하 나도 알아. 그래도 난 이제 다시는 약을 먹지 않을 거 야."

필릭스 알폰소

2012년 5월 19일

> 시간이 더 필요해요
> 아직 셋이 완성되지 않았어요
> 6시 45분에 올라와요

주차장에 도착했어

> 샤워하고 올게요

안돼
지금 출발해야 해

> 안돼요

7시 45분에 인터뷰하기로 했어
거기까지 가는 데 40분이 걸려

> 인터뷰를 미뤄야 할 것 같아요
> 셋이 아직 완성이 안 됐어요
> 그럼 차 안에서 마저 할게요

제작 책임자 필릭스 알폰소는 곧장 팀의 호텔 방으로 향했다. 4만 5천 명의 사람들이 일렉트릭 데이지 카니발이 열리는 뉴저지의 공연장에서 팀을 기다리고 있었다.

필릭스는 이미 무슨 일이 일어날지 알고 있었다. 매번 반복되는 상황이었다. 팀은 마치 아침에 신발 신기를 거부하는 네 살짜리 아이 같았다. 무슨 이유에서인지 그는 샤워하고 모자를 챙겨서 1층으로 내려가기보다 교통 상황을 확인하고 싶어 했다. 필릭스가 하는 일 중 절반은 꾸물거리고 거짓말하는 팀을 스위트룸에서 끌어내는 것처럼 느껴졌다.

필릭스는 잠긴 문을 두드렸다. 물론 팀은 열지 않았다.

"얼른, 팀, 이러면 안 돼. 프로답지 않아. 곧 출발해야 해!"

"팀 시간으로요? 샤워만 금방 하고 나올게요!"

"아니, 진짜 시간으로."

"5분이면 돼요!"

팀 시간은 일종의 농담으로 15분이 45분이 될 수 있다는 뜻이었다. 최악의 경우 45분은 2시간을 의미할 수 있었다.

팀의 고집을 꺾는 일은 무척 어려웠다.

"가는 데 40분 걸린다니까. 말했잖아." 필릭스가 말했다.

팀은 문 반대편에서 의기양양하게 대답했다. "검색해 봤는데 30분밖에 안 걸릴 거예요!"

팀과 에밀리는 카리브해에서 일주일을 보냈다. 그들은 좋은 음식을 먹고, 팀이 편하게 일광욕할 수 있을 정도로 인적이 드문 해변도 발견했다. 그러나 휴가 중에도 메일은 끝없이 쏟아졌다. 팀은 이탈리아 프로모터와 공연 일정을 다시 조율해야 했고, 레니 크라비츠와의 노래 작업을 마무리해야 했다. 앳나이트의 직원들은 팀에게 공연 전에 몇몇 팬들과 셀카를 찍어줄 수 있는지 물었고, 호주 비자를 발급받을 수 있도록 그가 서류를 인쇄하고 서명해서 보내줄 수 있는지 물어보았다.

짧은 휴가를 보낸 뒤 팀은 남아프리카, 대만, 인도네시아, 태국, 독일에서 공연했다.

그해 봄과 여름, 미국에서 열린 페스티벌에서 팀은 5m 높이의 두상 조형물을 동원했다. 정수리의 빈 곳에 팀과 그의 장비가 들어갈 공간이 있었고, 천장에 달린 와이어의 도움으로 팀은 거인의 이마에서 경사로를 타고 나와 청중 위를 날아다닐 수 있었다. 아래에서 나오는 조명은 아비치가 공중에 있는 것처럼 보이게 했고, 'Levels'의 후렴구가 나올 때면 노래하는 입술 모양이 얼굴에 투영되었다.

이러한 무대 연출의 확대는 불가피했다. 스웨디쉬 하우스 마피아는 스웨덴인들이 매디슨 스퀘어 가든의 티켓을 매진시키고, 아이스하키 경기장을 나이트클럽으로 바꿀 수 있다는 것을 보여주었다. 그들의 특수 효과 담당자는 파이로 피트라고 불렸는데, 그는 무대 가까이 서 있는 사람들이 눈을 뜨기 힘들 정도로 커다란 불기둥을 선사했다. 다른 DJ들 또한 청중에게 특별한 경험을 안겨주기 위해 최선을 다했다. 데드마우스는 동작 감지 슈트를 입고, 스크린에 자신의 움직임을 따라 하는 해골 이미지를 띄웠다. 스티브

아오키는 '케이크 미'라고 쓰인 플래카드를 든 청중을 향해 크림 케이크를 던졌다. 팀이 경쟁해야 했던 것은 이러한 종류의 폭발적인 경험이었다.

하지만 두상 조형물의 운반에는 비싼 트럭 4대가 필요했고, 조립하는 데에 반나절이 걸렸으며, 유지보수도 기술적으로 어려웠다. 코첼라에서 조형물을 처음 사용했을 때, 장비에 이상이 생겨 팀은 칠흑 같은 어둠 속에서 공연을 시작해야 했다. 솔직히 말해서, 그 조형물은 흉물스러웠다.

동시에 랄프 로렌과의 협업도 확장되었다. 그는 이제 데님 앤 서플라이의 가을 컬렉션을 대표하는 얼굴이 되었다. 최근 그는 롱아일랜드의 창고에서 카키색 반바지와 줄무늬 조끼를 입은 패션모델들과 함께 캠페인 영상을 촬영했다. 팀은 술에 취하지 않은 사람들이 카메라를 의식하면서 노래에 맞춰 춤을 추는 모습이 인위적이고 불편하게 느껴졌다.

한편 팀과 아라쉬는 자주 부딪히기 시작했다. 때때로 팀은 결정권을 박탈당한 느낌이 들었다. 최근 아라쉬가 팀이 인터뷰에서 자신을 언급하는 것을 잊었다고 불평했을 때, 팀은 이렇게 대답했다.

나는 네가 사사건건 간섭하고 통제하는 것이 싫어. 아비치는 너만의 것이 아니라 우리의 것이야. 나에게도 선택권을 달라고 여러 번 요청했잖아! 나는 네 꼭두각시가 아니야.

팀과 동료들은 올여름부터 전용기를 타고 돌아다니기 시작했다. 팀은 고급스러운 10인승 세스나를 선택했다. 비행기에는 두 개의 스티커가 붙었다. 에어 비치, 그리고 애쉬 얼라이언스. 아라쉬는 또한 유럽 전역의 공연을 앞두고 포스터에 새로운 문구를 덧붙였다. '아비치 (앳나이트 소속)'. 팀은 계속해서 본인의 이름을 아비치 옆에 붙여놓는 아라쉬에게 짜증이 나기 시작했다. 이를테면 전용기 비용을 내는 사람은 팀인데, 왜 아라쉬의 이름을 붙이는 거지? 팀은 모든 면에서 아라쉬의 중요성을 강조하기 위해 정말 노력했고, 음악적인 면에서 그는 팀이 세상에서 가장 신뢰하는 사람이었다. 그러나 때때로 아라쉬는 더 많은 관심을 요구하는 것 같았다.

동시에 상황은 점점 더 감당하기 어려워졌다. 수천 가지의 일이 끊임없이 진행되고 있었고, 팀은 그의 메일함에 쏟아지는 메일을 통해 진행 상황을 대략 가늠할 수밖에 없었다.

그의 호텔 방 밖에서는 더 이상 통제할 수 없을 정도로 많은 일이 벌어지고 있었다. 변호사와 고문, 언론 컨설턴트와 가을 컬렉션, 무대 제작자와 운전사와 조종사, 권리 분쟁과 합의서와 계약서 초안까지. 한 사람은 다른 사람이 무엇을 하고 있는지 전혀 알지 못했고, 결국 모든 일은 팀에게 맡겨졌다. 그는 공연도 해야 했고, 인터뷰도 해야 했고, 사진에도 찍혀야 했고, 팬들을 위해 새로운 공연을 준비하고 노래를 만들어야 했다.

그가 없으면 그들은 무엇을 할 것인가? 필릭스 알폰소가 무대에 오를 것인가? 필리프 홀름이 가을 컬렉션의 모델이 될 것인가? 팀 없이는 아비치도 존재할 수 없었다. 그리고 그는 그냥 끌려다닐 수 있는 사람도 아니었고, 그렇게 보이기를 원하지도 않았다.

통제권을 쥐고 있는 사람은 바로 그였다.

팀 베릴링은 1989년 9월 스톡홀름에서 태어났다. 그의 아버지 클라스 베릴링은 사무용품점을 운영했고 어머니 앙키 리덴은 성공한 배우였다.

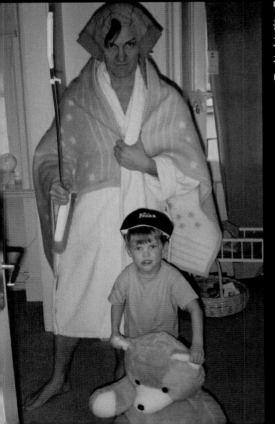

팀은 부유한 동네인 외스테르말름에서 자랐다.

팀은 늦둥이였다. 남매들은 모두 팀
이 어렸을 때 집을 떠났지만, 린네가
탄에 있는 가족의 집을 자주 방문
했다.

어린 시절 팀은 자신의 방에서 많은 시간을 보냈다. 그곳에서 그림을 그리고, 시를 쓰고, 우주와 과학에 관한 책을 읽었다.

팀은 어릴 때부터 신중하고 내성적이었다. 그는 새로운 상황에 부딪히면 주저하고 불안해했다.

팀의 아버지 클라스도 음악에 관심이 많았
다. 그가 블루스 음악을 듣는 동안, 팀은
컴퓨터 게임에 열중했다.

어릴 때부터 음악을 좋아한 팀은 노래를 부르고
기타와 피아노를 연주했다. 그의 어머니는 레슨
을 받길 권했지만, 팀에게는 스스로 길을 찾는 것
이 중요했다.

팀은 얼굴에 난 여드름을 부끄러워했다. 상태가 정말 안 좋다고 생각될 때면 밖에 나가고 싶지 않았다.

2006년 가을, 팀은 음악 프로그램 FL 스튜디오를 발견하고 열정적으로 하우스 음악을 만들기 시작했다. 그는 같은 고등학교에 다니는 필리프 오케손과 함께 아비치와 필굿라는 이름으로 활동했다.

멜로디에 대한 팀의 재능을 가장 먼저 발견
한 사람 중 한 명은 여기 가면을 쓴 프로듀서
레이드백 루크였다. 2009년 3월, 루크는 팀
과 필리프의 첫 해외 공연을 위해 그들을 미
국으로 초대했다.

왼쪽의 아라쉬 푸어노리는 야심 찬 클럽 프로모터였다.
그는 팀의 비트가 가진 잠재력을 빠르게 알아차렸다.
푸어노리는 팀의 매니저가 되었고, 그가 오른쪽에 있는
티에스토와 같은 스타들과 만나게 했다.

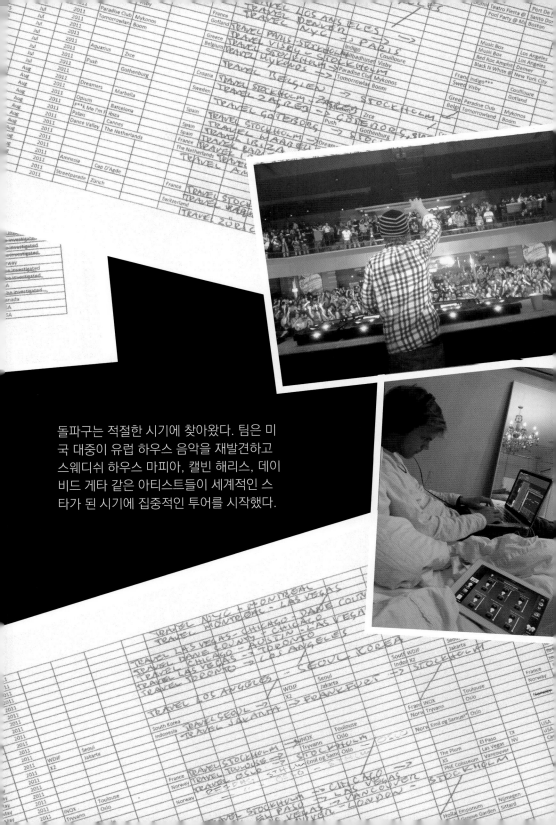

돌파구는 적절한 시기에 찾아왔다. 팀은 미국 대중이 유럽 하우스 음악을 재발견하고 스웨디쉬 하우스 마피아, 캘빈 해리스, 데이비드 게타 같은 아티스트들이 세계적인 스타가 된 시기에 집중적인 투어를 시작했다.

2011년에 많은 사랑을 받았던 노래 'Levels'의 신스 리프는 아비치가 곧 전 세계 공연장을 매진시킬 것임을 의미했다. 이전 세대의 록 뮤지션들과 달리 DJ는 투어를 멈추지 않았으며, 팀은 심지어 같은 날 밤 서로 다른 두 나라에서 공연하기도 했다.

	Houston	TX	USA	USA
Palladium Ballroom	Dallas	TX	USA	USA
Lavo	New York C	NY	USA	USA
House For Hunger Tour				
House For Hunger Tour				
Orpheum Theatre	Madison	WI	unknown	to be investigate
Paramount Theat	Seattle	WA	USA	USA
Main Street Arm	Rochester	NY	USA	USA
University of Pu	Orlando	FL	USA	USA
Coliseum Of Pue	Puerto Rico		Puerto Rico	Puerto Rico
House For Hunger Tour			unknown	to be investigate
Ryan Center	Kingston	RI	USA	USA
Mullins Center	Amherst	MA	USA	USA
				to be investigate

CANCELLED SICKNESS NYC HOSPITAL

2012년 봄, 바쁜 투어 생활과 그에 따른
습관이 팀을 병들게 했다. 췌장에 염증이
생긴 그는 뉴욕의 한 병원에 불시착했다.

팀의 여자친구 에밀리 골드버그는 하우스 음악이
주는 희망적인 느낌을 좋아했다.

2013년 봄, 팀은 데뷔 앨범을 제작하기 위해 로스앤젤레스로 이사했다.
스웨덴 작곡가 살렘 알 파키르와 빈센트 폰타레는 사운드를 개발하는 데
있어 중요한 역할을 했다. 그들은 미국 포크 음악과 블루그래스의 영향을
받아 팀과 함께 'Hey Brother' 등을 작곡했다.

아비치의 무대 연출은 점점 더 거대해졌다. 시각적 연출을 담당한 두 사람은 뒷좌석에 앉아있는 영국인 해리 버드와 미국인 찰리 알베스였다. 빨간색 옷을 입은 롭 하커는 호주와 아시아 시장의 담당자였다.

팀이 록 밴드 인큐버스의 기타리스트 마이크 아인지거,
소울 가수 알로에 블라크와 함께 만든 'Wake Me Up'
은 어쿠스틱한 성격으로 댄스 음악의 한계를 뛰어넘은
또 다른 곡이다.

데뷔 앨범이 나오기 전, 팀은 1년에 300회 이상의 공연을 펼쳤다. 2013년 가을 〈True〉가 발매되었을 때, 수록곡은 미국의 팝 라디오와 컨트리 방송국에서 모두 재생되었으며, 아비치는 최정상 아티스트의 반열에 올랐다.

제시 웨이츠

2012년 9월 5일

뭐해

몸이 안 좋아

저런
안됐네
독감?

잘 모르겠는데 독감 같긴 해
정신적으로도 지쳤어

그럴만해
휴가 중에도 일했잖아
넌 좀 쉬어야 해

나도 알아
근데 스케줄이 이미 꽉 찼는걸

제시 웨이츠는 스톡홀름 왕궁 앞에서 벌벌 떨며 팀이 스톡홀름에 온 이유를 궁금해하고 있었다. 그리고 이 나라는 도대체 뭐지? 여름이 끝나기도 전에 비가 오고 추운 곳에서 어떻게 사람이 살 수 있지?

팀이 라스베이거스에 있는 제시의 클럽에서 디제잉을 하기 시작하면서 제시와 팀은 친한 친구가 되었다. 제시는 팀에게 자신의 오래된 스포츠카인 1965년식 포드 선더버드를 생일 선물로 주었고, 팀과 에밀리를 라스베이거스 사막으로 데려가 소총과 권총을 사용하는 법을 알려주었다. 제시와 팀은 이제 문자 메시지를 통해 친밀하게 이야기를 나누며, 가십과 비밀을 공유했다. 그러나 이제 팀은 제시를 짜증 나고 당혹스럽게 만들고 있었다. 팀은 그와의 점심 약속에 나타나지 않았고, 제시는 팀을 만나러 앳나이트의 작업실로 향했다.

작업을 마친 팀이 제시와 함께 회사 밖으로 나왔고, 제시는 팀이 몰래 약을 먹는 것을 보았다. 그들은 칼라베겐에 있는 팀의 집 바로 아래에 있는 식당에 갔다. 피자를 먹기 위해 자리에 앉았을 때 팀의 동공은 바늘구멍만큼 작아져 있었다.

제시는 팀에게서 아버지의 모습을 보았다. 제시가 10대였을 때, 그의 아버지는 건설 현장에서 일하다가 어깨 힘줄이 찢어져 병상에 눕게 됐다. 그는 진통제를 복용하면서 거의 1년 동안 수술과 재활을 받았다. 동시에 아버지가 만나던 여자가 바람을 피웠다는 사실을 알게 되자, 그는 방 밖으로 나오지 않기 시작했다. 진통제는 곧 너무 비싸졌고, 제시의 아버지는 모르핀과 유사한 진통제인 헤로인을 먹기 시작했다.

그 과정에서 제시는 작은 신호, 즉 얼굴의 변화를 읽는 법을 배웠다. 그 무기력하고 멍한 표정, 만족스럽고 멍한 표정. 팀도 비슷한 상태였다. 팀은 식당에 불이 나도 아무렇지 않을 것만 같았다.

"팀, 지금 네 모습이 말이 아니야. 너를 좀 객관적으로 봐봐." 제시가 말했다.

"무슨 말이야?"

"1년에 4만 달러를 버는 게 얼마나 힘든지 알아? 근데 너는 지금 공연당 15만 달러를 받고 있어. 엄청 좋은 삶을 살고 있다고."

"넌 아무것도 몰라. 나는 돈에 관심 없어. 한 번도 돈에 대해 신경 쓴 적 없다고."

"그걸 말하려는 게 아니야. 나는 관점에 대해 말하는 거야. 사람들은 네가 가진 것의 극히 일부를 얻기 위해 평생을 일해. 네가 얻은 기회를 날려버리지 마."

팀은 관심 없다는 듯, 공허한 눈으로 접시에 식기를 긁었다.

"돈은 상관없다고 했잖아."

몇 주 후, 팀은 뉴욕으로 돌아왔다. 그는 양키 스타디움에서 열린 마돈나의 콘서트에서 오프닝 공연을 했다. 어떤 DJ가 도시의 왕인지를 강조하기라도 하듯, 팀의 최신 패션 캠페인은 맨해튼 전역의 광고판을 장식했다. 포스터 속 팀은 심각한 표정을 짓고 있었고, 그의 곁에는 빨간색과 검은색 체크 무늬의 랄프 로렌 셔츠를 입은 가녀린 여성이 있었다.

팀, 에밀리, 필릭스 알폰소는 호텔에서 체크아웃한 뒤 뒷문을 통해 몰래 이동했지만, 그들은 불과 몇 블록 떨어진 소호 지역에서 파파라치에게 발견되고 말았다. 이 소문은 빠르게 퍼져 나갔고, 사진기자들은 오토바이를 타고 그들을 쫓아왔다.

달그락거리는 렌즈 소리에 에밀리 골드버그의 심장이 빠르게 뛰었다. 슈퍼스타의 여자친구로 1년을 지내면서, 그녀는 점점 더 내성적으로 변했다. 몇 달 전, 한 가십 사이트에 그녀의 사진이 올라왔는데, 이는 그녀가 아비치와 함께 여행 중이라는 것을 증명했다. 그녀는 점점 더 감시당하는 느낌을 받았다. 뉴저지의 한 클럽에서는 질투심 많은 소녀가 에밀리에게 크랜베리 주스를 쏟아붓기도 했다.

하지만 그것은 그녀의 남자친구가 견뎌야 했던 것에 비하면 아무것도 아니었다. 성공과 동시에 인터넷 댓글의 성격이 바뀌었다. 사람들은 팀의 옷과 외모에 관심을 보이기 시작했다. 많은 사람은 그를 젊은 시절의 레오나르도 디카프리오와 비교하거나, 그와 키스하기 위해 얼마나 많은 돈을 낼 것인지에 관해 이야기했다.

하지만 팀이 집착한 것은 다른 의견이었다. 사람들은 그의 약점인 코를 지적했다.

못생겼는데 사람들은 왜 아비치를 좋아하는 거지

공연은 환상적이었지만 여드름 냄새가 역겨움

아비치는 다 좋은데 얼굴이 돼지같이 생겼어

VIP 티켓? 못생긴 얼굴을 얼마나 가까이서 보려고?

팀과 일행은 사진기자들에게서 빠져나와 펫숍으로 들어갔다. 필릭스는 곧바로 팀의 계획을 눈치챘다.

"팀, 강아지는 안 돼." 필릭스가 애원했다. 팀과 에밀리는 그의 말을 무시하고 강아지를 향해 다가갔다. 그들은 강아지를 키우는 것에 대해 오랫동안 이야기해 왔다. 강아지는 그들의 삶에 차분하고 평온한 느낌을 줄 것이다.

맨 끝에 있는 작은 우리에는 푹신한 털 뭉치들이 모여있었다.

"포메라니안이다!" 에밀리가 강아지를 들어 올리며 소리쳤다. 그 강아지는 귀여우면서도 사나웠고, 쉬지 않고 짖었다. 에밀리가 돌아섰을 때, 팀은 다른 강아지 한 마리를 가슴에 안고 서 있었다. 그 강아지는 얌전하고 조용했고, 마치 팀이 세상에서 가장 중요한 사람인 것처럼 그를 올려다보고 있었다.

"얘들아, 우리 이러지 말자." 필릭스가 재차 말했다. "우리는 매일 다른 도시로 이동하고 있어. 강아지는 데리고 다닐 수 없어." 에밀리는 팀을 바라보았다. 끝없는 혼돈과 소음과 카메라에 둘러싸여 있던 스물세 살의 남자친구. 마치 마법에 걸린 것처럼 그는 만족스럽고 편안해 보였으며, 그의 눈빛은 부드러워졌다.

"안아볼래?" 팀이 물었다. 에밀리는 강아지의 머리를 쓰다듬으며 작은 눈을 바라보았다.

"너희 둘 너무 귀엽다!" 팀이 말했다.

"얘로 하자." 에밀리가 말했다.

———————

미루는 습관.

이 습관의 본질과 이것이 나에게 어떤 악영향을 미치고 있는
지를 알아내기란 매우 어려웠다. "아프다. 왜 아프지? 불편하
다. 미래의 팀에게 고통을 떠넘긴다. 미래의 팀은 현재의 팀
보다 고통을 더 잘 다룬다. 왜냐하면, 현재는 더 시급한 문제
들이 많기 때문이다."

———————

2012년 11월 팀은 스톡홀름으로 돌아왔다.

쇠데르말름의 부둣가에는 이전에 주조 공장으로 쓰였던 노란 벽돌 건물이 있었다. 살렘 알 파키르는 그곳에 있는 스튜디오를 빌렸다.

살렘이 위층으로 올라오자 곧바로 팀의 모습이 보였다. 마치 방금 찾은 조개껍데기를 자랑하고 싶어 하는 어린아이처럼 그의 몸에는 부산한 기운이 감돌았다.

"이것 좀 들어봐." 팀이 말했다.

트럼펫, 아코디언, 박수 소리가 울려 퍼졌다. 팀과 에밀리가 지난 몇 주 동안 즐겨들었던 아이슬란드 밴드 오브 몬스터즈 앤 맨의 'Little Talks'였다. 노래에서 느껴지는 열광적인 추진력은 드넓은 공연장에 완벽하게 들어맞았다. 동시에 음악이 가진 어쿠스틱한 특성은, 바다가 거센 파도를 일으키는 동안 선원들이 나무 숟가락과 양철 접시를 가지고 통통배 위에서 연주하는 모습을 연상시켰다.

팀은 투박한 악기와 우렁찬 함성의 조합이 좋다고 생각했다.

"이런 것도 좋지 않을까?"

그곳에는 금발의 바이킹 머리를 한 살렘 알 파키르의 지인이 있었다.

살렘과 마찬가지로 빈센트 폰타레도 음악과 함께 성장했다. 그의 아버지 로게르 폰타레는 스웨덴의 유명 팝 스타였고, 빈센트는 어릴 때부터 일렉트릭 기타를 연주하기 시작했다. 빈센트는 힙합 듀오 버벌 앤 빈센트의 래퍼로 자리매김하기 위해 스톡홀름에 왔지만, 몇 번의 실패 끝에 작곡가로 전향했다. 몇 년 전 그는 스웨디쉬 하우스 마피아의 히트곡 'Save the World'를 공동 작곡했다.

살렘 알 파키르에게 자신의 스튜디오를 빌려준 사람은 빈센트 폰타레였다. 두 사람은 작곡가로서 호흡이 잘 맞아 함께 음악을 만들기 시작했다.

이제 그들은 흥분한 팀을 쳐다보고 있었다.

빈센트는 이 노래가 가짜 컨트리 음악처럼 들린다고 생각했고, 팀이 아이슬란드 밴드의 노래에서 얻고자 하는 것이 무엇인지 이해하지 못했다. 하지만 그는 기타를 들고 멜로디를 찾기 시작했다.

더 전원적인 음악을 향한 팀의 탐색은 적절한 시기에 이루어졌다. 최근 며칠 동안 빈센트와 살렘은 스웨덴 인기 가수 베로니카 마기오와 함께 분위기 있고 흐릿한 풍경을 배경으로 한 앨범을 작업하고 있었다. 살렘은 마기오의 노래 중 하나인 'Hela Huset 온 집'을 위해 방금 만든 작은 멜로디를 흥얼거렸다.

팀이 즉각 반응했다.

"그거야!"

팀과 살렘이 단 하루 만에 'Silhouettes'을 만들었던 것처럼 간단했다. 살렘은 낚싯줄을 던졌고 팀은 이를 언제 물어야 할지 정확히 알고 있었다. 반짝이는 1초를 직감적으로 인지하는 그의 능력은 놀라웠다.

빈센트 폰타레는 기타를 연주하면서 중얼거리기 시작했다. 래퍼가 꿈이었던 그는 10대 시절 사전을 보고 영어 표현을 공부하며 많은 시간을 보냈는데, 그 덕분에 즉흥적으로 단어를 만드는 재능을 갖게 되었다.

"비다 비 부다!"

"아, 그거! 그거!"

팀은 단어처럼 들리는 소리를 듣자 더욱 흥분했다.

"그거야, 브라더!"

그들은 형제애, 의리, 혈연을 주제로 한 노래를 만들기로 했다. 그들에게 가장 중요한 것은 감정이었고, 가사는 그다음이었다. "여보게, 물은 달콤하지만 피는 더 진하다네." 물이 단데 피가 더 진하다고? 말이 되는 소리는 아니었지만, 멜로디와 어울린다면 상관없었다.

빈센트의 기타 연주와 강렬한 베이스 드럼이 돋보이는 인트로 이후, 팀은 아이슬란드 밴드의 노래 'Little Talks'에서 영감을 받은 드랍을 넣었다. 명랑한 트럼펫 팡파르가 'Hey Brother'를 폭발시켰고, 팀은 노래와 함께 색종이 가루가 날리는 모습을 상상했다.

"진짜 멋질 거야." 그가 소리쳤다.

"당연하지." 빈센트가 웃었다.

팀은 행복한 얼굴로 스튜디오를 떠났다. 며칠 뒤 그는 스톡홀름의 집에서 그가 가장 좋아하는 코미디언 리키 저베이스가 골든 글로브 시상식을 진행하는 모습을 보았고, 마침내 자신의 음악적 방향을 정했다.

"포크 일렉트로니카야." 그는 아버지에게 연락하기 전에 아라쉬에게 이메일을 써서 자신의 새로운 창작 방향에 관해 이야기했다.

"컨트리랑 하우스가 엄청나게 잘 어울릴 것 같아!"

과연 누가 정상에 있는지를 세계에 보여줄 차례였다.

팀과 아라쉬는 아비치가 싱글 앨범만 내는 평범한 하우스 프로듀서에 그치지 않을 것이라는 데 동의했다.

그는 진짜 음반, 정규 음반을 발표할 것이다.

팀과 에밀리는 산타모니카에 있는 유니버설 본사로 향했다. 팀은 긴장했다. 자신이 만날 남자가 분명 강압적이고 주제넘게 행동할 것으로 생각했고, 미국의 저명한 음반사 임원에게 무슨 말을 해야 할지 잘 몰랐다. 아라쉬는 그에게 닐 제이콥슨이 좋은 사람이라고 말했지만, 그는 여전히 인터스코프의 최고 의사 결정자 중 한 명이며 권력을 가진 사람이었다.

팀은 곧 자신이 괜한 걱정을 했다는 것을 깨달았다. 닐 제이콥슨은 시끄럽고 수다스러운 뉴욕 출신의 남성이었고, 팀과 에밀리를 전망 좋은 사무실로 초대했다. 골프 퍼팅 매트와 농구 골대가 설치된, 영화에서 보던 전형적인 임원 사무실이었다. 청바지와 셔츠 차림의 그는 의자에 앉아 대화를 이끌어 나갔다.

닐은 그가 사용하기 시작한 작곡 모델에 관해 이야기했다. 그는 이를 통해 일렉트로닉 음악을 한 단계 발전시키고 팝으로서의 잠재력을 최대한 발휘할 것이라고 확신했다.

지금까지 그는 프로듀서로부터 여러 개의 인스트루멘탈을 받은 뒤, 가수에게 이를 들려주고 어떤 곡을 부르고 싶은지 물었다. 항상 비트가 먼저였고, 멜로디와 가사는 그다음이었다.

그러나 노래는 유행에 민감했고, 많은 하우스 트랙들은 빠르게 시대에 뒤처졌다. 어느 여름 멋지게 들렸던 음악은 그다음 해에 고통스러울 만큼 지루하게 느껴질 수 있었다. 이러한 방식으로 제작된 명곡은 거의 없었다.

닐 제이콥슨은 3년 전 블랙 아이드 피스의 앨범 제작에 참여하며 프로듀싱 과정에 대한 아이디어를 얻었다. 윌아이엠은 기타를 이용해 멜로디를 만들었다. 그리고 멜로디를 컴퓨터에 입력한 뒤 전자 음악을 입히기 시작했다. 어떻게 보면 그는 자신의 어쿠스틱 곡을 리믹스한 셈이다.

팀 베릴링은 그의 말에 귀를 기울였다. 닐은 자신의 철학을 설명했다. 살렘과 빈센트와의 협업을 그토록 재미있게 만든 것도 바로 이것이었다. 노래의 심장을 뛰게 하는 멜로디가 그 중심에 있었다.

이것이 바로 그가 일하고 싶었던 방식이었다.

닐은 이제 그에게 연락하는 모든 작곡가에게 스케치에서 리듬악기를 완전히 제거해달라고 요청했다. 그의 컴퓨터에는 그러한 데모들이 가득 차 있었고, 그는 이를 거꾸로 된 노래라고 불렀다.

"할리우드에서 영화가 어떻게 만들어지는지 생각해 봐." 그가 말했다. "각본을 만드는 데에만 수백만 달러가 들어가지. 환상적인 각본 없이는 훌륭한 영화가 만들어질 수 없어. 나중에 제작 과정에서 얼마나 많은 속임수를 쓰든 간에 말이야."

닐은 영화광인 팀 베릴링이 그 비유를 좋아한다는 것을 알아차렸다.

"넌 감독이야. 신중하게 각본을 골라야 해."

팀은 이미 마음을 굳힌 상태였다.

"폴 사이먼과 함께 일하고 싶어요. 그리고 스티비 원더도요." 그가 말했다.

닐 제이콥슨은 팀의 말에 당황했다.

지금까지, 유럽의 하우스 씬은 적절한 규모로 성장해 왔다. 스웨디쉬 하우스 마피아는 퍼렐 윌리엄스와, 캘빈 해리스는 리아나와, 데이비드 게타는 블랙 아이드 피스와 함께 작업했다. 그러한 콜라보레이션은 눈에 보이지 않는 국경을 넘어선 작업이었다 — 클럽에서 팝의 세계까지, 유럽에서 미국에 이르기까지 — 하지만, 그것은 여전히 동시대 동료들 사이의 유대였다.

팀은 60년대의 전설적인 발라드 가수 폴 사이먼 같은 음악가를 원했다. 사이먼은 하우스 음악이 무엇인지 알고 있을까?

팀이 요청한 다른 것들도 쉽지 않았다.

믹 재거는 제안을 거절했고, 밴 모리슨의 대리인들은 애매한 답변을 내놓았다. 하드록 밴드 건즈 앤 로지스의 기타리스트 슬래시와는 연락조차 하지 못했다. 스티비 원더나 스팅도 마찬가지였다.

예상하지 못한 일은 아니었다. 아비치는 지금 환상적인 행보를 보이고 있었다. 그가 니키 로메로와 함께 만든 'I Could Be the One'은 영국 싱글 차트에서 곧바로 1위를 차지했다. 그러나 존 포거티 같은 록 베테랑에게 그것은 아무것도 아니었다. 20년 전 이미 경력의 정점을 찍은 사람들에게, 아비치는 기껏해야 여름 히트곡을 낸 무명의 스웨덴인이었다.

따라서 닐 제이콥슨이 다른 사람에게 팀과의 협업을 제안한 것은 순전히 충동적인 일이었다. 그는 벨에어 컨트리클럽 골프장의 14번 홀에서 텍사스 출신의 일흔 살 노인과 함께 골프를 치고 있었다. 60년대 후반, 맥 데이비스는 엘비스 프레슬리를 위해 'A Little Less Conversation'과 'In the Ghetto'라는 노래를 작곡하여 그의 재도약을 도왔다. 그 후, 맥은 컨트리 음악가, 영화배우, 브로드웨이 뮤지컬 배우의 길을 걸었다. 그는 사랑과 이별에 대한 가사를 썼고, 닐 제이콥슨은 맥 데이비스가 미국 최고의 작곡가라고 생각했다.

"근데, 맥." 닐이 말했다. "아비치와 함께 작업해 보지 않을래?"

"글쎄, 그게 누군데?"

"일렉트로닉 음악을 만드는 애야."

맥 데이비스는 믿을 수 없다는 표정으로 닐을 쳐다보았다. 맥은 음유시인이자 이야기꾼이었고, 운율의 알맞은 리듬을 찾는데 며칠을 보내는 남자였다. 그의 아들들이 정신없이 바쁜 댄스 음악을 좋아하긴 했지만, 그 노래들은 가사에 신경 쓰지 않는 것처럼 들렸다.

"23살인데 작년에 돈을 엄청 많이 벌었어." 닐이 말했다.

"좋아." 맥 데이비스가 웃었다. "안될 거 뭐 있어?"

유니버설은 산타모니카에 자체 녹음실을 갖고 있었다. 닐 제이콥슨은 맥 데이비스를 어두운 조명과 가죽 소파가 있는 방으로 안내했다. 바닥에는 두꺼운 페르시아 카펫이 깔려 있었고, 한쪽 벽에는 닥터 드레가 힙합 명반 〈The Chronic〉을 완성할 때 사용했던 믹싱 콘솔이 있었다.

닐은 맥 데이비스에게 팀을 소개했다. 그리고 맥은 짙은 갈색 기타를 들고 호텔 방에서 숙취에 시달리며 가슴 아파하는 한 남자에 대한 노래 'Black and Blue'를 부르기 시작했다.

팀 베릴링은 기쁜 마음으로 귀를 기울였다. 그는 최근 몇 년간 가슴, 엉덩이, 스트리퍼로 가득 찬 가사에 대한 많은 제안을 받았다. 하지만 이번에는 완전히 달랐다. 이 이야기도 사랑과 욕망에 관한 것이었지만, 씁쓸하고 달콤한 사실주의가 특징이었다.

맥 데이비스는 멜로디를 더 빠르게 연주하고 점차 더 높은 음으로 올라갈 수 있도록 키를 D에서 C로 낮췄다.

그리고 그가 'Addicted to You'라고 이름을 붙인 두 번째 발라드를 불렀다. 이 또한 열정에 눈이 먼 사람의 사랑 이야기였다.

팀은 기타 사운드를 컴퓨터에 입력하고 헤드폰을 착용했다. 그의 손가락은 키보드 위를 빠르게 날아다녔다. 맥 데이비스는 팀의 등 뒤에 앉아 화면에 반사된 그의 얼굴을 보았다.

20분 후, 팀은 헤드폰을 벗고 돌아섰다.

"어때요?"

스피커에서 풍성한 음악 소리가 흘러나왔다.

맥 데이비스의 눈에는 그가 엘비스 프레슬리보다 더 멋져 보였다.

팀과 에밀리는 할리우드의 가파른 산속에 있는 버드스트리트의 집을 임대했다.

선셋대로에서 불과 몇 분 떨어진 곳에는 완전히 다른 세상이 있었다. 그곳은 유칼립투스 나무와 울타리 뒤에 숨어있었지만, 집에 들어서면 로스앤젤레스 전체가 눈앞에 펼쳐졌다.

'모드' 그 자체였다.

팀이 임대한 집의 주인은 카메론과 타일러 윙클보스였는데, 그들은 마크 저커버그에게 페이스북에 대한 아이디어를 제공했다가 배신당한 쌍둥이 형제였다. 적어도 팀이 본 영화에서는 그랬다. 쌍둥이는 팀의 팬이었고, 그에게 디제잉 기술을 가르쳐달라고 부탁했다.

이제 팀은 강아지 베어와 함께 소파에 웅크리고 앉아 있었다. 그는 집 안에서 자신의 뒤를 졸졸 따라다니는 강아지에게 큰 애착을 느꼈다.

팀은 빈센트 폰타레에게 이메일을 썼다. 그는 'Black and Blue'를 첨부하면서 맥 데이비스와 함께 쓴 곡이라고 말했다. "우리가 같이 가사를 쓰던 때가 생각났어. 이 사람은 천재 작사가야!"

로스앤젤레스에서의 작업은 순조로웠다. 닐 제이콥슨은 팀의 어린 시절 우상이었던 린킨 파크의 마이크 시노다와 만남을 주선했고, 아라쉬는 디스코 영웅 나일 로저스를 녹음실로 초대했다. 대부분의 록 전설들이 그의 제안을 거절했음에도 상황이 잘 진행되고 있는 것처럼 느껴졌다.

이것이 바로 팀이 하고 싶었던 일이었다. 재능 있는 사람들과 같은 공간에 머무르며 아이디어와 에너지를 얻는 것이다.

"여기 지금 완전 난리 났어! 하루에 12시간씩 스튜디오에 있었어! 너희들도 여기 있었다면 정말 재미있었을 거야. 그러면 같이 멋진 일을 할 수 있었을 텐데!" 팀이 빈센트에게 썼다.

닐 제이콥슨의 또 다른 골프 친구는 36세의 마이크 아인지거였다. 그는 2000년대에 메탈과 펑크가 혼합된 캘리포니아 펑크 장르의 음악으로 인기를 끌었던 록 밴드 인큐버스의 기타리스트였다. 인큐버스는 콘, 슬립낫, 림프 비즈킷과 함께 당대 10대들의 우상으로 떠올랐다. 마이크 아인지거는 자신이 하우스 음악을 만들게 될 거라고는 상상도 하지 못했다.

그런데도 그는 닐의 제안을 곧바로 수락했다. 새로운 일에 도전하는 것은 언제나 가치 있는 일이었다.

팀은 우버를 타고 말리부에 있는 마이크 아인지거의 집으로 향했다. 그는 아인지거의 완벽한 홈 스튜디오에 놀랐다. 믹싱 콘솔, 키보드, 기타 등 프로듀서들이 필요로 하는 모든 것이 그곳에 있었다. 아인지거의 약혼자 앤 마리 칼훈은 버지니아 시골에서 자라면서 가족의 컨트리 밴드에서 바이올린과 밴조를 연주한 유명한 바이올리니스트였다. 아인지거는 몇 달 후 열릴 공연을 위해 'Whiskey Before Breakfast'와 'Groundspeed' 같은 블루그래스 노래를 연습하고 있었는데, 그 곡들을 연주하는 것은 굉장히 까다로웠다. 이전과는 다른 방식으로, 빠르고 깔끔하게 연주해야 했다.

팀의 컴퓨터에서 노트가 위아래로 춤을 추고 있었고, 아인지거는 팀이 신디사이저로 무엇을 하고 있는지 궁금했다. 우아함과는 거리가 먼 거칠고 짜증스러운 소리였다.

팀은 보컬 멜로디를 어떻게 구성할지 알아보고 있다고 설명했다. 아인지거에게는 생소한 광경이었다. 그가 밴드 멤버들과 곡을 쓸 때, 보컬 멜로디는 대략적으로만 그려졌고, 구체적인 멜로디를 구상하는 것은 보컬리스트의 몫이었다.

팀은 훨씬 더 꼼꼼했고 모든 8분음표가 스케치에서 결정되기를 원했다. 마치 노래 전체를 머릿속으로 상상해 놓은 상태에서 그려내는 것 같았다.

며칠 전, 팀은 TV 시리즈 주제곡 'I Need a Dollar'로 마이너 히트를 쳤던 가수 알로에 블라크를 처음 만났다. 팀은 알로에 블라크의 어두운 목소리가 노래에 영혼을 불어넣어 주리라고 생각했다.

알로에는 팀의 연락을 받자마자 차를 타고 말리부로 향했다. 그는 팀에게 최근 비행 중에 적었던 가사를 들려주었다.

So wake me up when it's all over
when I'm wiser and I'm older
all this time I was finding myself
and I did not know I was lost

그러니 모든 것이 끝나면 나를 깨워 줘
내가 더 현명해지고 나이가 들면
그동안 나는 나 자신을 찾고 있었지만
내가 길을 잃은 줄도 몰랐어

팀은 알로에가 어떻게 노래하기를 원하는지 손짓했다. 완벽하게 들릴 때까지 손가락으로 위아래를 가리켰다. 메탈 기타리스트, 소울 가이, 하우스 DJ가 함께 블루그래스를 만드는 광경은 정말 독특했다.

8시간 후 자정 무렵, 팀은 말리부를 떠나 에밀리와 강아지가 있는 집으로 돌아갔다. 그는 'Wake Me Up'이 세계적인 히트곡이 될 것이라고 확신했고 택시 안에서 노트북으로 작업을 계속했다.

반면 'Hey Brother'에는 한동안 보컬리스트가 없었다. 우연히 곡에 어울리는 가수를 찾은 사람은 닐 제이콥슨의 동료인 닉 그로프였다. 닉은 컴퓨터에서 팀의 데모를 찾기 위해 'Brother'라는 키워드를 입력했다가, 코미디 영화 〈오 형제여 어디 있는가〉의 사운드트랙을 듣게 되었다. 사람들은 음악가 댄 타이민스키에 대해 잘 알지 못했지만, 그의 목소리에는 익숙했다. 미국 라디오에서 큰 인기를 얻은 사운드트랙 'I'm a Man of Constant Sorrow'에서 조지 클루니 대신 노래를 부른 사람이 바로 그였다. 댄 타이민스키는 존경받는 블루그래스 음악가였고, 그의 테너 목소리는 팀의 노래에 완벽하게 어울렸다.

팀은 자신이 꼭 톱스타와 함께 협업하지 않아도 된다는 사실을 깨달았다. 지금까지 낯선 사람들과 함께했을 때 더 많은 놀라움과 흥분을 느꼈다.

어느 잠 못 이루는 밤, 그는 닐 제이콥슨에게 이메일을 보냈다.

"오늘 밤에 세션 할 사람 있을까?"

닐의 동료 닉은 몇 년 전에 만났던 오클라호마 출신의 가수를 떠올렸다.

음반사에서 전화가 왔을 때, 오드라 메이는 공항으로 여동생을 데리러 가는 길이었다. 하지만 무시하기에는 너무 이상하고 흥미로운 제안이었다. 스웨덴 DJ와 함께 댄스 음악을 만들자고? 지금?

산타모니카에 도착한 오드라는 팀과 함께 블루스 음악에 관해 이야기하기 시작했다. 오드라 메이는 로버트 존슨의 다큐멘터리를 떠올렸다. 전설에 따르면 그는 그 누구보다 날카롭게 기타를 연주하기 위해 악마에게 영혼을 팔았다고 했다. 오드라가 존슨의 운명적인 계약에 대한 가사를 스케치하는 동안, 팀은 1959년에 5/4박자라는 파격적인 시도로 화제를 불러일으켰던 재즈곡 'Take Five'에 기반한 멜로디를 작업하기 시작했다. 그 노래는 그의 아버지가 좋아하던 곡 중 하나였다.

"트럼펫이나 색소폰 연주자가 있었으면 좋겠는데. 닐한테 한번 물어봐야겠다." 팀이 말했다.

"휘파람을 부는 건 어때?" 오드라가 소파에 앉아 물었다. "아니면, 내가 카주도 가져왔는데, 한번 들어볼래?"

오드라 메이는 가방에서 무언가를 꺼냈다. 손바닥만 한 플루트 모양의 관악기였다. 팀은 카주에서 나오는 콧소리를 듣고 웃음을 터뜨렸다. 악기의 단순함에 뭔가 매력이 있었다. 마치 늦은 밤 모닥불 곁에 앉아 있는 것처럼 느껴졌다.

'Long Road to Hell'은 팀과 오드라가 함께 한 첫 번째 곡이 되었다. 팀은 오드라가 그가 찾던 목소리를 가지고 있다고 생각했고, 그녀에게 'Addicted to You'의 보컬을 맡아달라고 요청했다. 그의 귀에는 오드라의 목소리가 그가 어린 시절 린네가탄에서 들었던 니나 시몬이나 에타 제임스의 목소리처럼 들렸다.

"목소리 들어봐." 그가 아라쉬에게 썼다. "완전 소름 끼친다니까. 두 번째 후렴구가 진짜 멋져."

에밀리 골드버그

2013년 1월 9일

나 내일 집에 가려고

:(

자기야, 저번에 대화를 나눈 이후로 난 네가 스튜디오에만 온 집중을 쏟고 있다는 걸 깨닫기 시작했어. 네가 더 이상 나에게 관심이 없는 걸 알면서도 네 곁에 있는 게 슬퍼.

그래

나는 네가 음악에 100% 집중하는 것에 대해서 마음의 준비를 했지만, 네가 나에게 끌리지 않는 것에 대해선 준비가 안 됐어

다음에 얘기하자

주변 환경에는 아무런 문제가 없었다. 에밀리는 태너저웨이의 시원함과 그늘을 좋아했다. 방도 많고 천장도 높았다. 가장 마음에 든 곳은 길쭉한 공용 욕실로 연결된 두 개의 화장실이었다. 투어 버스와 호텔 방에는 개인 공간도 있었다.

하지만 2013년 늦겨울, 에밀리 골드버그는 기분이 좋지 않았다. 그녀는 자신이 팀의 여자친구가 아니라 아비치의 비서가 된 듯한 느낌을 받기 시작했다. 앳나이트의 직원들은 전화를 받지 않는 팀 대신 에밀리에게 연락하기 시작했고, 이메일, 문자 메시지, 전화가 쏟아졌다. 수많은 약속 중에서, 무엇이 중요하고 무엇을 생략해야 할까? 그녀가 어떻게 그것을 판단할 수 있을까? 팀의 세계에서는 모든 것이 엄청나게 중요하고 긴급한 것처럼 느껴졌다.

그리고 남자친구가 데뷔 앨범을 만드는 동안 그녀는 완전히 하찮아진 느낌이 들었다.

팀은 온종일 스튜디오에 있다가, 새벽 3시가 넘어서 귀가했다. 그리고 오후에 일어나 바로 우버를 타고 산타모니카로 향했다. 그는 점점 더 많은 약을 먹었다. 약에 대한 내성이 생겼고, 이전과 같은 편안함을 느끼기 위해서는 더 많은 알약이 필요했다.

그의 고통을 덜어내는 데 필요한 것은 오로지 약뿐이었다.

앨범 외에도 팀은 올 봄 스웨덴 통신사 에릭손과 광고 협업을 할 예정이었다. 그 프로젝트는 전 세계의 팬들이 보내준 베이스,

비트, 이펙트를 합쳐 하나의 노래로 만드는 것이었다. 에릭손은 자사의 인프라를 통해 전 세계가 연결될 수 있다는 것을 보여주고 싶었다.

에밀리는 그때쯤 팀의 패턴을 익힌 상태였다. 팀은 항상 이러한 캠페인이 멋지다고 생각했고, 그는 자신의 음악이 최대한 널리 퍼지기를 원했다. 그래서 팀은 모든 제안을 수락했다.

하지만 이를 실행에 옮기기는 쉽지 않았다. 할 일이 점점 쌓여가면서, 간단한 것조차 버겁게 느껴졌다. 이메일에도 답장할 수 없었고, 전화 한 통은 세상에서 가장 높은 산으로 변했다.

에릭손과의 협업이 그에게 딱 그런 느낌이었던 것 같다. 몇몇 스웨덴 광고주들이 그 프로젝트에 관한 영화를 제작하기 위해 로스앤젤레스로 날아가 팀을 따라다니며 간단한 인터뷰를 요구했지만, 팀은 그들을 피했다.

에밀리 골드버그는 점점 자신의 존재조차도 남자친구에게 짐이 된다고 느꼈다. 이제 그들은 함께 밥을 먹지 않았다. 팀이 다시 컴퓨터 앞에 앉기 전에 무언가를 조금이라도 먹는다면, 그것은 바로 의사들이 반대했던 타코나 피자였다.

음반 작업 중에도 투어는 계속됐다. 2013년 2월 중순, 팀은 울트라 부에노스아이레스에서의 공연을 위해 아르헨티나로 날아갔다.

그 사이에, 투어 팀에 두 명의 직원이 영입되었다.

새로운 직원 중 한 명은 스웨디쉬 하우스 마피아의 무대에서 시각 연출을 맡았던 젊은 영국인 해리 버드였다. 그는 청중이 아비치의 노래를 더욱 생생하게 느낄 수 있도록 영상을 제작했다. 해리는 실시간으로 팀의 노래에 맞춰 다양한 영상을 내보냈고, 거대한 스크린에서는 불꽃, 번쩍이는 거미줄, 구불구불한 터널 이미지가 나왔다.

다른 한 명은 시카고 출신의 크고 무뚝뚝한 미국인 찰리 알베스였다. 그는 헤드셋을 끼고 거대한 조명 기구와 무대 구조물 사이를 뛰어다니며 프로덕션을 총괄했다.

팀과 해리는 둘 다 〈더 오피스〉를 좋아했고, 건방진 상사 캐릭터의 표정에서 따온 비밀 언어를 개발했다. 찰리에게는 90년대 영화 〈말뚝 상사 빌코〉에 등장하는 수다쟁이 군사령관의 이름을 따서 빌코 상사라는 별명이 붙여졌다.

4만 명의 남미인들이 화염과 섬광등 뒤에서 디제잉 하는 아비치의 모습을 지켜보고 있었다.

팀이 땀방울을 뚝뚝 떨어트리며 무대에서 내려오자, 아드레날린이 솟아올랐다. 수많은 사람 앞에 홀로 서 있을 때 느껴지는 긴장감에는 익숙해질 수가 없었다. 호텔로 돌아와서 그는 제작 책임자 찰리 알베스에게 말했다.

"자기 싫어요."

"그럼 뭐 하려고?"

"술 마실래요."

팀은 의사들의 경고를 무시했다. 물론, 술을 마시면 복통이 다시 찾아왔다. 하지만 4만 명의 사람들 앞에서 공연을 마친 후가 아니라면 언제 휴식을 취할 수 있겠는가?

부에노스아이레스에 아침 해가 떠올랐고 그들은 찰리의 방 발코니에 앉아 양주와 와인을 마시며 삶과 우주에 관해 이야기했다. 미니바에 있는 술이 다 떨어지자, 그들은 샴페인을 주문했고, 술자리는 정오까지 이어졌다.

그러고 나서 그들은 스페인으로 떠났다. 팀은 통신업계 간담회에서 팬들과 함께 만든 노래를 발표할 예정이었다. 필리프 홀름과 마르쿠스 린드그렌은 밤새도록 작업실에 앉아 13,000개의 샘플을 들었는데, 모든 샘플은 하나같이 처참했다. 구성 요소가 따로따로 제공되었기 때문에, 이들이 섞이면 어떤 소리가 날지 감이 잡히지 않았다. 그러나 팀은 모든 요소를 조화롭게 섞어 하나의 곡을 완성하는 데에 성공했고, 그 노래는 이제 'Avicii X You'라고 불리게 되었다.

바르셀로나에서 팀은 에릭손의 최고경영자 한스 베스트베리와 인터뷰를 한 뒤, 아라쉬, 페르 순딘, 에릭손의 영업 담당자와 함께 식사했다.

페르 순딘은 팀이 레드 와인을 마시는 것을 보고 조금 놀랐다. 팀이 더 이상 술을 마시지 않는 줄 알았기 때문이다. 하지만 굳이 팀을 저지하고 싶지는 않았다.

다음날인 2013년 2월 27일, 비행기는 호주에서 열리는 퓨처 뮤직 페스티벌을 위해 이륙했다.

모든 의사가 맥주를 마시려면 적어도 1년은 기다려야 한다고
했지만, 나는 술을 마실 수 없다는 사실을 받아들이기가 힘
들었다. 물론 대다수의 의사 말은 듣지 않았고, 조심하면 괜
찮다는 소수의 말을 들었다.

나는 무지하고 순진했으며 여전히 끝이 보이지 않는 여행을
하고 있었다.

착륙까지 3시간 남은 상황에서 통증이 찾아왔다. 이전에 겪어본 적 있는 고통이었다. 복부 위쪽을 쥐어짜는 듯한 경련, 등이 쑤시는 느낌.

그는 비명을 지르지 않기 위해 앞 좌석을 걷어찼다. 재빨리 삼킨 트라마돌은 아무런 도움이 되지 않았다. 공항에는 그를 로열 브리즈번 여성 병원으로 이송하기 위한 구급차가 기다리고 있었다.

호주와 아시아 지역을 담당하는 에이전트 롭 하커는 몇 시간 후 병원에 도착하여 엘리베이터를 타고 팀의 병실로 향했다. 롭은 혼란스러웠다. 그는 팀이 1년 전에 뉴욕에서 입원했던 것은 알고 있었지만, 정확히 무슨 일이 있었는지는 알지 못했다. 지금 팀은 환자복을 입고 빨간 모자를 쓴 채 튜브와 기계에 둘러싸여 누워있었다.

너무 수척해 보였다.

브리즈번과 퍼스에서의 공연을 취소해야 한다는 것은 자명했다. 그렇다면 주중에 열리는 다른 공연들은?

팀은 일어나서 웃음을 지어 보인 뒤 롭에게 코카콜라와 와이파이 연결을 요청했다. 그는 병원에 입원해 상당한 양의 진통제를 투여받은 것에 놀라울 정도로 만족해 보였다.

"나 아파." 팀이 오드라 메이에게 문자를 보냈다. "근데 옥시콘틴과 바이코딘에 너무 취해서 아무것도 느낄 수가 없어. 하하."

팀은 앨범 작업을 계속할 좋은 기회라고 생각했다. 병원 침대에서 그는 그에게 의미가 있는 노래를 세밀하게 조정했다. 어렸을 때, 팀과 친구들은 한동안 외스테르말름의 십 대들 사이에서 인기를 끌었던 무명 래퍼 S1의 'Sommar 여름'라는 노래를 즐겨들었다. 당시에는 그 누구도 인트로가 색소폰 연주자 요나스 크눗손의 샘플링이라는 것을 알지 못했다. 아무튼, 멜로디가 좋았다. 팀은 그 샘플을 'Dear Boy'의 드랍으로 사용했다.

다른 사람들이 방에 들어올 때면 그는 지루한 췌장보다는 음악에 관한 이야기를 하고 싶었다.

엄청나게 멋진 앨범이 될 것이다.

그는 닐 제이콥슨에게 이메일을 보내 록 가수 존 포거티와 어떤 진전이 있었는지 알아보고, 'Liar Liar'의 변경 사항에 대해 논의했다. 그는 'Addicted to You'에 들어갈 다프트 펑크 느낌의 드랍을 만들었다.

이번 여행에는 젊은 영상 제작자 한 명이 합류했다. 레반 치쿠리슈빌리는 스웨덴 TV에 방영될 아비치 다큐멘터리의 제작을 맡았다. 팀은 레반을 그의 병실로 불렀고, 레반은 파란 유니폼을 입은 남자들이 초음파로 팀의 위를 검사하는 모습을 촬영했다.

뉴욕에서와 마찬가지로 의사들은 팀이 술을 끊어야 한다고 지적했는데, 췌장에 다시 염증이 생긴 이유 중 하나는 의심할 여지 없이 음주 때문이었다.

그들은 또한 팀의 담낭에서 결석을 발견했다. 담석은 췌장의 출구를 막아 염증을 악화시킬 수 있었다. 조만간 이로 인한 문제가 발생할 가능성이 있었고, 의사들은 그에게 담낭을 제거하기를 권했다.

레반 치쿠리슈빌리는 병원에서 인터뷰를 했고, 의사들은 이 문제에 관한 자신의 견해를 설명했다.

"퇴원하기 전에 담낭을 제거해야 합니다. 그렇지 않으면 또 통증이 찾아올 수 있어요."

"네."

"월드 투어를 하느라 바쁘다는 것은 이해합니다. 하지만 언젠가는 꼭 담낭을 제거해야 해요. 이곳에서든, 투어 중이든, 집에 도착해서든 말이에요. 결정은 환자분의 몫입니다."

팀은 팬들을 위해 앞으로 나아가고 싶었다. 그래서 그는 수술을 받지 않고 퇴원했다. 담낭은 그를 막을 수 없었다. 팀은 열심히 일해야 했다. 그는 일찍부터 아라쉬에게서 그 사실을 배웠다. 남은 세 번의 공연을 감당할 만큼 충분한 진통제만 있으면 괜찮을 것이다. 며칠만 더 정신을 차리면 된다.

레반은 팀과 롭이 차 안에서 대화를 나누는 장면을 포착했다.

"공연 측에서 네가 전화 인터뷰를 해줄 수 있는지 묻네." 롭이 이메일을 살펴보면서 물었다.

페스티벌 관계자는 아비치가 퇴원했다는 소식을 듣고, 라디오 방송국과 30분간 전화 인터뷰를 할 수 있는지 물었다.

"두 시간 뒤에 어때? 12시 30분."

팀은 대답하지 않고 멍한 눈빛으로 무언가를 중얼거리며 차창에 머리를 기대고 눈을 감았다.

제작 책임자 찰리 알베스는 호텔에서 그들을 만났다. 그는 이전에 팀의 이런 모습을 본 적이 없었다. 팀은 공허한 눈으로 비틀거리며 호텔 방으로 올라갔다. 인터뷰를 할 수 있는 상태가 아니었다.

청소년 라디오 방송국 트리플제이에서 전화가 왔고, 진행자는 흥분한 목소리로 대화를 시작했다.

"아비치는 현재 퓨처 뮤직 페스티벌과 함께 호주 전역을 돌아다니고 있는데요." 그가 숨을 헐떡이며 말했다. "지난 주말 병원에 입원하게 되어 브리즈번과 퍼스에서의 공연을 취소했었죠. 그런데 지금 아비치와 전화 연결에 성공했다고 합니다. 여보세요!"

"안녕하세요."

"몸은 좀 어때요?"

"괜찮아요."

"이제 좀 나아지셨죠?"

"네."

"좋아요, 우리가 모두 바라던 대답이네요. 복통은요?"

"괜찮아졌어요."

"위경련 같은 거였나요?"

"아니요, 담낭에 문제가 생겼어요. 아주 심각하고…. 엄청나게 고통스러웠어요. 6일 동안 병원에 있었어요. 투어를 마치고 담낭을 제거하려고요."

"그러면 이번 주말에 다시 무대에서 뵐 수 있는 거죠?"

"아…. 네."

보낸 사람: 앙키 리덴
받는 사람: 팀 베릴링
날짜: 2013년 3월 15일

사랑하는 우리 팀! 엄마는 네가 건강하고 강인한 모습으로 환상적인 음악을 만들기를 바라. 그 어떤 것에도 부담을 갖지 마! 넌 정말 재능이 많은 아이야. 가장 중요한 것은 네가 원하는 것을 스스로 깨닫는 거야. 만약 네가 친구들과 함께 스톡홀름에 머물면서 평범한 삶을 살고 싶으면 그렇게 해. 돈은 절대 신경 쓰지 마. 건강, 친구, 사랑에 비하면 돈은 아무것도 아니야! 엄마 아빠는 네가 세상 어디에 있든지 널 사랑해.
엄마가

보낸 사람: 팀 베릴링
받는 사람: 앙키 리덴
날짜: 2013년 3월 17일

저도 사랑해요! 곧 봐요!!! 3일 동안 진통제를 먹지 않았고 정신적으로도 점점 나아지고 있어요!
팀 올림

호주에서의 마지막 공연을 마치고, 팀은 울트라 뮤직 페스티벌의 무대에 오르기 위해 마이애미로 향했다. 4년 전 팀이 처음으로 마이애미에 와서 레이드백 루크의 파티에서 공연했을 때와 비교하면, 미국의 음악적 풍경은 완전히 달라져 있었다.

갑자기 EDM이라는 유행어가 나타났다. 그 단어는 '일렉트로닉 댄스 음악'의 줄임말이었고, 이제 미디어와 음반 업계에서 프로그레시브 빅룸부터 테크 하우스까지 모든 것을 통칭하는 용어로 사용되었다. 데드마우스는 롤링 스톤의 표지를 장식했고, 케스케이드는 로스앤젤레스 스테이플스 센터의 티켓을 매진시켰으며, 미국 청중은 젊은 독일인 제드를 알게 되었다. 네덜란드 출신의 아프로잭과 하드웰은 톱스타로 등극했다. 비즈니스 잡지 포브스는 DJ들의 수입 순위를 매기기 시작했다. 잡지에 따르면, 티에스토는 공연 한 회당 25만 달러 이상을 받는다고 했다.

300명이 넘는 아티스트가 모인 이곳 마이애미에서도 그 열기가 느껴졌다. 팀과 아라쉬는 이렇게 거대한 현장에서 눈에 띄는 데 성공하려면 도발적인 무언가가 필요하다고 생각했다. 그러면 하우스 음악의 열렬한 팬이 아닌 사람들도 새 앨범에 관심을 가지게 될 것이다.

아비치는 결코 평범한 DJ 중 한 명이 되지 않을 것이다.

따라서 2013년 3월 22일, 팀과 동료들은 역사적인 일을 하기로 했다. 기타리스트 마이크 아인지거는 인큐버스의 드러머와 베이시스트를 데려왔고, 아인지거의 약혼자 앤 마리 칼훈은 밴조와 바이올린을 연주할 예정이었다. 맥 데이비스, 오드라 메이, 댄 타이민스키, 알로에 블라크도 모였다. 별나고 이상한 조합이었지만, 그게 핵심이었다.

팀은 평소와 다름없는 셋으로 시작하여 청중을 평화롭게 만든 뒤, 어쿠스틱 악기를 이용해 서사적인 블루그래스를 연주하여 5만 청중의 마음을 사로잡을 계획을 세웠다.

음반사 매니저 페르 순딘은 페스티벌의 VIP석에 앉아 레드불, 보드카, 스파클링 와인을 주문했다. 유니버설 남미 지사의 임원, 마케팅 담당자, 그리고 로스앤젤레스의 닐 제이콥슨과 동료들도 그곳에 있었다.

순딘은 아비치에 이어 알레소, 오토 노즈, 나우세, 다다 라이프 같은 스웨덴인 DJ들을 회사에 영입했다. EDM은 음반 업계가 10년 만에 재정적 이익을 거두게 해주었다. 아비치는 빠르게 성장했고, 스웨덴 10대들의 우상으로 떠올랐다.

스웨덴 아티스트를 미국 1위로 만들겠다는 순딘의 꿈이 곧 실현될 것 같았다. 팀은 니키 로메로, 빙고 플레이어스, AN21 같은 DJ의 노래들과 래퍼 파로아 먼치의 'Simon Says', 인디 록 밴드 플로렌스 앤 더 머신의 노래 등을 마구 리믹스했다.

5만 명의 청중은 땀을 흘리며 그의 열정에 화답했다.

'Levels'의 마지막 음이 울려 퍼진 뒤 조명이 꺼지고 어둠이 내려앉았다.

청중은 의아해했다. 벌써 끝난 건가?

어떤 사람들은 환호성을 지르려고 했고, 어떤 사람들은 혼란스러워하며 주위를 둘러보다가 출구를 향해 이동하기 시작했다.

갑자기 스포트라이트가 켜졌다.

빨간 조명 속에서 플랫캡을 쓴 남자가 컨트리 음악을 부르기 시작했다.

Feeling my way through the darkness
guided by a beating heart
I don't know where the journey will end
but I know where to start

두근거리는 심장에 이끌려
어둠 속을 헤쳐나가요
이 여행이 어디서 끝날지 모르지만
어디서부터 시작해야 할지는 알아요

알로에 블라크의 'Wake Me Up'은 기대했던 반응을 얻지 못했다.

오드라 메이는 의문에 휩싸였다. 무대 위에서 드럼이 쿵쾅거리고 밴조의 선율이 아름답게 울려 퍼졌지만, 분위기는 살아나지 않았다.

전혀.

다음 곡에서 무대에 오른 맥 데이비스는 쉰 목소리로 최선을 다해 노래를 불렀다. 마지막 곡 'Hey Brother'에 다다르자, 청중은 야유하고 휘파람을 불기 시작했다.

분위기가 혼란스러웠고 많은 청중이 분노했다. 그들은 트위터에 글을 올리기 시작했다.

아비치 뭐함?

손에 똥을 싸서 박수하는 게 낫겠다. 이 사람들이랑 시간 낭비하지 말고 신나는 비트를 틀어달라고!

아비치 셋 이거 맞아? 밴조 실화?

무대에서 내려온 음악가들 역시 청중의 반응에 어안이 막혔다.

"지금은 사람들이 이해하지 못할 수도 있어." 에밀리 골드버그가 팀의 귀에 대고 소리쳤다. "내가 장담하는데, 이 노래들은 모두 뱅어야!"

"하지만 봐봐." 팀이 휴대폰을 들고 대답했다.

그는 트위터에 올라온 글을 큰 소리로 읽었다.

요트로 돌아온 팀은 화가 나서 구석에 있는 소파에 몸을 내던졌다. 아라쉬는 오히려 기분이 좋았다. 모든 것이 계획대로 진행되었다! 그는 하우스 음악계 밖으로 충격파를 보내는 데 성공했다. 아라쉬는 5일 안에 여론이 바뀔 것이라고 확신했다. 결국, 모든 사람은 팀이 위대한 혁신가라는 것을 깨닫게 될 것이다.

팀은 청중이 찍어 올린 영상을 미친 듯이 찾아보았다. 혹시 조명에 문제가 있었나? 아니면 볼륨이 너무 낮았나? 왜 다들 그렇게 화가 났을까?

"담배 한 대 피우러 가자." 프로덕션 매니저 찰리 알베스가 말했다. "조금 움직이면 기분이 나아질 거야."

그들은 갑판에 걸터앉아 바다를 내다보았다. 아비치의 뒤를 이어 무대에 오른 티에스토의 음악이 희미하게 쿵쾅거렸다.

"이해가 안 가요." 팀이 말했다.

찰리는 팀의 휴대폰을 뺏기 위해 손을 뻗었다.

"팀, 그건 그 사람들 잘못이야. 네 탓이 아니야. 네 음악은 훌륭했어. 사람들이 어쿠스틱 악기에 익숙하지 않을 뿐이야, 그게 다야."

50년 전 밥 딜런의 유명한 영국 투어와 유사한 상황이었다.

1966년 딜런은 저항의 아이콘이자 비애를 지닌 평화주의자로 칭송받았다. 그해 봄, 그는 투어에 나섰다. 딜런이 혼자 어쿠스틱 기타를 들고 연주하는 한 모든 것이 순조로웠다. 그러나 그가 밴드를 무대에 초대하자 상황이 반전됐다. 청중은 요란한 악기 소리에 배신감을 느끼며 야유하고 휘파람을 불었다. 일렉트릭 기타는 부적절하며 천박한 것으로 간주되었고, 록 밴드와 함께 오래된 포크 송을 부르는 것은 신성모독이었다. 속물적이고 자기중심적인 음악이었다.

"유다!"

한 청중의 외침에 딜런은 비웃음으로 화답하며 밴드에게 다음 곡을 더 크게 연주해달라고 요청했다.

역사적인 순간이었다.

찰리 알베스가 담배 연기를 내뿜었다.

과연 누가 옳았을까? 용감한 선지자는 누구일까? 적어도 관객석에 있는 과거 지향적이고 향수에 집착하는 사람들은 아니었다.

팀은 고개를 끄덕였다.

"네, 알아요." 그가 말했다. "저도 이 노래들이 좋다는 것을 알아요. 하지만 저는 단지 왜 이런 일이 일어났는지 이해하고 싶을 뿐이에요."

그러고 나서 그는 다시 휴대폰을 보기 시작했다.

다음 날 아침, 에밀리는 일찍 일어났다. 그녀는 걱정과 좌절감을 안고 잠시 호텔 방 발코니로 나갔다가 다시 남자친구 옆에 누웠다.

팀이 침대에서 기지개를 켜는 동안 그녀는 그를 힘껏 껴안았다.

"그들은 이해하지 못해. 네 음악은 훌륭해. 의심하지 마."

팀은 말이 없었다. 에밀리와 시선을 마주쳤을 때 그는 눈물을 글썽거리고 있었다.

그는 침대에 앉아 노트북을 켜고 계속 사람들의 반응을 살폈다.

장르를 바꾸고 싶다는 뜻인가? 맘대로 해. 사람들이 너를 그리워할지 모르겠다.

아비치 왜 이렇게 마름? 밥도 안 먹고 약도 안 먹는 거 같네

아비치 멍청이

제시 웨이츠는 나이트클럽 XS의 수영장을 바라보며 EDM 물결이 끌어들인 손님들을 자랑스러워했다.

개장 4년 만에 XS는 연간 약 8천만 달러의 수익을 올렸는데, 이는 미국 전체 나이트클럽 중 가장 높은 금액이었다. 이곳은 패션모델, 스포츠 스타, 도박꾼, 금융가들이 모여드는 중심지가 되었다. 제시가 하우스 음악의 거의 모든 헤드라이너를 섭외했기 때문이다. 인스타그램의 두 창립자는 회사를 페이스북에 매각한 뒤 이곳에 와서 아비치, 데드마우스와 함께 셀카를 찍었다. 단골손님 중에는 레오나르도 디카프리오, 톰 하디 같은 스타 배우들도 있었고, DJ 강습을 받기 시작한 영국 해리 왕자도 이곳에 파티를 하러 왔다.

그러나 2013년 봄, 제시 웨이츠는 경쟁에 직면하기 시작했다.

그는 봄 시즌 계약을 진행하면서 문제를 감지했고, 스타 DJ 대다수를 담당하는 에이전트는 더 이상 그의 전화를 받지 않았다. 캘빈 해리스는 이 도시에 새로운 경쟁자가 올 것이라고 속삭였다.

제시 웨이츠는 상사 스티브 윈에게 소문에 대해 말했다. 카지노 호텔 MGM 그랜드가 경쟁 클럽을 열 것이다.

정말 걱정스러운 점은 그 배경에는 완전히 새로운 차원의 자본이 있는 것처럼 보였다는 것이다. 제시는 아는 바가 별로 없었지만, 술탄이나 왕자가 연루됐다는 소문이 돌았다. 그의 상사는 곧 MGM 그랜드 뒤에 부유한 석유 왕국 왕세자의 형제인 만수르 빈

자예드 알 나얀이 관리하는 아랍에미리트 펀드가 있다는 사실을 알아냈다. 5년 전, 같은 왕족이 영국 축구 클럽 맨체스터 시티를 인수했고, 몸값이 수억 달러에 달하는 새로운 선수들을 영입하며 클럽은 40년 만에 처음으로 영국 리그에서 우승을 거머쥐었다.

이제 그들은 하우스 음악계에 진출하기를 원했다. 몇몇 유명 DJ들이 MGM 그랜드의 새 클럽인 하카산에서의 공연비로 회당 30만 달러를 제안받았다는 소문이 돌았다.

"알겠습니다." 제시의 상사가 전화를 끊으면서 말했다. "이 사람들은 돈 따위는 신경 쓰지 않아. 그들은 이미 충분한 돈을 가지고 있어. 전부 자존심 때문이야. 그저 이기려는 거야."

더 많은 상어가 물속에서 헤엄치기 시작했다. 미국 음악계의 주요 간행물인 《빌보드 매거진》의 표지에는 가죽 재킷을 입고 흰 콧수염을 기른 노인이 등장했다. 로버트 실러먼은 대중에게 잘 알려지지 않았지만 음악 산업을 근본적으로 바꾼 사람이었다.

1980년대에 그는 100개가 넘는 미국의 지역 라디오 방송국을 인수하고 병합했다. 그리고 콘서트장과 공연 기획사도 똑같은 방식으로 키웠다. 2000년에 접어들며 그는 자신의 제국을 45억 달러에 매각했다. 이 회사는 라이브네이션으로 이름이 바뀌었고 세계 최대의 공연 기획사가 되었다.

이제 실러먼은 댄스 음악에 투자할 10억 달러를 확보했다고 말했고, 18개의 회사에 인수 제안서를 보냈다.

"저는 EDM에 대해 아무것도 몰라요. 하지만 저는 회의에 참석해서 저희가 인수하는 회사의 사람들을 만나죠. 저는 그들이 무엇을 하는지, 무슨 말을 하는지 전혀 몰라요. 그래도 좋아요." 그가 인터뷰에서 말했다.

누군가가 수십억 달러를 투자함과 동시에 자신의 무지를 아무렇지도 않게 과시하고 있다는 사실이 업계에 충격을 주었다.

팀 베릴링은 급속한 발전에 대해 엇갈린 감정을 느꼈다.

사업가들의 경쟁은 하우스 음악의 영향력을 보여주는 신호였다. 하지만 이러한 발전은 그의 이미지에 부정적인 영향을 미쳤다. DJ가 진정한 음악가가 아니라는 편견은 전통적으로 록이 큰 인기를 끌었던 스웨덴에서 특히 높은 수준으로 지속되었다. 비평가들은 데이비드 게타, 티에스토, 아비치를 두고 돈에 눈이 먼 사업가라고 하면서, 그들에게 노래는 그저 돈벌이일 뿐이라고 말했다. 팀은 항상 그러한 견해를 일축했다. 그는 자신이 침실에서 사랑에 빠진 바로 그 종류의 음악을 만들었다고 주장했다. 금전적인 이해관계는 그와 하우스 씬에 찾아온 것이었지, 그들이 제 발로 찾아나선 게 아니었다.

하지만 그런 면에서 볼 때 라스베이거스 클럽에서의 공연은 저속하게 느껴질 수도 있었다. XS의 많은 방문객은 음악보다 사교를 추구했고, 그곳은 비즈니스와 예술이 만나는 곳이었다. 일부 손님에게는 DJ 라인업보다 술병에 붙은 가격표가 더 중요했다.

동시에 팀은 제시 웨이츠와의 우정에 감사했고, 그가 쉽게 돈을 벌고 있다는 것을 부인할 수 없었다. 신생 클럽 하카산이 다른 DJ들을 끌어들이는 동안, 팀은 XS와 계약을 체결했다. 그는 매주 금요일마다 하루에 약 32만 달러를 받고 공연하기로 했다.

팀이 새로운 여자친구를 마주친 날은 바로 그런 평범한 주말이었다.

친구와 함께 로스앤젤레스에서 비행기를 타고 온 라켈 베텐코트는 스웨디쉬 하우스 마피아, 알레소, 아비치 같은 스웨덴 DJ의 음악을 좋아했다. 그리고 라스베이거스는 파티를 즐기기에 가장 좋은 도시였다.

라켈은 몇 년 동안 고향 토론토에서 바텐더로 일했고, 나이트클럽에서 일하면서 제시 웨이츠를 알게 되었다. 그녀는 여자의 아름다움이 화폐로 여겨지는 라스베이거스의 밤 문화를 즐겼다. 술집에 모인 졸부들은 좋은 인상을 주는 여자가 없다면 결코 수만 달러를 쓰지 않을 것이다.

XS의 무대 주변에는 밧줄로 둘러싸인 VIP 구역이 있었다. 그곳에서 연예인들은 파티를 즐겼고, 그들의 존재는 일반 손님들로 하여금 스타와 함께 있는 것처럼 느끼게 했다.

데이비드 게타가 디제잉을 하고 있을 때, 팀과 라켈의 눈이 마주쳤다. 찰나의 순간이었지만 팀의 관심은 그녀에게 쏠렸다.

지난 주말 그는 에밀리와 큰 다툼을 벌였는데, 에밀리는 그동안 참아왔던 감정을 모두 폭발시켰다. 에밀리는 팀이 자신에게 모든 스트레스를 털어낸다고 느꼈고, 팀은 그가 앨범 작업에 온전히 집중해야 한다는 것을 에밀리가 이해하지 못한다고 느꼈다.

팀은 새 출발을 하고 싶었다. 하지만 그는 낯선 사람에게 다가가 인사할 엄두가 나지 않았다. 팀은 항상 그런 것들을 어려워했다. 결국, 제시 웨이츠의 동료 중 한 명이 둘을 연결해 주었고, 그 후 팀과 라켈은 문자를 주고받기 시작했다.

로스앤젤레스로 돌아온 뒤, 그들은 팀의 집 근처 산타모니카대로에 있는 심야 식당에서 만나기 시작했다. 자정 즈음 팀이 스튜디오에서 작업을 마치고 나왔고, 라켈은 토론토에 있는 가족에 관해 이야기했다. 그녀는 엘리트 체조 선수였지만, 인테리어 디자인에 관심이 생겨 현재 패션 인스티튜트 오브 디자인 앤 머천다이징에서 수업을 듣고 있었다.

동이 틀 무렵이면 그들은 우버를 타고 팀의 집으로 가서 팝콘을 터뜨리고 제리 스프링어의 토크쇼 재방송을 시청했다.

라켈은 팀이 건전한 삶을 사는 것 같아 좋았다. 몇 년 전까지만 해도 그녀는 파티를 즐겼지만, 지금은 아니었다. 그녀는 좀 더 조용한 무언가를 찾고 있었는데 놀랍게도 DJ에게서 그것을 발견한 것 같았다.

팀은 라켈과 함께 있을 때면 편안함을 느꼈다. 그녀는 팀보다 3살 많았는데, 문자 메시지에 어울리는 이모티콘을 고르는 데에 서툴렀다. 팀은 그런 그녀의 모습에 웃음이 나왔다.

라켈이 파티에서 벗어나 이제 다른 것을 찾고 있다는 점도 마음에 들었다.

"라켈은 정말 좋은 사람이야." 팀이 제시 웨이츠에게 말했다.

마이애미에서의 공연을 마친 지 한 달 만에 여론이 뒤바뀌었다. 2013년 4월 10일, 앳나이트의 직원들은 음악 사이트 사운드 클라우드에 'Avicii - Promo Mix 2013'이라는 한 시간짜리 음원을 게시했다.

팀이 동료들과 함께 스튜디오에서 녹음한 신곡 모음이었고, 이 소문은 온라인에서 빠르게 퍼져 나갔다.

믹스의 첫 번째 트랙은 전혀 예상치 못한 커버 곡이었다. 약 10년 전, 안토니 앤 더 존슨스는 죽음과 어둠에 관한 노래로 뉴욕의 퀴어 클럽에서 명성을 날렸다. 이들이 부른 'Hope There's Someone'은 죽음 이후의 편안한 삶을 위한 기도 곡이었는데, 스웨디쉬 하우스 마피아나 데드마우스라면 선택하지 않았을 노래였다. 하지만 팀은 이 가슴 아픈 발라드를 선택했고, 안정적인 피아노와 신스 사운드를 추가했다. 아비치의 방향성이 잘 드러나는 곡이었다.

스포트라이트를 강탈하는 어쿠스틱 악기가 없었기 때문에, 청중이 팀 베릴링의 비전을 이해하기가 확실히 더 쉬웠다. 사운드 클라우드의 모든 악성 댓글이 환호로 바뀌며 앨범에 대한 기대감을 최대치로 끌어올렸다.

아라쉬 푸르누리가 예측했던 것과 정확히 일치했다.

2013년 6월에 발매된 첫 번째 싱글 'Wake Me Up'은 엄청난 반응을 불러일으켰다. 영국의 영향력 있는 싱글 차트에서 곧바로

1위를 차지했고, 일주일 만에 25만 장 이상의 앨범이 판매되며 신기록을 경신했다. 미국에서는 이 노래가 라디오에서 나오기도 전에 빌보드 차트 25위 안에 들었다.

노래를 여는 가벼운 기타 선율은 새로운 청중을 아비치의 세계로 초대했다. DJ는 버튼만 누르면 된다고 고집스럽게 주장하던 록 가수들도 그들의 주장을 철회했다. 몇 년 전 데이비드 게타, 캘빈 해리스, 스웨디쉬 하우스 마피아와 함께 시작된 변화가 이제 아비치에 의해 완전히 확인되었다. 댄스 음악은 더 이상 샘플링된 코러스가 포함된 기악곡이 아니었다. 모든 연령대가 인정하는 순수한 팝이었고, 록 라디오 방송국에서도 흘러나오는 노래가 되었다.

이 격변의 시기에 팀 베릴링은 다시 유럽을 여행하고 있었다.

투어 동료들은 팀의 사생활을 보호하기 위해 마크 윌스라는 가명을 사용하기 시작했지만, 그들이 가는 곳마다 혼돈이 발생했다. 수많은 휴대폰 카메라, 뛰어오는 사람들, 울고 있는 소녀들, 밀치고 비명을 지르는 사람들, 그리고 스타를 지키기 위해 몸을 던지는 경호원이 있었다.

라켈 베텐코트는 로스앤젤레스에 있는 디자인 학교에서 마지막 수업을 마치고 멀리서 팀을 뒤따라갔다. 밤에 팀은 그녀를 놀라게 할 뿐만 아니라 걱정하게 만드는 메시지를 보냈다.

팀은 앨범의 최종 수정 작업을 위해 레드불을 많이 마셨다고 했다. 그래서 잠을 자려고 해도 잠이 오지 않았다. 팀은 그 대가로 세 개의 신곡을 완성했기 때문에 그것은 중요하지 않다고 생각했다.

팀의 세계를 알지 못하는 라켈은 이 상황이 이해가 되지 않았다. 이 파괴적인 직업윤리는 어떻게 시작되었을까? 팀은 왜 거절하지 않았을까?

팀은 이틀 밤을 새우고 공연을 마친 뒤 피자를 먹고 마침내 잠이 들었다고 말했다. 그리고 그는 좀비가 공격하고 운석이 지구에 추락하여 모든 생명체를 휩쓸어 버리는 종말에 관한 꿈을 꿨다.

그런 다음 그는 다시 잠에서 깨어났다.

"거의 48시간째 깨어있어." 팀이 썼다.

"좀 자." 라켈이 타일렀다.

"2시간만 있다가."

또 다른 문제도 있었다. 'Wake Me Up'이 발매되기 전에 예약된 공연장들은 규모가 크지 않아 많은 청중을 수용할 수 없었다. 실제로 지중해의 작은 해변 레스토랑은 지난 여름 이미 포화상태였고, 이제 막 세계적인 팝스타가 된 사람에게는 너무나도 작은 곳이었다.

이를테면 프랑스의 나이트클럽 르바올리는 수백 명, 많게는 천 명을 위한 공간이었다. 청중은 아비치와 함께 셀카를 찍기 위해 몸을 사리지 않았다.

팀은 사방이 꽉 막힌 듯한 느낌을 받았다. 공중에 들어 올린 팔, 번쩍이는 휴대폰 카메라 플래시, 불쑥 튀어나와 팀의 머리를 만지는 누군가의 손.

라켈은 팀이 땀을 흘리는 모습이 걱정됐다. 그가 공연 중에 땀을 흘리는 것은 놀랄 일이 아니지만, 잠을 잘 때도 팀은 땀에 흠뻑 젖어 불안해하며 깨어났다. 라켈이 그를 붙잡기 위해 다가가자, 그는 침대의 반대편으로 돌아누웠다.

낮 동안 팀은 극심한 두통을 호소했다. 게다가 식욕도 사라진 것 같았다. 라켈은 자신의 두려움을 무시하려고 노력했다. 아라쉬는 프로모터가 팀에게 술을 제공하지 않도록 하고, 호텔 객실의 미니바에 있는 술도 미리 치워 두었다. 그는 무대 제작에 참여하는 모든 사람에게 팀 근처에서 술을 마시지 말라고 엄격하게 지시했다.

하지만 시간이 지날수록 라켈은 자신의 걱정을 외면하기가 어려워졌다.

팀은 자신이 강력한 진통제를 복용한 적이 있다고 말했다. 호주 병원에서 퇴원하면서 받은 약이었다. 그는 이제 더 이상 약을 먹지 않는다고 말했지만, 여전히 편두통을 호소하고 계속 땀을 흘렸다. 그는 우울해 보였다. 라켈은 남자친구가 와인을 마시거나 파티를 하지 않는다는 사실에 안도감을 느껴왔지만, 이제 그 이면에 무언가 다른 것이 있으리라 의심하기 시작했다.

이전에는 느껴지지 않았던 회피적인 모습.

뭔가 부끄럽고 비밀스러운 일이 팀을 짓누르고 있었다.

2013년 8월 초, 팀과 라켈은 스웨덴의 작은 마을 순네로 짧은 여행을 떠났다. 팀의 형 안톤이 이곳에서 결혼식을 할 예정이었다. 신부의 어머니와 자매들은 의자에 흰색 커버를 꿰매고 식탁보를 걸었다. 앙키 리덴은 민속 의상을 빌렸는데, 노란색 앞치마는 그녀에게 잘 어울렸다.

물푸레나무와 자작나무 사이로 나타난 팀은 그의 어머니에게 마치 신기루 같았다. 팀은 마르베야에서 막 공연을 마친 뒤 정장을 입고 왔고, 옆에는 여자친구 라켈이 있었다.

탑에서 종소리가 울리고 신부와 들러리들이 군용 지프를 타고 등장했다. 안톤은 그의 가장 친한 친구와 함께 스포츠카에 탔다.

환호성이 쏟아짐과 동시에 소나기가 내렸다.

손님들이 우산을 찾고 오디오 장비를 덮기 위해 분주하게 뛰어다니는 동안 클라스 베릴링은 아들이 자신을 흘끗 쳐다보는 것을 느꼈다.

팀은 무슨 말을 하고 싶었던 걸까?

며칠 전 그들은 이메일을 통해 다툼을 벌였다. 헝가리에서 에너지 드링크 번의 판촉 행사를 마친 후 팀은 다시 한번 복통을 겪었다. 그는 벨기에서 의사의 진찰을 받은 뒤 진통제를 먹고 다시 무대에 올랐다. 클라스는 의약품에 대해 잘 알지 못했지만, 팀이 여러 가지 이유로 끊임없이 새로운 약을 받는 것을 걱정했다.

봄에 호주의 병원에서 퇴원한 뒤 미국으로 돌아온 팀은 로스앤젤레스에서 개인 의사를 고용했다. 미국의 의료 시스템은 의료비 대부분이 세금으로 지원되는 스웨덴과는 완전히 달랐다. 그들은 미국의 의사에게 많은 돈을 지급했고, 그 대가로 의사는 환자에게 필요하다고 생각되는 약을 신속하게 처방해 주었다. 하지만 약이 너무 많았던 것은 아닐까?

팀은 그것을 대수롭지 않게 여겼다. 그가 벨기에 병원에서 약을 처방받은 것은 이상한 일이 아니었다. 아팠기 때문이다.

빗속에서 클라스는 아들의 속마음을 읽으려고 애썼다. 팀은 왠지 불안해 보였다.

클라스는 불편함을 떨쳐내야만 했다. 오늘은 안톤의 중요한 날이다.

신랑의 친구들이 재미있는 연설을 하는 동안, 앙키는 오른쪽 테이블에 앉은 아들을 곁눈질했다.

갑자기 팀이 고개를 떨어트렸다. 그는 잠시 눈을 감았다가 등을 곧게 펴고 수저를 집어 들었다.

뭐지?

저녁 식사 직후 팀은 어머니에게 다가가 포옹했다. 시차 적응이 안 돼서요, 팀이 지친 기색으로 말했다. 그와 라켈은 일찍 잠자리에 들었다.

파티는 계속되었고, 안톤과 그의 친구들은 'Gyllene Skor 황금 구두'와 'Jag vill vara din, Margareta 나를 가져, 마르가레타' 같은 스웨덴 고전 음악에 맞춰 춤을 췄다. 환상적인 결혼식 밤이었다.

하지만 앙키는 파티에 집중하기가 어려웠다.

팀이 정말로 식탁에서 잠들었던 건가? 저녁 식사 도중에? 도대체 왜?

다음날, 팀은 아무 일도 없었다는 듯이 멀쩡한 모습으로 나타나 라켈과 함께 공항으로 떠났다. 그날 밤 두 개의 공연 스케줄이 잡혀 있었다.

클라스와 앙키는 칼스타드의 호텔에 체크인한 뒤 전날 있었던 일에 관해 이야기했다. 그들은 팀의 모습을 받아들이기가 어려웠다. 가장 나쁜 것은 눈이었다. 팀의 세심하고 호기심 많은 눈빛이 사라졌다. 대신 그는 어둡고 멍했다.

하지만 이야기한다고 달라지는 것은 없었고, 그들은 자신이 본 광경이 맞는지 의심하기까지 했다.

우리가 잘못 본 게 아닐까?

어쨌든, 몇 시간 전에 그들이 아들을 배웅해 주었을 때, 팀은 기분이 아주 좋아 보였다. 장난스럽고 활기찼다.

여름이라 스케줄이 많으니까 그저 피곤했을 수도 있지.

일주일 후, 팀과 라켈은 마요르카의 호텔 옥상에 누워있었다. 팀은 밤에 공연하기 전에 햇볕을 쬐고 싶었다.

결혼식 이후 그는 미코노스와 마르베야에서 공연했다. 포르투갈, 덴마크의 페스티벌에서도 공연했다. 이탈리아에도 갔던가? 모든 것이 뒤죽박죽이었다.

팀은 아라쉬와 통화했다. 라켈은 그들이 무슨 말을 하는지 이해하지 못했지만, 팀의 목소리에서 짜증이 묻어나왔다. 그는 대륙 여기저기를 횡단하는 정신없는 비행에 지쳐있었다. 목요일에 이스라엘에 갔다가, 토요일에 라스베이거스에서 두 번의 공연을 하고, 그다음 주에 런던에 갔다가, 그리고 다시 미국으로 돌아가야 했다.

"공연하기 싫어. 이건 내가 하려던 게 아니야." 팀이 말했다.

"네가 하고 싶은 건 뭔데?" 라켈이 물었다.

"난 그냥 음악을 만들고 싶어."

2013년 가을, 팀은 로스앤젤레스에 있는 트레이더조에서 절인 연어와 크림치즈 두 봉지를 집어 들었다.

마지막으로 식료품점에 온 것이 언제인지 기억도 나지 않았다. 그에게는 식자재를 사는 것 같은 간단한 일도 힘들게 느껴졌다. 독일과 영국에서 몇 번의 공연을 마친 뒤 여유가 생겼고, 그는 여자친구와 함께 아침 식사를 하기로 했다.

2013년 9월 중순, 마침내 정규 앨범 〈True〉가 발매되었다. 앨범은 호평을 받았다.

록 평론가들은 'Shame on Me'에서 글램 록 밴드 스위트의 노래를 샘플링한 부분이나 'Liar Liar'에 나오는 통통 튀는 오르간 소리를 좋아했다. 대다수는 장르를 넘나드는 노래 뒤에 숨어있는 팀의 진심 어린 의도를 알아차린 것 같았고, 그의 차용 방식에는 계산이 없다는 것을 인식했다. 오히려 그는 자신의 멜로디 감각으로 오래된 민속 음악에 새로운 활력을 불어넣었다.

《뉴욕타임스》는 "〈True〉는 새로운 청중을 끌어들이기 위해 포크 사운드를 댄스 음악에 도입한 앨범이 아니다. 컨트리 음악이 글로벌 팝의 선두이자 중심에 서 있다는 것을 보여주는 앨범이다."라고 했다.

심지어 스웨덴 신문들도 반응을 보였다. 《아프톤블라데트》는 "아비치는 상업적인 하우스 음악을 넘어서서 새로운 경지에 도달했다. 그의 음악은 더 이상 하우스가 아니다."라고 했고, 《엑스프

177

레센》은 "그는 굉장히 독특하다."라고 썼다.

이제 팀에게 연락을 취하는 사람들은 블로거나 낄낄거리는 라디오 진행자들이 아니라 《롤링 스톤》, 《빌보드 매거진》, 《가디언》 같은 평판이 좋은 매체들이었다. 그들은 어쿠스틱 악기를 댄스 음악의 세계로 초대한 용감한 24세 청년과의 인터뷰를 원했다.

팀은 계속해서 카트에 음식을 담았다. 그는 구운 베이글에 블랙 캐비아를 얹어 먹는 것을 좋아했다. 그와 라켈은 베벌리힐스 외곽에 있는 집을 빌렸다. 집은 여전히 그들의 삶에 안정감을 주었다.

지난 몇 주 동안 팀은 새로운 경험을 했다. 라켈은 팀에게 주유하는 방법을 알려줬고, 콜리플라워와 농어를 요리했는데 놀랍게도 맛이 좋았다. 그들이 가장 좋아하는 요리는 칠리소스, 메이플 시럽, 고수를 곁들여 오븐에 구운 연어였다. 생선이 이렇게 맛있을 줄 누가 알았겠는가!

그들은 강아지를 보기 위해 밸리로 갔고, 작은 강아지와 함께 집으로 돌아왔다. 빨간 털을 가진 올리버는 바닥을 돌아다니며 곳곳에 똥을 싸고 베개와 옷을 물어뜯었지만, 집에 편안한 느낌을 주었다.

어느 날 아침, 라켈은 속옷과 티셔츠를 입고 부엌을 돌아다니며 춤을 추는 팀을 발견했다. 6개월 전에 자신이 그토록 사랑에 빠졌던 바로 그 남자였다.

"자기야, 우리는 앞으로 이런 생활을 유지하려고 노력해야 해." 그녀가 말했다.

"무슨 말이야?"

"투어 일정을 보고 각 공연 사이에 며칠이 필요한지 확인해야 해. 나뿐만 아니라 다른 모든 사람에게 네 기분에 대해 말할 수 있어야 해."

팀은 고개를 끄덕였다. 그의 행동은 주변 사람들을 힘들게 하고 있었다. 스톡홀름에 마지막으로 갔을 때 그는 형제들을 만나지 못했고, 큰누나 린다는 화를 냈다. 누가 그녀를 비난할 수 있을까? 팀이 밤새도록 깨어있으면서 동시에 13개의 프로젝트에 파묻혀 사는 것은 그의 주변 사람들에게도 나쁜 영향을 미쳤다. 사실 팀은 그의 조카들을 거의 알지 못했다. 인정하기 힘들지만, 그는 좋은 삼촌이 아니었다. 라켈의 말이 옳았다. 모든 것이 괜찮은 척하는 것을 그만둬야 했고, 다시는 이런 일이 일어나서는 안 되었다.

앳나이트 직원들과 이야기를 나눈 끝에, 2014년에는 팀이 좋아하는 페스티벌과 대규모 페스티벌에만 집중하기로 합의했다. 울트라 인 마이애미, 호주의 스테레오소닉, 벨기에의 투모로우랜드, 어쩌면 롤라팔루자까지. 90개 정도의 공연은 감당할 수 있을 것 같았다. 팀은 가을 동안 지미 키멜의 토크쇼에 출연하기를 거부했고, 제시 웨이츠의 쌍둥이 형제가 마이애미에 새로 개장한 클럽에서 공연해 주기를 요청했을 때도 거부했다.

심지어 제시가 물어봤을 때도, 아니라고 말하는 것은 사실 기분이 좋았다. "친구로서, 그리고 나를 보살펴 주는 너에게 정말 고마워." 팀은 제시에게 메일을 보냈다.

일하면서 건강도 챙겨야 했던 정신없는 한 해였어. 열심히 일했고 직업적으로도 성장했지만 가끔은 이 모든 것이 무의미하고 끝없는 것처럼 느껴져. LA에 온 지 며칠 만에 기분이 나아졌어. 나는 다시는 스케줄이 이 지경에 이르도록 내버려 두지 않을 거야. 그리고 마침내 우리 팀원들도 모두 같은 생각을 하고 있다는 느낌이 들어.

같은 해 가을, 가수 크리스 마틴은 피아노 앞에 앉아 있었다. 최근 아내 귀네스 팰트로와 두 자녀를 데리고 로스앤젤레스로 이주한 그에게는 특별하면서도 다소 소란스러운 기간이었다. 이제 10년간의 결혼 생활이 끝나려 하고 있었다.

몇 달 동안 크리스 마틴은 그의 밴드 콜드플레이와 함께 새로운 노래들을 만들었는데, 그 곡들은 유난히 우울한 분위기를 풍겼다. 느린 이별, 감정의 변화, 인생이 항상 계획대로 되지는 않는다는 깨달음.

오늘 저녁 그는 노래 제목을 생각하고 있었다.

'A Sky Full of Stars'.

단어들이 서로 어우러져 아름다운 이미지를 만들어 내는 것 같았다. 크리스 마틴은 종종 이런 식으로 일했다. 어울리는 곡이 나올 때까지 몇 달, 심지어 몇 년 동안 문구가 그의 머릿속에 맴돌았다. 이제 그에게서 음악이 쏟아져 나오기 시작했다. 그는 곧바로 이 노래가 잠재력을 가지고 있다고 느꼈고, 잃어버린 사랑에 대한 앨범 속에서 따뜻하고 희망적인 느낌을 주는 수록곡이 되리라고 생각했다.

스코틀랜드의 한 페스티벌에서 크리스 마틴은 하우스 음악이 세계를 사로잡은 것을 발견했다. 무대에 서서 발라드를 부르던 그는 문득 멀리서 익숙한 멜로디가 나오고 있다는 것을 깨달았다. 다른 무대에서 스웨디쉬 하우스 마피아가 콜드플레이의 'Every Teardrop Is a Waterfall' 리믹스를 틀고 있었다. 그는 혼란스러웠다. 하지만 댄스 음악은 크리스 마틴이 추구하는 연대감을 주는 것처럼 보였다. 콜드플레이는 개인적인 측면이 지워진 보편적인 음악을 만든다는 이유로 종종 비판받았다. 하지만 그들이 세계적으로 인기를 끌게 된 것도 같은 이유였다. 그들은 독특한 아레나 밴드였으며, 음악을 통해 사람들이 서로를 이해하고 공감할 때 가장 밝게 빛났다.

크리스는 이제 'A Sky Full of Stars'에 현대적인 느낌을 줄 수 있는 사람을 필요로 했고, 그래서 팀 베릴링과 스튜디오 빌리지에서 만났다. 이곳은 겉보기에 그렇게 세련되지는 않았지만, 에타 제임스, 비치 보이스, 에어로스미스에 이르기까지 많은 사람이 거쳐 간 곳이었다.

크리스 마틴은 피아노와 보컬로만 된 데모를 연주했고, 팀은 그 위에 색깔을 입히기 시작했다. 크리스의 눈에 팀은 비트를 추가할 뿐만 아니라 노래를 재배치하여 꽃을 피우게 만드는 것처럼 보였다. 팀이 상상력과 사운드 카드를 가지고 있는데, 누가 수십 명의 스튜디오 뮤지션을 필요로 할까?

크리스의 눈에 비친 신비한 점은 팀이 노래를 그토록 활기차고 현대적으로 만들면서도 여전히 그 핵심, 즉 연약한 느낌을 유지했다는 것이었다. 의심할 여지 없이, 팀은 간단한 홈 데모를 가지고 최고의 노래를 만들어 냈다.

같은 날 밤, 팀에게는 공연 스케줄이 있었다. 그는 공연 한 시간 전 라스베이거스에 도착했고, 프로덕션 매니저 찰리 알베스가 그를 데리러 왔다.

팀은 뒷좌석에 몸을 던졌다.

"밥 먹을 시간은 없고, 클럽으로 바로 가야 해." 찰리가 말했다.

"괜찮아요." 팀이 말했다.

그는 앞으로 몸을 기울이고 찰리를 바라보며 미소를 지었다.

"제가 왜 늦었는지 궁금하지 않아요?"

팀은 자동차의 스피커 시스템 케이블을 자신의 노트북에 꽂았다. 잠시 후 익숙한 목소리가 들려왔고, 그는 곧 목소리의 주인공을 알아챘다.

"젠장, 팀. 이거 크리스 마틴이야?"

팀은 만족스러운 얼굴로 피아노 연주하는 흉내를 냈다.

"맞아요. 방금 콜드플레이를 위해 만든 노래예요."

어느 날 저녁, 팀과 라켈은 할리우드힐스의 버드스트리트에 매물로 나온 집들을 둘러보고 있었다.

블루제이웨이에 있는 집보다 몇 블록 더 높은 곳에 유리로 지어진 집이 있었다.

팀과 라켈이 발코니로 나가자, 마치 공중에 있는 것 같았다. 외부와 내부, 하늘과 땅의 경계가 허물어졌다. 산타모니카의 산들이 분홍빛 저녁 태양에 녹아내리고, 거대한 도시 반대편으로는 태평양이 보였다.

이 집은 5년 전 헤어 제품 브랜드 토니앤가이로 큰돈을 벌었던 영국인에게 의뢰받아 지어진 것으로, 극적인 각도와 계단식 구조를 갖추고 있었다. 정중앙에는 집의 양 끝을 잇는 길고 좁은 웅덩이가 있었고, 침실에서 주방으로 가려면 돌다리를 건너야 했는데, 이것은 팀이 좋아했던 재미있는 구조였다.

그리고 오른쪽 아래에는 배우 키아누 리브스의 집이, 그 아래에는 레오나르도 디카프리오의 집이 있었다. 가수 로빈 시크와 괴짜 인스타그램 유명인사 댄 빌저리안도 같은 거리에 살았다.

팀은 주위를 둘러보았다. 그는 살바도르 달리와 르네 마그리트의 초현실주의 그림들이 걸린 벽과 완벽한 홈 스튜디오를 상상했다. 그는 이제 부끄럽지 않게 그의 누나와 마이크 아인지거를 집에 초대할 수 있었다. 여기서 가족을 꾸릴 수도 있고, 어쩌면 단순히 프로듀서로서 일을 시작할 수도 있다.

이제 그의 인생은 더 차분해질 것이다.

"팀, 이건 미친 짓이야." 라켈이 말했다. "이 집을 꾸미려면 손이 엄청 많이 갈 거야."

그녀는 텅 비어있는 집을 바라보았다. 1,500만 달러가 넘는 돈을 주고 집을 산 다음 모든 것을 뜯어낸 샴푸 억만장자의 행동은 이해가 되지 않았다.

"더 작은 집을 찾아야 해." 그녀가 말했다.

팀은 베벌리힐스의 녹음에 시선을 고정한 채 생각에 잠겼다.

"내가 본 것 중에 가장 아름다운 풍경이야." 그가 말했다.

1,500만 달러를 버는 것은 그렇게 어렵지 않았다. 'Wake Me Up'은 63개국 차트 1위에 올랐고, 유튜브에서 1억 6천만 건이 넘는 조회 수를 기록했으며, 앨범은 거의 6백만 장이 팔렸다.

"이 집을 살 거야." 그가 말했다.

출산을 경험한 여성들도 췌장염에 걸렸을 때가 훨씬 더 고통스러웠다고 말한다. 내 주변의 모든 사람은 이것이 내가 선택한 일이 아니라는 것을 이해했고, 정말로 나를 걱정하고 있었다. 특히 아버지가 그랬고, 나도 마찬가지였다.

나는 진통제에 취하는 것이 싫다. 뉴욕과 호주의 병원에 입원했을 때 진통제를 복용하면서 좋았던 기억이 있지만, 이번에 나는 사람들의 응원과 보살핌을 받으며 제대로 된 휴식을 취하면서 더 큰 만족감을 느꼈다.

2014년을 앞두고 팀 베릴링은 베벌리힐스의 가장자리에 있는 집 위층의 침대에 누워있었다. 몸에서 열이 났고, 시트는 땀으로 젖어 있었으며, 그는 추위에 떨고 있었다.

가장 불쾌한 것은 다리에 무언가가 살금살금 기어 다니는 느낌이었다. 피부 속이 따끔거리고 가려웠다.

이제 라켈은 무슨 일이 일어나고 있는지를 깨달았다.

팀은 여름과 가을 내내 오피오이드를 복용해 왔다고 말했다. 약을 끊고 싶었지만, 약을 먹지 않으면 몸이 떨리고, 땀이 나고, 불편하고, 배가 아팠다.

그래서 그는 또 다른 약을 먹었다.

지속 불가능하다는 것을 알면서도 약을 끊는 것은 어려웠다. 특히 투어 중에는 더욱 그랬다. 온몸에 금단 증상이 나타난 상태에서는 무대에 설 수 없었다.

이제 그는 곧 유럽 투어에 나서서 〈Ture〉의 수록곡을 들려줄 예정이었다. 그 전에 팀은 모든 약을 끊기로 했다.

그는 도움을 받기 위해 미국 의사로부터 일종의 해독제를 처방받았다. 오피오이드 중독을 극복하기 위해 개발된 서복손은 이전에 복용했던 진통제와 같은 행복감을 주지 않았다. 그러나 서복손의 유효성분인 부프레노르핀 역시 오피오이드였으며, 옥시코돈보다 조금 더 순할 뿐이었다. 따라서 의사는 이 약을 천천히 줄이는 것도 중요하다고 설명했다. 팀의 신체는 점차 약물이 없는 상태에 익숙해져야 했고, 그렇지 않으면 구토, 발열, 심한 불안감에 시달릴 위험이 있었다.

그러나 팀은 권장 사항을 준수하는 데 어려움을 겪었다. 그는 참을성이 없었고, 해독제를 포함한 모든 약을 가능한 한 빨리 끊고 싶었다.

침대에서 누워 지낸 지 5일이 지나자 상황은 최악에 이르렀고, 그는 두개골이 깨질듯한 두통에 시달렸다.

팀은 기타리스트 마이크 아인지거에게 "너무 불쾌해서 나 자신을 때릴 뻔했어."라고 썼다. 그래도 그만한 가치가 있다고 느꼈다. "지금은 불안하지만, 앞으로 모든 것이 점점 더 좋아질 것이라고 확신해."

그리고 마침내 어느 날 팀은 가벼운 발걸음으로 방 밖으로 나왔다.

그는 해냈고, 무적이라고 느꼈다.

팀은 이제 열정적으로 집에 놓을 물건을 찾기 시작했다. 책장, 욕조, 사무용 가구, 의자, 거울, 집기, 벽지, 코뿔소 모양의 단단한 나무 의자까지. 모든 것은 흰색 또는 검은색이었다. 그는 주방을 꾸밀 재료를 찾기 위해 라켈과 함께 밸리의 산업 지역으로 향했다. 팀은 하얀 줄무늬가 있는 스페인산 대리석이 마음에 들었다. 수영장의 끝부분에 놓으면 완벽할 것이다.

2014년 초, 마침내 진통제에서 벗어난 팀 베릴링에게는 대부분의 일이 신나는 것처럼 느껴졌다. 심지어 TV 오디션 쇼 아메리칸 아이돌에서 그를 객원 코치로 삼고 싶다고 했을 때도, 그는 긍정적인 반응을 보였다. 그는 피플스 초이스 어워드의 후보에 올랐을 때 시상식에 참석하고 싶어 했다. 또한, 랄프 로렌에 협업을 확장할 것을 제안했다.

그는 〈True〉 이후 정확히 1년 만에 발표할 다음 앨범을 홍보하기 위해 다양한 라디오 프로그램에 참여할 계획을 세우고 있었다.

그는 기운을 차렸고, 자신이 단지 청중에게 행복하게 손을 흔드는 DJ가 아니라는 것을 계속해서 증명하고 싶었다. 그는 작곡가이자 작사가였으며, 크리스 마틴이 조언을 구한 사람이었다.

그리고 점점 더 많은 기회가 생기기 시작했다. 팀은 스팅과 존 본 조비에게 마이크 아인지거와 함께 작곡한 'No Pleasing a Woman'의 보컬을 맡아달라고 했고, 펑크 그룹 그린데이의 빌리 조 암스트롱과 메탈 밴드 시스템 오브 어 다운의 세르이 탄키안과 함께 작업했다.

그가 기대했던 것만큼 좋은 노래는 나오지 않았다. 알렉스 에버트가 팀이 로스앤젤레스에서 가장 즐겨 찾는 장소였던 짐 헨슨의 클래식 스튜디오를 찾아오기 전까지는.

알렉스 에버트는 꿈이 실현됐다는 기쁨에 가슴이 부풀어 올랐다. 불과 몇 시간 전, 그는 골든글로브 시상식에서 영화 〈올 이즈 로스트〉의 사운드트랙으로 음악상을 받았다. 그날 밤은 초현실적으로 변했다. 뉴올리언스에서 늘 혼자 지내던 알렉스 에버트는 맷 데이먼과 함께 술을 마셨고, 짐 캐리로부터 칭찬을 받았으며, 랩 거물 피 디디와 새벽 5시까지 파티를 즐겼다.

아비치와 마주 보고 피아노 앞에 앉아 있는 지금, 비현실적인 느낌이 계속되는 것 같았다. 밴드 에드워드 샤프 앤 더 마그네틱 지로스의 멤버인 알렉스 에버트는 평소 사이키델릭 히피 록을 만들어왔지만, 지금은 전혀 다른 장르의 곡을 연주하고 있었다.

슬픈 시편처럼 들리는 노래였다.

팀은 즉시 노트북을 내려놓고 소파에서 뛰쳐나왔다. 그는 공중에 손가락을 흔들었다.

"다시 쳐봐요, 아-다-다다-다-다예요, 아니면 아다다-다-다예요?"

"모르겠는데." 알렉스는 데모 단계에서부터 이토록 철저한 사람을 본 적이 없었다.

이미지를 상상하며 가사를 쓰던 알렉스는 눈앞에서 희미한 가로등 불빛이 반짝이는 것을 보았다. 그 빛 속에 외로운 남자가 있다. 바람이 불고 있다.

팀은 그에게서 최고의 가사를 끌어내고 싶었다. 여기서도 그는 정확했다.

"어떤 바람이요?" 그가 물었다.

팀에게 이 노래는 변화를 의미했다. 그와 알렉스 에버트가 'For a Better Day'라고 이름을 붙인 그 곡은 〈True〉의 수록곡과는 다른 느낌을 주었다.

이 노래는 좀 더 쿵쿵거리고 깔끔하면서도 날카로웠다.

"나를 믿어, 이 노래는 괴물이야." 팀이 아라쉬에게 말했다.

라켈은 강아지 올리버와 함께 소파에 앉아 있는 사랑하는 남자친구를 바라보았다. 팀은 그녀의 이름을 딴 노래 'Raqattack'을 작업하고 있었다.

어쨌든 라켈은 그가 약을 끊을 수 있다는 것을 항상 알고 있었다. 라켈을 가장 지치게 만들었던 팀의 완고한 성격은 그의 매력적인 특성이기도 했다.

봄에 유럽으로 투어를 떠나기 직전, 팀에게서 신장 결석이 발견됐다. 병원에서는 결석이 소변과 함께 자연 배출될 것이라고 말했다. 그리고 통증이 찾아올 때를 대비해 모르핀 두 알을 처방해 주었다.

팀은 알약을 주머니에 넣어 다니기로 했다. 자신을 통제할 수 있다는 것을 증명하기 위해, 절대 먹지 않을 알약 두 개를 주머니에 넣고 공연할 것이다.

그들은 프랑크푸르트에서의 대규모 공연으로 투어를 시작했다. 찰리 알베스는 드라이아이스 연기와 불꽃으로 멋진 효과를 냈다. 해리 버드는 튀어 오르는 원과 구불구불한 터널 대신 사바나에서 으르렁거리는 사자, 마법의 숲, 불타는 독수리 같은 멋진 이미지를 선사했다.

밸런타인데이에 그들은 파리에 있었다. 팀은 사랑에 빠진 커플들이 영원을 약속하며 자물쇠를 채우는 다리인 퐁데자르로 라켈을 이끌어 그녀를 놀라게 했다. 그들이 투어 버스로 돌아왔을 때, 침실로 향하는 복도를 따라 빨간 장미잎이 놓여 있었다.

팀은 암스테르담에서 형 안톤과 다비드를 만났다. 그들은 소파에 앉아 스웨덴과 캐나다의 아이스하키 올림픽 결승전을 시청했다. 스웨덴이 패배했다는 것은 그다지 중요하지 않았다. 세 형제는 오랜만에 모여서 즐거운 시간을 보냈고, 팀은 형들의 웃음소리를 좋아했다.

팀은 안톤에게 마침내 약을 끊게 되어 얼마나 자랑스러운지 이야기했다.

"지금은 잘 통제되고 있어. 난 정말 약을 먹고 싶지 않았어." 팀이 말했다.

몇 주 뒤 그들은 스톡홀름에 도착했고, 팀은 이틀 연속으로 텔레2 아레나에서 공연했다. 그는 라틴 킹의 'Snubben 그 녀석' 같은 스웨덴 음악들을 리믹스했고, 마지막 곡 'Wake Me Up'이 나올 때 찰리 알베스가 천장에서 폭포처럼 떨어지는 불꽃놀이를 선사하자, 수만 대의 휴대폰에서 번쩍이는 불빛이 쏟아졌다.

앳나이트에는 지난 6개월 동안 많은 변화가 있었다. 가장 눈에 띄는 점은 사무실이 스튀르만스가탄에서 스트란드베겐으로 이전했다는 것이었다. 이곳에는 인테리어 디자인 매장, 부동산 중개사무소, 고급 레스토랑, 스웨덴의 국립 극장 드라마텐, 그리고 프랑스 사암으로 조각된 천사들로 덮인 노란색 건물이 있었다. 2013년 가을, 아치형 외관에 새로운 간판이 붙었다. 영국의 법률 회사와 오랜 역사를 지닌 종이 제조업체의 로고 옆에 앳나이트의 이름이 빛났다. 새로운 건물에는 모든 것이 갖추어져 있었다. 거울로 장식된 세련된 프런트 데스크 옆에는 거대한 황동 테이블이 놓여 있었고, 엘리베이터를 타고 내려가면 최고급 레스토랑이 있었다. 랄프 로렌과의 협업으로 만들어진 녹음 스튜디오에는 두꺼운 부르고뉴 벨벳 커튼과 바닥에서 천장까지 이어지는 스피커가 있었다.

스웨덴 비즈니스 잡지들은 새 세입자를 주목했고 아라쉬 푸르누리는 500㎡의 부지를 신중하게 선택했다고 말했다.

아라쉬는 이곳을 음악 그 이상을 위한 모임 장소로 만들고 싶었다. 모든 분야의 창작자들이 스트란드베겐에 모일 것이며, 외부 세계는 스웨덴 문화 산업이 얼마나 중요한지 알게 될 것이다.

아라쉬는 자신의 음반사 PRMD를 설립했고, 스웨덴 듀오 카제트와 계약을 맺었는데, 그들은 아라쉬의 조언에 따라 항상 카세트

테이프 모양의 가면을 쓰고 공연했다. 아라쉬가 스포티파이의 설립자 다니엘 엑을 알게 된 후, 카제트는 스트리밍 서비스로만 음반을 발표한 세계 최초의 아티스트가 되었다. 그들의 데뷔 앨범 〈Eject〉는 음악보다 발매 자체로 더 많은 관심을 받았다. 아라쉬는 《베칸스 아페레르》와의 인터뷰에서 "저는 이제 매니저가 아니라 경영자로 불리길 원합니다."라고 말했다. 그는 코카콜라에 젊은 타겟층에 다가가는 방법에 대해 조언했고, 보드카 브랜드를 런칭할 계획을 세우고 있는 스웨덴 회사에 투자했다.

유니버설의 직원들이 아비치의 새로운 판매 기록을 축하하기 위해 금박 액자와 샴페인을 들고 앳나이트를 찾았을 때, 앳나이트의 직원들은 전화와 이메일에 응대하느라 바빴다.

아직 축하하기엔 이르다. 그들은 계속해서 다음으로 나아갈 것이다.

스톡홀름에서 두 번의 공연을 성공적으로 마친 팀은 2014년 3월에 앳나이트의 새로운 사무실을 방문했다.

살렘 알 파키르와 빈센트 폰타레가 팀과 함께 새로운 곡을 만들기 위해 그를 기다리고 있었다.

팀은 핑크 플로이드의 컨셉 앨범 〈Dark Side of the Moon〉과 마이클 잭슨의 〈Thriller〉 속 트위스트 팝에서 영감을 받은 앨범을 만들기로 했다.

이들은 특정한 접점을 가진 작품이었다.

70년대 초반 핑크 플로이드는 핵심 멤버 시드 배릿의 탈퇴로 해체 위기에 처했다. 하지만 멤버들은 새로운 신디사이저를 실험하고, 동전과 금전 등록기에서 나는 소리를 녹음하고, 베이스 드럼을 이용해 심장 박동 소리를 만들어 냈다. 가사는 현대 사회의 탐욕, 스트레스, 광기를 중심으로 전개되었다.

마이클 잭슨의 음악은 완전히 다른 장르였지만, 그의 앨범 〈Thriller〉 역시 혁신적이고 서사적이었다. 꼬마 스타였던 그는 1982년에 23세가 되어 환멸과 외로움을 느꼈다. 자유를 원하고 진실성을 보여주고 싶었던 그는 그에게 집착하는 팬들과 팝 작곡을 향한 절박한 사랑에 대한 가사를 썼다.

두 음반의 공통분모이자 팀이 가장 인상 깊게 본 것은 바로 자신감이었다. 두 앨범 모두 음향적으로나 시각적으로 자신만의 세계를 창조하고자 했던 용감한 아티스트들의 고전 작품이었다. 핑크 플로이드의 뮤직비디오에서 한 남자는 일그러진 웃음과 커지는 불편함을 피해 숨 가쁘게 도망쳤고, 마이클 잭슨은 그의 뮤직비디오에서 늑대인간으로 변해 밤새 여자친구를 쫓았다.

게다가, 두 음반 모두 상상할 수 없을 정도로 많이 팔렸고, 역사적 기록을 깨뜨렸으며, 음악사에서 중요한 음반으로 여겨졌다.

이것이 바로 팀 베릴링이 달성하고 싶었던 것이었다.

그러나 그는 빈센트나 살렘에게 이에 관한 이야기를 꺼내지 않았다. 그들은 단지 리프를 만들 뿐이었다.

팀은 코드 진행이 마음에 들었다. 'The Days'는 마치 화창한 오후의 드라이브를 위해 만들어진 곡처럼 느껴졌다. 인생을 축하하는 노래였고, 마침내 오피오이드에서 벗어남으로써 느낀 자유와 어울리는 노래였다.

길 건너편에 설치된 프로젝터가 SLS 호텔의 흰색 외관을 비췄다. 그곳에는 아비치의 이름이 빛나고 있었다.

마이애미 사우스 비치의 보도를 따라 골프 카트 6대가 줄지어 서 있었다. 스피커에서는 팀의 새 리믹스 앨범 수록곡이 흘러나왔고, 흰색 상의와 가죽 반바지를 입은 젊은 여성들이 행인에게 아이스크림을 나눠주었다. 로비에는 팀 베릴링의 흑백 사진이 담긴 액자가 걸려 있었고, 심지어 화장실 내부에도 그의 얼굴이 도배되어 있었다.

가장 비싼 더블룸은 거의 900달러에 달했지만, 투숙객은 아비치의 로고가 새겨진 헤드폰, 슬리퍼, 수영복을 받을 수 있었다.

필리프 홀름은 이마에 흐르는 땀을 닦았다. 호텔을 꾸미는 것은 정말 힘든 일이었고, 동시에 메일 수신함에서는 알람이 끊이질 않았다. 처음 몇 년 동안 팀과 함께 투어를 돌았던 홀름은 유럽 전역 하우스 뮤지션들의 작품을 발표하는 음반사 PRMD와 LE7ELS 개발팀에 합류했다. 이제는 사업을 확장할 차례였다. 그리고 3월에는 업계 사람들 전체가 마이애미에 모여있었기 때문에 회의가 빠르게 진행되었다. 필리프 홀름은 지난 24시간 동안 잠을 거의 자지 못했고, 수영장 옆에서 앳나이트가 주최한 파티가 아침 11시부터 계속되고 있었다.

전날 밤, 이비자의 베테랑 루치아노는 앳나이트가 여전히 문화의 중심에 있다는 것을 증명했다. 루치아노는 하우스 음악계에서

존경받는 선구자 중 한 명이었다. 이제 분홍색과 파란색 머리를
한 스웨덴인 DJ 듀오 레베카 앤 피오나가 수영장 옆 무대에서 디
제잉을 하고 있었다. 상황은 필리프와 다른 사람들이 바라던 대로
흘러갔다. 패리스 힐튼이 청중석에 있었고, 입장 줄은 길 아래로
길게 늘어져 있었다. 그들은 팀의 비행기가 착륙하기만을 기다리
고 있었다. 아비치는 오늘 저녁 이곳에서 마지막 순서로 무대에
올라, 그가 스톡홀름에 도착했으며 울트라 뮤직 페스티벌에서 새
로운 승리를 거둘 준비가 되었다는 것을 보여줄 것이다.

그런데 갑자기 아라쉬 푸르누리가 필리프 홀름에게 모든 것이
취소되었다고 말했다. 팀은 병원에 입원했다.

다시.

필리프는 그 말을 듣자마자 메스꺼움을 느꼈다. 도대체 무슨 일
이 있었던 거지? 그는 서둘러 건너편 호텔에 있는 자신의 방으로
들어가 변기 앞에 무릎을 꿇었다.

필리프의 목에서 붉은 핏덩어리가 나왔다. 그는 화장실 바닥에
탈진한 채 누웠고, 카제트 멤버에게 전화를 걸었다.

"도와줘. 죽을 것 같아."

카제트의 투어 매니저가 도착해 필리프를 차로 옮겼다. 병원은
그리 멀지 않은 곳에 있었다.

다음 날, 필리프는 가슴에 전극을 붙인 채 깨어났다. 원인은 위
궤양이었다. 스트레스와 관련이 있었다.

"팀 베릴링이 어디 있는지 아세요?" 필리프가 의사에게 물었다.

"바로 위층에 있어요."

1년 전 호주에서의 일이 재현되었다.

칼이 그의 등과 배를 찌르는 것 같았다. 팀은 비행기가 착륙하자마자 병원으로 급히 이송되어 마취제를 투여받았다. 라켈은 울면서 병실에서 뛰쳐나갔다.

그녀는 회진을 기다리며 이 모든 상황을 원망했다. 그들은 가을 동안 편안한 나날을 보냈다. 주변의 모든 사람이 이 상황의 심각성을 이해하는 것 같았고, 팀은 자신이 오피오이드 중독에서 벗어난 것을 매우 자랑스러워했다.

그가 다시 스트레스를 받기 시작한 것은, 몇 주 전 마돈나의 앨범 작업에 참여하면서부터였다. 헨슨의 스튜디오에는 마돈나의 13번째 앨범을 제작하기 위해 여러 스웨덴인이 모였는데, 마돈나는 인스타그램에 사진을 게시하며 그들을 그녀의 바이킹 하렘이라고 불렀다. 하지만 공동 작업을 하는 것은 힘들었다. 팀은 밤을 새워가며 다른 사람들의 작업물을 살폈고, 노래 스타일에 대한 사람들의 의견이 엇갈렸다. 팀은 많은 양의 콜라를 마시며, 식단에 다시 신경 쓰지 않기 시작했다.

그리고 지금 그는 침대에 누워있었다. 맹장이 파열됐고, 울트라에서의 공연이 취소되었다. 의사들은 또 다른 합병증을 발견했는데, 바로 담낭염이었다.

그놈의 담낭, 라켈은 생각했다. 이제는 담낭을 완전히 제거해야 한다.

수술을 마친 뒤 의사들은 팀에게 오피오이드를 복용할 것을 권했다.

팀은 병원 침대에 앉아 최선을 다해 이 문제를 따졌다. 그는 두 달 동안 이 빌어먹을 약을 먹지 않고 살아왔다. 심지어 유럽에서도 몇 개의 알약을 주머니에 넣고 다녔다. 약을 먹지 않고 견뎌낼 수 있다는 것을 스스로 증명하기 위해 말이다.

　그는 결코 예전으로 돌아가고 싶지 않았고, 더 이상 결혼식에서 잠들고 싶지 않았다. 다시는 미끄러지고 싶지 않았다.

　정말로 고통을 덜어줄 다른 방법은 없는 걸까?

———————

돌이켜보면, 당시 나는 너무 열정적이면서도 무지했고, 우리 모두가 그랬다. 서복손을 단칼에 끊어내는 것은 심각한 심리적, 신체적 금단 현상을 일으켰고, 이는 트라우마가 되어 공허함과 불안감을 남겼다.

———————

2014년 여름, 필리프 오케손은 팔에 따가운 고통을 느끼며 거리를 서성였다. 그는 자신을 보호하기 위해 스톡홀름으로 돌아왔다. 브롬마에 있는 부모님 집에서 머무는 한 더 이상 마약에 손댈 수 없을 것이다.

하지만 금단 증상으로 인해 그의 몸은 땀범벅이 됐고 머리가 폭발할 지경이었다. 감정 기복이 심해졌고 화가 났다. 자신과 부모님, 그리고 지하철 옆자리에 앉은 못생긴 놈에게.

몇 년 전 그 약은 필리프의 삶을 편안하게 해주었다. 활기가 넘쳤던 필리프는 약에 취해 로스앤젤레스 집의 갈색 소파에 부드럽게 착지했다. 햇빛 속으로 나섰을 때 그는 자신 있게 선셋대로의 보도를 가로질러 둥둥 떠다녔다.

다른 진통제와 구별되는 오피오이드의 차이점은 정신이 아닌 신체에만 영향을 준다는 것이었다. 가슴은 두근거렸지만, 머리는 맑았고, 아무도 그가 약에 취했으리라고 짐작할 수 없었다.

하지만 시간이 지날수록 불편한 느낌이 들기 시작했다. 근육에 통증이 생기고, 다리에 불쾌한 경련이 일어났다. 설사와 구토도 했다. 친구들과의 평범한 점심이 강제적이고 짜증 나게 느껴졌고, 필리프는 사람들에게 화를 내며 전화를 끊기 시작했다.

어느 날 새벽, 그는 스트립 클럽 밖에 서서 친구에게 지금 당장 약을 먹어야겠다고 고집을 부렸다. 그의 친구가 그를 집으로 보내기 위해 택시를 잡으려고 하자, 필리프는 친구의 뺨을 때렸다.

로스앤젤레스 집의 카펫은 담뱃불에 그을려 여기저기 구멍이 나 있었다. 쓰레기통에는 산산이 조각난 접시들이 있었고, 무더기로 쌓여 있는 옷에서는 퀴퀴한 땀 냄새가 났다.

그는 자신이 마약성 진통제에 중독되었다는 것을 깨달았다.

놀랍게도, 이러한 깨달음은 아무것도 바꾸지 못했다. 그는 온기를 느끼기 위해 약을 먹은 지 오래였다. 그는 지금, 이 순간 몰아치는 메스꺼움에서 벗어나기 위해 약을 먹었다. 그러나 동시에 진통제는 그를 공격적이고 변덕스러운 사람으로 만들었다.

팀에게서 전화가 걸려왔다. 필리프 오케손은 팀도 스톡홀름에 있다는 것에 놀랐다.

오랜만에 만난 두 사람은 예전처럼 영화를 보고 이야기를 나누었다.

필리프는 팀과 시간을 보내는 것이 약을 잊는 데에 도움이 되리라 생각하며 팀의 집으로 향했다.

그렇게 넓진 않았지만, 깔끔하고 세련된 집이었다. 옻칠이 된 검은색 가구는 고급스러운 느낌을 주었다. 팀은 오랜 친구를 만난 것에 행복해 보였고, 자신의 오른쪽 팔뚝에 새긴 문신을 자랑했다. 영국의 길거리 예술가 뱅크시의 작품을 재해석한 그림으로, 등 뒤에 꽃다발을 숨긴 소년과 총을 숨긴 소녀가 있었다.

팀은 자신의 문신이 멋지다고 생각했다.

그들은 검은색 가죽 소파에 앉아 곧바로 다시 음악에 관한 이야기를 하기 시작했고, 최근 하우스 씬이 꽤 썰렁해졌다는 것에 동의했다.

몇 년 전 댄스 음악에 대한 무지를 자랑했던 나이 많은 사업가

로버트 실러먼은 센세이션과 투모로우랜드를 만든 네덜란드 공연 기획사 ID&T를 인수했다. 라이브 네이션은 일렉트릭 데이지 카니발과 영국의 크림필즈를 인수했다. 페스티벌은 점점 더 형식적인 구경거리가 되었고, 심지어 대부분의 음악은 틀에 갇혀 있었다. 같은 필터, 같은 강렬한 신스 사운드, 같은 종류의 드랍. 가장 명확한 예는 너무 많이 사용되어서 프리다 스네어라는 이름을 갖게 된 드럼 비트였다. DJ들은 에릭 프리즈의 노래 'Miami to Atlanta'와 같은 강력한 효과를 내기 위해 그의 크래쉬 심벌 사운드를 샘플링하거나 모방했다. 하우스 음악 공연은 너무나 과장되고 청중은 화려한 무대 연출에 무뎌져서, 이제 무언가를 느끼려면 10분마다 새해 전야 불꽃놀이 카운트다운을 해야만 하는 것 같았다.

열광적이고 진부한 행진 음악이라고 팀은 생각했다.

이러한 단조로움 때문에 EDM은 쉽게 놀림거리가 됐다. 코미디 쇼 〈새터데이 나이트 라이브〉에는 무대 위에서 할 일이 없어서 계란 프라이를 만들고 모형 기차 장난감을 가지고 노는 멍청한 DJ 다빈치가 등장했다. 버튼 하나를 누른 것에 대한 보상으로 다빈치는 보석, 신용카드, 돈 가방을 얻었다.

팀은 아비치의 인스타그램 계정에 자조적인 사진을 올리며 패러디에 응수했지만 실제로는 EDM과 더 이상 엮이지 않기를 원했다. 청중은 안중에도 없고 무대에 올라 버튼만 누르면 된다는 DJ에 대한 고정관념에 그는 심각하게 지쳐있었다.

그가 얼마나 열심히 일하고 작사 작곡에 공들이는지 사람들이 안다면, 그런 말은 쉽게 내뱉지 못할 것이다.

그것이 바로 팀과 필리프가 이야기한 내용이었다. 음악과 인생,

그 모든 것.

"필리프, 나 뭐 좀 구해줄 수 있어?" 갑자기 팀이 물었다.

"뭐?"

"자낙스랑 서복손."

필리프는 소스라치게 놀랐다. 4년 전만 해도 팀은 필리프가 담배를 피운다고 화를 내던 친구였다. 그러던 그가 서복손을 원한다고?

한편으로 필리프는 행복했다. 어쩌면 그들에게는 또 하나의 공통점이 생겼을지도 모른다.

그는 친구에게서 자신의 모습을 보았다. 혼자 있고 싶어 하는 사람, 아무렇지 않은 척하는 사람, 자신만의 공간으로 돌아가기를 원하는 사람.

필리프는 좋은 생각이 아니라는 것을 알고 있었지만, 그 역시도 마약을 갈망하고 있었다.

그는 마약을 파는 외스트라 레알의 오랜 친구에게 전화를 걸었다.

몇 주 후 팀은 수영장 옆 잔디밭을 거닐며 골프를 쳤다. 그는 프로용 골프채를 새로 샀고, 이비자에 머무는 여름 동안 골프를 하면서 휴식을 취할 계획이었다.

팀은 집 밖 산비탈에 있는 소나무 사이로 공을 쳐 냈다.

"짜증 나, 이제 너 해." 그는 웃으며 프리코 보베리에게 골프채를 넘겼다.

소꿉친구 프리코는 몇 달 전 팀에게서 전화를 받았다. 그들은 밤새워 월드 오브 워크래프트를 하고 영화를 보던 시절부터 계속 연락해왔다. 하지만 이제 팀은 새로운 아이디어를 떠올렸다. 그는 소꿉친구들이 그리웠고, 프리코를 비롯한 세 명의 친구에게 함께 투어를 돌자고 제안했다. 그에게는 친구들의 여행 비용을 감당할 금전적인 여유가 있었고, 그렇게 하면 공연 사이의 시간이 훨씬 더 즐거워질 것이다.

프리코는 고민했다. 그는 최근 칼레 플뤼가레 연극학교를 졸업하고 괴테의 고전극 파우스트에서 배역을 맡았다. 스톡홀름에는 그의 가족과 여자친구가 있었다.

하지만 팀은 그런 기회는 그의 인생에서 단 한 번뿐이라고 설명하며 고집을 부렸다. 그리고 그것은 사실이었다. 그래서 프리코와 소꿉친구들은 몇 달 전부터 팀을 위해 일하기 시작했다. 실제로 그들이 할 일이 있었던 것은 아니지만, 회사와 계약을 하고 급여를 받기 시작한 이상 팀의 아버지 클라스는 그들이 일하기를 원했다. 그래서 두 명의 친구가 팀의 음악 제작을 돕고, 또 다른 소꿉친구는 팀의 일상을 카메라에 담기로 했다.

앳나이트의 직원들은 팀의 개인 비서가 된 프리코에게 전화를 걸기 시작했다. 친구들 사이에서 그는 건망증이 심하고 조금은 멍하기로 유명했음에도 불구하고, 그는 무대 장비 운반에 대한 책임을 맡았다.

팀이 제트기를 타고 다니며 근사한 삶을 살고 있을 거라는 그들의 환상은 금세 깨지고 말았다. 세계 일주는 멋진 말처럼 들렸지만, 사실 그들은 자신이 어느 나라에 있는지 파악할 시간도 없었다. 새로운 도시에 도착해서 서둘러 공연장으로 갔다가 몇 시간씩 호텔에서 잠을 자는 생활이 반복됐다. 프리코는 최근 몇 달 동안 너무나 많은 사람을 만나서 이미 지칠 대로 지쳐있었다.

라켈은 남자친구가 골프공을 숲속으로 날려 보내는 것을 지켜보며 공이 이웃집에 부딪치지 않기를 바랐다.

팀은 4년 전 티에스토와 함께 살았던 집 근처에 있는 저택을 임대했다. 그곳에서는 이비자의 아름다운 전망을 볼 수 있었다. 공항 활주로 위에 비행기들이 떼 지어 모여있었고, 저 멀리 소금 웅덩이가 보였으며, 해변 아래쪽에는 음악에 맞춰 빨간 불빛이 깜박이는 야외 클럽 우수아이아가 있었다. 몇 년 전에 문을 연 그곳은 이제 이비자에서 가장 강력한 하우스 클럽이 되었다. 아비치는 2014년 9월까지 두 달 동안 매주 일요일에 우수아이아의 무대에 오를 예정이었다.

라켈은 팀이 왜 친구들과 함께 있고 싶어 했는지 이해했다. 그들은 그에게 외스테르말름에 돌아온 것 같은 안정감을 주었다. 그러나 마이애미에서의 입원이 그에게 나쁜 영향을 끼쳤다는 것은 분명했다. 팀은 부프레노르핀이 포함된 해독제 서복손을 다시 처방받았고, 불과 몇 주 만에 그의 몸은 마약에 중독되었다. 식욕과 체중이 감소하기 시작했고, 그는 계속해서 약을 먹었다.

팀의 기분은 불규칙하게 변했고, 그는 라켈에게 처음으로 공격적인 모습을 보였다. 그에게서 온기가 사라진 것 같았다. 위생 상태도 악화되기 시작했다. 팀은 오랫동안 이를 닦지 않았고, 드물게 라켈과 함께 저녁 식사를 할 때면 테이블에서 잠이 들었다.

"너에게 문제가 있다고 생각해. 이것은 네가 어떻게든 깨뜨려야 하는 정신적 패턴이야." 라켈이 마침내 말했다.

팀은 화가 났다. 팀은 자신이 할 수 있는 것과 할 수 없는 것을 확실히 알고 있었다. 팀도 약물 중독에 대해 잘 알고 있었고, 약물에 중독되는 것을 원하지 않았다. 네가 싫어하는 것을 남용해서는 안 되는 거지?

"이건 신체적인 거야. 내 머리가 아니라 내 몸이 약을 원한다고." 팀은 항변했다.

상황은 전에 없던 방식으로 엉망이 되었다. 8월 중순의 어느 날 아침, 라켈은 팀을 침대에서 끌어내리려고 했다. 그는 잠에 취해 화를 내며 거절했고, 라켈이 그를 흔들자 싸움이 일어났다. 라켈은 그에게 베개를 던졌고, 팀은 벽에 주먹을 꽂았다.

그는 즉시 진정했고, 울었다. 모든 것이 너무, 너무 부담스러웠고, 때로는 화가 끓어올랐다.

팀은 실수를 만회하기 위해 세계에서 가장 비싼 레스토랑임을 자랑하며 요리를 미식 공연으로 묘사한 레스토랑을 대관했다. 그들은 연기, 레이저 광선, 특수 효과로 가득 찬 곳에서 음식을 먹었다. 팀은 오른손을 붕대로 감았다. 벽에 부딪힌 충격으로 뼈가 부러졌고, 그는 몇 주 동안 손가락 세 개로만 디제잉을 해야 했다.

그는 이 빌어먹을 약이 싫었다. 분명 2월에는 모든 것이 너무 좋았다. 스스로 약물 중독에서 벗어날 수 있을 것 같았다.

하지만 이제 그 지독한 불안이 다시 찾아왔고 그는 또다시 자신을 때리고 싶은 충동에 휩싸였다.

그리고 더 나쁜 점은, 몸속에서 무언가가 자라는 느낌이 든다는 것이었다. 지난 겨울 약을 줄인 뒤부터 커지기 시작한 혹이 3월 수술 이후 더 커진 것 같았다.

어쩌면 종양일지도 모른다.

그에게는 다시 약을 끊고 금단 증상을 견뎌낼 시간이 필요했다. 지난번에 약을 끊었을 때 그는 9일을 앓아누웠다. 오한과 발열로

인해 적어도 일주일은 휴식이 필요했다.

"제가 일정을 살펴보았는데요, 만약 투모로우랜드에서의 공연을 취소한다면 약을 끊을 시간이 충분할 것 같아요! 어때요?" 그가 매니지먼트사에 이메일을 보냈다.

팀은 8월 말에 노르웨이, 영국, 스페인을 거쳐 독일에서 프로모션 쇼를 해야 했다.

그 후 9월 초에 그에게 일주일의 시간이 주어졌다. 그때여야만 했다. 그렇지 않으면 10월 말까지는 기회가 없었기 때문이다. 그는 더 이상 기다리고 싶지 않았다.

"때가 됐어. 이제는 정말 이 일을 끝내고 싶어."

클라스 베릴링과 아라쉬 푸르누리도 이에 동의했다. 그들은 이비자 항구 지역의 절벽에 있는 식당에서 함께 저녁을 먹었다. 마이애미의 병원 침대에 누워있는 팀을 보는 것은 아라쉬에게도 힘든 일이었다. 당시 팀의 몸무게는 50kg도 되지 않았고 에너지가 너무나 고갈된 상태였다.

그들은 이 상황이 지속 불가능하다는 것에 동의했다. 팀은 상하이 스톰 페스티벌의 헤드라이너였으며, 10월에는 일본 스케줄이 있었다. 가을에는 샌버너디노의 페스티벌과 애틀랜타의 투모로우월드에 참가할 예정이었고, 라스베이거스에서 열리는 9회의 공연은 각각 약 40만 달러의 가치가 있었다.

하지만 돈은 중요하지 않았다. 중요한 것은 팀의 건강이었다.

2014년 가을, 팀은 비가 쏟아지는 스톡홀름에 도착했다. 무더운 여름이 지나고 찾아온 폭풍우는 도시 전체를 혼돈에 빠트렸다. 비는 지하철 시스템의 일부를 마비시켰고, 칼라베겐에 있는 자전거들을 넘어뜨렸다.

앙키는 아들의 집에 있는 난로 옆에 서서 양파와 마늘을 토마토와 함께 구웠다. 채소가 갈색으로 변하자, 조심스럽게 토마토 껍질을 벗기고 크림과 카레를 부었다. 그리고 새우를 넣고 카이엔 후추와 소금으로 맛을 냈다.

앙키는 가죽 소파에 누워있는 아들을 걱정했다. 여름 동안 팀의 체중이 너무 많이 줄었기 때문에, 그녀는 아들이 파스타를 조금이나마 먹기를 바랐다.

그녀가 여기에 온 이유는 또 있었다. 그녀는 팀의 해독을 책임지기로 했다. 이는 스웨덴 중독 의사와 합의한 것이었다.

팀은 지난번처럼 단칼에 약을 끊어내지 않고 서서히 약을 줄여나가기로 했다. 그는 하루에 두 번, 순한 오피오이드인 부프레노르핀을 2mg씩 먹었다. 복용량을 천천히 줄임으로써 팀은 크리스마스까지 중독에서 완전히 벗어날 수 있기를 바랐다.

하지만 앙키는 확신할 수 없었다. 팀은 너무 조용했고 우울해 보였다. 그는 일어나서 화장실에 갔다가 그녀와 몇 마디를 나누고는 다시 침실로 들어갔다.

그의 25번째 생일에 《빌보드 매거진》은 아비치가 모든 공연을 무기한 취소했다고 보도했다. 팬들은 별다른 이해를 보이지 않았다. 물론, 어떤 사람은 그가 휴식을 취할 만하다고 생각했지만, 많은 사람은 대부분 자기 자신만을 생각하는 것처럼 보였다.

아비치가 내일 투모로우월드에 오지 않으면 나는 너무 우울해질 거야! 다시는 나한테 이러지 마!!

아비치가 파티하느라 지난 한 해 동안 취소한 페스티벌/공연의 수는? #너무많아서셀수없음

불쌍한 아비치 하하하

아비치 망해라

약을 끊기 위해 스톡홀름에 오기로 선택한 사람은 팀이었지만, 이제 그는 혼란스럽고 침울했다. 그는 통제당하는 기분을 견디기 힘들었다. 클라스와 앙키, 의사, 아라쉬를 비롯한 주변 사람들이 갑자기 자신을 믿지 않는 것처럼 느껴졌다.

그는 라켈과 영상통화를 하며 자신이 직접 약을 챙겨 먹고 싶다고 설명했다.

라켈은 토론토에 있는 어머니 집에 있었고, 이 영상을 녹화해야 할지 고민했다. 팀은 아마 몇 시간 뒤 정신을 차렸을 때 자신이 무슨 말을 했는지 기억하지 못할 것이고, 그녀는 그의 모습을 그에게 보여주고 싶었다.

"다른 사람들이…. 내 약에…. 손대지 않았으면 좋겠어. 매일 아침 일어나서 엄마한테 약 달라고 하기 싫어."

"그래서? 뭐가 문제야?"

"난 내가 약을 먹고 싶을 때 먹고 싶어."

그들은 오랫동안 말이 없었다.

"그러면 그 약이 네 몸을 통제한다고 생각하지 않아?"

"몸은 그렇지만, 머리는 아니야."

"몸이랑 머리는 같이 가는 거 아닐까?"

"아닐걸. 만약 그런 거라면 나는 하루에 4mg을 먹는 거로 그치지 않을 거야. 더 먹지."

2014년 10월 초, 팀이 6개월 전 살렘 알 파키르, 빈센트 폰타레와 함께 작업한 'The Days'가 발매되었다. 노래와 어울리는 가수를 찾는 것이 어려웠다. 록밴드 더 킬러스의 리더인 브랜든 플라워스를 보컬리스트로 섭외했지만, 그와 팀이 문자 메시지를 통해 논쟁을 벌이면서 녹음은 없던 일이 됐다. 결국, 보컬은 테이크 댓의 로비 윌리엄스가 맡게 되었다.

2014년 가을에 앨범을 발매하겠다는 팀의 목표는 무산됐고, 이 곡은 'The Nights'와 함께 팬들에게 일시적인 갈증 해소제 역할을 했다.

그러나 싱글은 기대만큼 좋은 성적을 거두지 못했다. 사람들은 햇볕에 바랜 라디오 록을 받아들이지 못했고, 노래에 드랍이 없다고 불평했으며, 노래는 일주일 만에 빌보드 차트에서 밀려났다.

그것은 팀에게 익숙한 반응이 아니었다. 그는 침대에 누워 유튜브 조회 수를 지켜보았다. 그 곡은 약 한 달 만에 700만 건의 조회 수를 기록했다. 불과 몇 년 전만 해도 정말 신났겠지만, 지금은 커다란 실패작처럼 느껴졌다.

이번에는 약을 끊는 것이 훨씬 더 어렵게 느껴졌다. 특히 감시 당하는 느낌이 들 때는 6개월 전 느꼈던 투지를 불러일으키기가 어려웠다.

그리고 뱃속에 느껴지는 덩어리도 사라지지 않았다. 오히려 알약의 효과가 줄어들수록 크기가 커지고 강해지는 것 같았다. 때로는 그것이 그의 온몸을 지배하는 것처럼 느껴졌다.

팀은 종양이 자라고 있다고 확신하기 시작했고, 지금 그가 생각할 수 있는 것은 그게 전부였다. 그의 아버지는 팀이 11월 말에 위와 대장 내시경 검사를 받을 수 있도록 병원 검진을 예약했다. 아라쉬는 팀이 스톡홀름에 머물면서 영양사에게 관리를 받아야 한다고 주장했다.

그러나 팀은 불안했고 점점 더 수치심과 구속감을 느꼈다. 그는 도망치고 싶었다.

그 시기 클라스 베릴링도 잠을 이루지 못했다.

그는 오랫동안 순진했던 자신을 저주했다.

클라스는 아들이 복용한 오피오이드에 관한 정보를 찾아보며 죄책감과 분노를 느꼈다. 스웨덴에서 오피오이드는 급성 암 환자, 죽음을 앞둔 환자, 수술을 막 마친 환자에게 주로 처방되는 약이었다.

그러나 미국에서는 달랐다. 2014년 가을, 남부 지역에서 장기간의 소송이 진행되고 있었다. 켄터키주는 옥시콘틴을 개발한 제약회사 퍼듀 파마를 고소했다. 오피오이드에 대한 미국 의사들의 견해를 바꾸어 모르핀 약물을 이전보다 훨씬 더 관대하게 처방하기 시작한 것은 10여 년 전 회사가 진행했던 마케팅 때문이었다.

이후 퍼듀 파마의 마케팅은 잘못 인용된 연구, 조작된 설문 조사, 잘못된 전제에 기초한 것으로 밝혀졌다. 또한, 중독자와 오용자들은 행복감을 더 빨리 느끼기 위해 정제를 부숴 가루를 코로

흡입하기 시작했다. 옥시콘틴이 경쟁사의 약보다 중독성이 낮다는 것은 완전히 틀린 말이었고, 제약사는 기존의 주장을 모두 철회해야 했다.

불행하게도 눈덩이는 이미 커지고 있었다. 옥시콘틴은 재빨리 암시장으로 빠져나갔고, 약을 구하기가 어려워지자, 중독자들은 이와 가장 비슷한 진통제이면서 길거리에서 파는 마약, 즉 헤로인을 복용하기 시작했다. 켄터키주는 그 영향이 두드러졌던 곳 중 하나였다. 아이들은 과다 복용으로 부모를 잃었고, 노동자들은 감옥을 드나들었으며, 약사들은 가게에 방탄유리를 설치해야만 했다.

그해 가을, 또 다른 오피오이드 물결이 미국을 덮쳤다. 펜타닐은 때때로 모르핀보다 100배 더 강했고, 불법으로 제조되었으며 과용하기 매우 쉬운 약이었다. 악명 높은 마피아 보스 엘 차포가 이끄는 멕시코 카르텔은 미국의 펜타닐 시장을 지배했다.

클라스는 컴퓨터 앞에 앉아 이 우울한 사건에 대한 글을 읽었다. 이제 200만 명 이상의 미국인이 일종의 오피오이드에 중독되었고, 이는 사회에 심각한 결과를 초래하는 공중 보건 위기였다.

처음으로 미국 인구의 평균 기대 수명이 감소하고 있었다.

지옥이다.

팀은 도대체 어떤 약을 먹고 있는 걸까?

결국, 팀은 아라쉬와 클라스의 뜻에 반하여 로스앤젤레스로 도망쳤다.

그들은 팀을 막을 수 없었다. 그는 성인이었고 스톡홀름의 소파에 누워 지내는 것을 불편해했다. 팀은 자유를 갈망했고, 클라스와의 눈물겨운 말다툼 끝에 비행기에 몸을 실었다.

팀은 도대체 어쩌려는 걸까?

라켈과 강아지 올리버는 할리우드 언덕에서 그를 맞이했다. 그가 샀던 집은 아직도 수리가 진행 중이었고, 맨 기둥과 허물어진 벽은 그곳을 건설 현장처럼 보이게 했다. 그러나 팀이 없는 동안 라켈은 그들이 임대한 집에 그들의 소지품을 풀었다. 라켈은 가구를 옮기고 팀의 셔츠와 바지를 정리해 옷장에 넣었다. 마침내, 팀은 그의 두 번째 앨범을 완성할 홈 스튜디오를 갖게 되었다. 계획보다 늦어지긴 했지만, 그는 음반을 준비하게 되어 신이 났다.

며칠 후 팀이 외출하고 라켈이 침실을 정리하고 있을 때, 그들의 공용 아이패드에서 알림이 울렸다. 팀은 오래전에 자신의 휴대폰과 아이패드를 동기화시켰기 때문에, 라켈이 그의 문자 메시지를 보는 것은 드문 일이 아니었다. 그것은 그녀가 팀에게 고마워했던 것 중 하나였다. 우연히 라켈이 팀의 휴대폰을 보아도 그는 전혀 개의치 않았다. 팀은 많은 비밀을 가지고 있었지만, 라켈에게만은 아니었다.

그러나 이 메시지는 달랐다.

"벽에 부딪친 손을 치료받아야 할 것 같아요. 아직도 아프고 삐뚤어져 보여요."

라켈은 곧 팀이 개인 주치의와 메시지를 주고받고 있다는 것을 깨달았다.

새로운 메시지.

"또 배가 아파요."

의사는 다음 날 아침 팀에게 동료 의사를 보내겠다고 대답했다. 팀은 그 답장에 만족하지 않았다.

"너무 고통스러워서 죽을 것 같아요. 지금 당장 해결할 방법이 없을까요?"

라켈은 심장이 무너지는 것 같았다. 팀은 중독과 오래도록 싸움을 벌이면서도 그녀에게는 항상 솔직했다. 이제 그는 빌어먹을 약과 바람을 피우고 있었다. 그것이 그가 미국으로 돌아온 이유일까? 그녀와 강아지를 보기 위해서가 아니라 진통제를 더 쉽게 처방받기 위해서?

순식간에 모든 것이 바뀌었다. 라켈은 자신이 아무리 노력해도 팀이 중독의 심각성을 깨닫게 할 수 없다는 것을 깨달았다.

동료, 앳나이트 직원, 의사들은 팀에게 위기가 닥쳤을 때만 그를 걱정했다. 게다가 주치의는 어떻게 몇 달 동안 보지 못한 환자에게 약을 처방할 수 있지? 라켈은 팀에게 전화를 걸어 질책하고 싶은 것을 참아야 했다.

커트 코베인과 에이미 와인하우스에 관한 다큐멘터리가 이제는 슬픈 이야기가 되었다. 그녀는 그 이야기 속의 여자친구가 되고 싶지 않았다. 분명 그때가 올 것이라고, 그녀는 이 순간 그것을 확신했다. 팀은 일찍 죽을 것이다. 새해가 되면 그는 다시 투어를 떠나고 모든 사람은 모든 것이 괜찮은 척할 것이다. 그녀는 더 이상 거짓말하고 싶지 않았다.

라켈은 자신을 보호하기 위해 팀을 떠나야 했다.

라켈은 친구들에게 전화를 걸어 자신이 의심하는 점에 대해 말했다. 팀은 아마도 지금 약국으로 가는 중일 것이다. 그녀는 자동차를 타고 팀의 친구를 만나러 오렌지 카운티로 향했다.

고속도로를 따라 남쪽으로 두 시간째 달렸을 무렵, 팀의 친구로부터 전화가 걸려 왔다.

팀이 와인을 마시고 약을 너무 많이 먹어서 응급실로 가는 중이라고 했다.

팀이 병원에 입원해 위 세척을 받았다는 사실을 몰랐던 제시 웨이츠는 몇 주 후 팀에게 멕시코 여행을 제안했다. 제시는 전세기를 빌렸고 그들은 동료 몇 명과 함께 여행을 떠났다.

팀은 입안에 심한 상처가 있었는데, 감염된 사랑니 때문이라고 말했다. 제시는 그 말을 믿지 않았다. 그보다는 팀이 그의 혀와 볼을 깨문 것처럼 보였다. 제시는 해변에서 며칠 휴식을 취한 뒤 다시 이야기를 꺼내는 게 낫겠다고 생각했다.

그들은 멕시코 남동부에 있는 휴양도시 칸쿤에 도착했다. 이곳에서 미국인들은 졸업과 결혼을 기념하거나, 2014년 크리스마스 연휴가 다가오고 있음을 축하했다. 여행 첫날 그들은 해변에서 느긋한 시간을 보냈고, 팀은 춥고 비가 오는 스톡홀름에서 벗어나 얼마나 좋은지 이야기했다. 팀은 입안이 아파서 음식을 잘 먹지 못했지만, 예전처럼 술에 취하지는 않았다. 그는 저녁에 작은 클럽에서 샴페인 몇 잔을 마시고 편안한 시간을 보냈다.

며칠 후 제시와 다른 사람들이 점심을 먹으러 가기 위해 로비에 모여있었다.

그런데 갑자기 팀이 나타났다. 그는 완전히 취해 있었고, 제대로 걷지 못했다.

"뭐야, 팀? 괜찮아? 무슨 일이야?"

그는 제시의 말에 대답하는 대신 알 수 없는 말을 중얼거렸다. 그의 눈동자에는 초점이 없었다.

이 상태로 여행하는 것은 불가능했다. 그는 곧 사람들의 눈에 띌 것이고, 비밀스러운 사진들이 찍히기 시작할 것이다.

누군가가 의사에게 전화하는 동안 제시는 팀을 데리고 방으로 올라가 침대에 눕혔다. 팀은 안개 속으로 더 멀리 사라졌다. 아무리 흔들어도 그는 반응하지 않았다. 의사가 왔을 때 팀은 거의 의식을 잃은 것 같았다.

"환자분이 뭘 먹었는지 아세요?" 그녀가 물었다.

"모르겠어요." 제시가 대답했다.

"한 번 알아봐 주세요."

담배 상자, 옷 주머니, 세면도구 파우치 등 여기저기에서 약이 발견됐다. 공황장애약, 오피오이드, 근육 이완제, ADHD약, 또 다른 모르핀 약이 있었다. 팀은 밤중에 약국에 가서 살 수 있는 것은 무엇이든 샀음이 틀림없다.

"이 조합은 치명적일 수 있어요. 병원으로 가야겠어요." 의사가 말했다.

팀이 위 세척을 마치고 호텔로 돌아왔을 때 분위기는 무거웠다.

제시와 다른 사람들은 팀에게 무슨 약을 먹었는지 물었다. 그리고 왜 그렇게 많이 먹은 것인지. 짜증이 난 팀은 대화하기를 거부했다. 대신 누군가가 약국에 가서 약을 사다주면 좋겠다고 생각했다.

"지금 우리는 널 믿을 수가 없어. 잠도 자고 음식도 좀 먹어. 너는 정상적인 활동을 해야 해." 제시가 말했다.

"내 가방 어디 있어?"

팀은 꿈쩍도 하지 않았다. 입에 난 상처에는 진통제가 필요했고, 잠을 자기 위해서는 수면제도 필요했다. 그는 약국에 다녀오겠다고 말하며 문으로 향했다. 친구가 문 앞을 막고 서서 팀을 내보내지 않았다.

"이거 지금 심각한 문제야." 제시가 말했다. "너 죽을 수도 있었어."

팀은 그를 노려볼 뿐이었다. 결국, 그들은 팀이 수면제와 생명을 직접 위협하지 않는 일부 약물을 소지하는 것으로 타협했다.

상황은 진정되었다.

팀에게는 다른 것보다 더 중요한 것이 하나 있었다. 어떤 상황에서도 그의 부모님은 이 일을 알아서는 안 됐다. 제시는 난감했다. 그는 팀의 가족이 이 일에 대해 알아야 한다고 생각했다. 그러나 동시에 제시는 팀이 그를 배신자로 보고 그와 연락을 끊을까봐 두려웠다.

그는 팀에게 충성하기로 했다. 그는 팀을 일러바치지 않을 것이다.

앙키 리덴

2015년 2월 11일

팀 베릴링!!! 왜 아무 소식이 없니?
엄마한테 문자 하나 보내는 게
그렇게 어려워?

답장했잖아요!

엄마는 그냥 네가 어떻게 지내는지
궁금할 뿐이야.
근데 왜 아빠 전화를 받지 않는 거니?
이해가 안 되네. 아빠가 무서워? 어려워?

시간이 느리게 흘렀다. 앙키 리덴이 절대 오지 않을 전화를 기다리는 동안, 태양은 지평선 위로 천천히 떠올랐다. 그녀는 오랫동안 아들의 목소리를 듣지 못했다.

앙키는 라스팔마스의 발코니에 서서 밖을 내다보았다. 몇 년 전 그녀는 클라스와 함께 카나리아 제도를 방문했다가 이 도시와 사랑에 빠졌다. 이곳은 그렇게 화려하거나 깔끔한 곳은 아니었다. 스테이크와 레드 와인을 파는 식당, 문신 시술소, 값싼 블라우스를 파는 가게가 있었다. 부부는 파도가 센 해변의 북쪽 끝에 있는 집을 빌렸다.

그러나 이제 앙키는 그곳에 혼자 남겨졌다. 클라스는 팀의 집을 리모델링하기 위해 로스앤젤레스로 떠났다.

2015년 봄, 앙키는 팀에게서 거리감을 느끼기 시작했다. 팀은 그 어느 때보다 그녀가 접근할 수 없는 세상에 있는 것 같았다.

부모가 연락할 때마다 팀은 아무 일도 없는 척했다. 그는 주로 자신이 만든 놀라운 노래와 자신의 몸에 새긴 멋진 문신에 관해 이야기했다. 모든 것이 괜찮았다. 그의 사랑하는 어머니는 걱정할 필요가 없었다. 그러나 이제 팀의 부모는 오피오이드를 장기간 복용하는 것이 얼마나 몸에 나쁜지 알고 있었다. 그리고 앙키는 팀이 무언가를 숨기고 있다고 확신했다.

그녀는 팀이 걱정됐다. 만일 팀이 과다 복용을 한다면? 그러면 그녀는 어떻게 될까? 아들이 없으면 그녀는 어떻게 될까?

생각이 너무 많을 때면, 앙키는 계단을 건너 옆집으로 갔다. 그
곳에는 고텐부리에서 온 노부부가 살았다. 그녀와 클라스는 카나
리아 제도를 여행하다가 그들을 알게 되었다.

수십 년 전 그 노부부의 딸은 스스로 목숨을 끊었다. 그녀는 오
랫동안 몸이 좋지 않았고, 부부는 딸을 어떻게 도와야 할지 몰랐
다. 무얼 하든 소용이 없었다. 노부부와의 대화는 이상하게도 위
안이 되었다. 똑같은 무력감을 느꼈던 사람들과 함께, 앙키는 잠
시 긴장을 풀 수 있었다. 와인 몇 잔을 마시고, 울고, 회복했다.

대화를 마치고 집으로 돌아오자, 어둠이 그녀를 덮쳤다. 해변은
텅 비었고 대서양의 파도는 검푸른색으로 변했다.

앙키는 시간을 계산했다. 지금 로스앤젤레스는 몇 시지? 팀은
무엇을 하고 있을까? 왜 그는 아빠의 전화를 받지 않을까? 그녀의
경계심은 너무 많은 에너지를 소모해서, 그녀를 완전히 지치게 했
다. 그런데도 그녀는 쉽게 잠이 들 수 없었다.

그 시각 클라스 베릴링은 할리우드의 집에 있었다. 끝날 것 같
지 않던 건축업자들과의 회의가 마침내 끝났다.

클라스는 리모델링이 과하다고 느꼈다. 부엌은 거의 완벽했고,
침실에는 이미 대형 붙박이장이 있었으며, 발코니의 유리 바닥은
불필요했다. 그러나 팀은 모든 것을 없애고, 자기가 원하는 대로
바꾸고 싶어 했다. 하지만 그는 회의에 한 번도 나타나지 않았다.
클라스는 아들의 집이 아닌 언덕 아래 호텔에 머물렀고, 팀의 얼
굴을 거의 보지 못했다. 대신 그의 친구가 건축 회의에 참여해 중
개자 역할을 했다. 그는 팀이 잠을 잘 자지 못하기 때문에 회의에
참석하는 것이 어려우리라 생각했다. 팀은 밤새도록 깨어있다가

저녁 늦게까지 잠을 잤다.

클라스는 팀의 수면 일지를 작성했다.

2/2 오후 9시 기상

2/3 밤샘

2/4 낮 12시 취침

커버 안쪽에는 다음과 같은 글귀가 쓰여 있었다.

졸로푸트는 불면증을 유발한다.

클라스는 팀의 친구들이 중재자 역할을 하려는 시도에 반대하는 것은 아니었지만, 모든 상황이 가치 없다고 느껴졌다. 팀은 여전히 아버지의 전화를 받지 않았다. 클라스는 자신이 적이자 방해꾼이 된 것 같았다.

팀이 임대하여 친구들과 함께 살았던 집은 산골짜기에서 불과 몇백 미터 떨어져 있음에도 뚫을 수 없는 요새처럼 느껴졌다.

멕시코에서 도대체 무슨 일이 있었던 거지?

반면 팀은 클라스가 자신의 임무를 이해해야 한다고 생각했다. 그는 자신이 까다로운 사람이라는 것을 알고 있었다. 하지만 그것이 바로 그가 많은 사람을 고용한 이유였다. 클라스는 팀이 이 스트레스에서 벗어나고 싶어 한다는 것을 눈치채지 못했다. 특히 최근 클라스는 팀이 무리해서 집을 구매했던 것에 관해 잔소리하기 시작했다. 만약 그가 집을 리모델링 하고 가구를 사들이면서 동시에 현재의 생활 수준을 유지하고 싶다면 계속 일을 해야 한다고 말했다. 모든 곳에 돈이 들었다. 아무리 세계 최정상급 음악가라 해도 1,500만 달러는 큰돈이었다.

여기에 팀의 친구들이 그의 곁에서 술을 마시거나 약을 하면 안 된다는 잔소리가 더해졌다.

팀은 이러한 간섭이 불필요하다고 생각했다.

팀은 아버지에게 이메일을 보냈다. "저는 아빠가 제 친구들에게 전화해서 제가 어떻게 살아야 하는지, 친구들이 무엇을 해야 하는지, 친구들이 저를 위해 어떻게 해야 하는지를 지시하는 게 싫어요. 다들 아빠와 애쉬를 무서워해요. 아빠가 도대체 무엇 때문에 이러는지 모르겠어요."

스톡홀름의 상황도 그다지 좋지 않았다. 앳나이트에는 정적이 감돌았다.

필리프 홀름은 아침에 사무실로 출근해 재킷을 걸고 아무 말 없이 책상 앞에 앉았다.

앳나이트에 무슨 일이 일어나고 있는 걸까? 불과 몇 년 전만 해도 그들은 스뷔르만스가탄 사무실에서 정말 즐거운 시간을 보냈다. 그들은 하나의 팀이었고, 날카로운 이빨로 업계를 놀라게 한 약자였다. 그들은 음악을 크게 틀고, 매일 아침 서로 껴안고 웃었다.

하지만 이제 필리프 홀름은 분위기가 가라앉은 깔끔한 직장에서 일하는 것 같았다.

사실은 그 반대여야 했다. 댄스 음악은 미국뿐만 아니라 전 세계를 장악했고, 2015년에는 200개가 넘는 EDM 페스티벌이 열렸다. 한 나라를 대표하던 페스티벌들은 새로운 시장으로 진출했다. 미스터리랜드는 네덜란드에서 칠레로, 울트라는 미국에서 발리로, 퓨처 뮤직 페스티벌은 호주에서 말레이시아로 수출됐다. 또한, 바하마 크루즈 선상에서는 스크릴렉스와 레이드백 루크가, 에스토니아 해변에서는 하드웰과 티에스토가, 트란실바니아의 성에서는 팻

보이 슬림이 디제잉을 했다.

상상을 초월할 만큼 부유한 아랍 왕족이 라스베이거스 클럽 경쟁에 참여했다는 사실은 페스티벌 기획자들이 판돈을 높이게 했다. 이제 DJ를 섭외하기 위해 천문학적인 금액이 필요했고, 주도권은 아비치와 같은 헤드라이너들에게 있었다. 그들은 티켓 판매량을 수천 장에서 수십만 장으로 늘려 주었다.

아라쉬 푸르누리는 스웨덴의 저명한 비즈니스 잡지와 인기 있는 라디오 쇼에 등장했다. 그곳에서 그의 인생 이야기를 할 수 있다는 것은 국가의 문화 영역에서 기사 작위를 받는 것과 같았다. 아라쉬는 스포티파이의 설립자 다니엘 엑과 함께 IT 분야의 국제 고위 인사들이 모이는 연례 회의를 조직했다. 첫 번째 회의는 여름 초에 열릴 예정이었고, 아라쉬는 자신의 인맥을 활용해 가수 와이클리프 진, 에릭손 CEO 한스 베스트베리, 아바의 비에른 울바에우스를 초대했다.

그러나 아라쉬는 로스앤젤레스에 머무르고 있는 팀이 신경 쓰였다. 그가 걱정됐고, 짜증이 났다. 팀은 곧 호주 투어를 떠날 예정이었고 볼보와 대규모 스폰서십 계약이 진행 중이었지만, 그 무엇도 신경 쓰지 않는 듯했다.

반면 팀은 아라쉬가 노래에 대한 피드백을 주는 시간이 점점 줄어들고 있다고 생각했다. 둘은 전화 대신 이메일을 통해 드물게 연락했고, 거칠고 유치한 말다툼을 했다. 그들의 관계는 점점 더 나빠졌고, 종종 몇 주간 연락이 끊기기도 했다.

필리프 홀름은 앳나이트의 긴장된 분위기에 압도당했다. 1년 전 마이애미에서 위궤양이 발생한 뒤로, 그는 극심한 피로에 시달렸고, 퇴근하고 나면 침대에서 벗어날 수 없었다. 그의 여자친구는 그에게 가벼운 산책을 권했지만, 필리프는 블라인드 뒤의 그늘 속에서 지내기를 원했다.

여느 때와 같이 힘겹게 일을 하던 어느 날, 그는 더 이상 견딜 수 없는 느낌에 녹음실 바닥에 주저앉아 눈물을 흘렸다.

흘름이 자리를 비운 것을 알아차린 아라쉬에게서 전화가 왔다. 흘름은 통화하기 위해 녹음실에 들어왔다고 거짓말을 했다.

그는 혼자 앉아 잠시 생각에 잠겼다. 그러고는 몸이 안 좋아서 퇴근하겠다는 문자를 보냈다.

며칠 뒤인 2015년 3월, 그는 앳나이트를 떠났다.

보낸 사람: 팀 베릴링
받는 사람: 닐 제이콥슨
날짜: 2015년 4월 11일

〈True〉보다 더 강력한 앨범이 될 것 같아. 솔직히 말해서, 이 앨범은 지금 나오는 EDM을 훨씬 뛰어넘었어. 나는 모든 수록곡이 시대를 초월하는 훌륭한 노래로 느껴지기를 바라. 그리고 나는 더블 앨범을 내고 싶어.

2015년 봄, 팀은 빈센트 폰타레가 추천한 트레이너와 함께 운동을 시작했다.

망누스 뤼그드베크는 스웨덴 출신의 전 아이스하키 선수로, 스타들을 위한 개인 트레이너로 일하고 있었다. 그는 막 런던에서 배우 알렉산데르 스카르스고르드의 식단 관리를 돕고 돌아왔다.

뤼그드베크는 아침에 팀의 집에 와서 그를 햇빛 아래로 끌어냈다. 목표는 간단했다. 팀의 몸에 산소를 공급하는 것이었다.

그들은 블루제이웨이의 가파른 언덕을 타고 정상의 전망대까지 올라갔다. 베벌리힐스의 녹음에 시선을 고정한 채, 그들은 팀의 침대 위에 놓인 지저분한 접시들과 냄새나는 테이크아웃 박스에 관해 이야기했다. 팀은 며칠 동안 방에 틀어박혀 〈하우스 오브 카드〉를 시청하기도 했다.

결국, 더 많은 신체 훈련이 시작되었다. 차고에 덤벨과 바벨이 설치되었고, 망누스 뤼그드베크는 거의 매일 와서 팀의 운동을 도왔다. 팀에게 운동하기는 쉽지 않았다. 그의 몸은 본능적으로 반응했고, 빠른 심장 박동은 공황 발작과 혼동되었다. 갑자기 팀은 기절할 것 같은 느낌에 덤벨을 내려놓고 숨을 헐떡이기도 했다.

하지만 그는 운동을 계속했고, 뿌듯함을 느꼈다.

팀은 음악 작업에서도 진전을 보였다. 그는 명곡 'We Are the World'가 탄생한 짐 헨슨의 클래식 스튜디오에서 밤을 지새웠다.

어느 날 밤 팀은 새로운 지인 몇 명에게 전화를 걸어 지금까지 만든 곡을 들려주었다. 그는 백 개가 넘는 스케치를 가지고 있었다.

알빈 네들레르와 크리스토페르 포겔마르크는 몇 년 전 30여 개 국가에서 차트 1위를 차지한 보이 밴드 원 디렉션의 앨범 〈Take Me Home〉을 공동 제작한 25세의 청년들이었다. 스웨덴에서 이러한 성공을 거둔 두 사람은 세계적인 히트작을 만들기 위해 스톡홀름과 로스앤젤레스를 오가기 시작했다. 팀이 자정 직전에 전화했을 때, 그들은 스튜디오에서 집으로 돌아가는 길이었다.

"나 지금 작업실에 있는데, 피드백이 필요해. 잠깐 들렀다 가. 재밌을 거야!" 팀이 말했다.

알빈 네들레르가 의자에 걸터앉았고, 팀은 쉴 새 없이 스케치를 들려주기 시작했다. 스피커에서 80년대 뉴 웨이브와 히트곡 'City Lights'를 연상시키는 음악이 흘러나왔다. 팀은 래퍼 와이클리프 진, 가수 마티스야후와 함께 자신이 좋아하는 레게 곡을 만들었다. 그는 실제 교향악단이 연주하는 풍성한 현악으로 음반을 채우고 싶었다.

팀이 직접 노래를 부른 곡도 있었다. 그는 크리스 마틴에게 'True Believer'의 보컬을 맡아달라고 부탁했지만, 데모를 들은 크리스 마틴은 팀에게 노래를 부르길 권했다. 가사가 너무 사적으로 느껴졌기 때문이다. 그래서 팀은 크리스에게 메인 보컬 대신 코러스를 맡아달라고 부탁했다. 다른 사람들과 협업할 때마다 앨범이 점점 파편화되는 것은 걱정스러운 일이 아니었다. 팀은 오히려 능력의 폭을 보여주는 것으로 생각했다.

"이제 엄청난 앨범을 만들 때가 된 것 같아. 앞으로의 10년을 정의하는 앨범이 될 거야." 팀이 말했다.

팀은 말릭을 통해 영국 그룹 체리 고스트를 알게 됐는데, 그들의 노래 'Roses'가 'Waiting for Love'의 멜로디 진행에 영감을 주었다. 봄에 그는 밴드의 보컬 사이먼 알드레드를 로스앤젤레스로 초대했고, 그곳에서 그들은 팀이 좋아하는 또 다른 노래 'Ten More Days'를 녹음했다.

새벽 무렵, 알빈 네들레르는 팀에게 크리스토페르와 몇 주 전에 만든 스케치를 들려주었다. 격렬한 하이햇과 묵직한 베이스가 어우러진 힙합곡이었다. 알빈은 드럼 위에 다프트 펑크에게서 영감을 받은 신스 루프를 배치했다.

팀은 그 노래가 마음에 들었다.

힙합은 새로운 청중을 끌어들일 수 있었다. 그것이 바로 팀이 새로운 방향으로 나아간 이유였다. 게다가, 팀은 데모의 작은 멜로디 리프에 즉시 매료되었다. 누군가는 그것이 지나치다고 생각하겠지만, 반대로 팀은 그것이 트랙에 생명력과 화려함을 주고,

알빈 네들레르가 프로 작곡가라는 것을 보여준다고 생각했다.

"난 이런 게 너무 좋아. 완전 모드야!"

이러한 기교가 이 프로젝트의 특징이 될 것이다. 음반 발매가 지연될 수도 있지만, 그 대신 그들은 진정한 힘을 보여줄 것이다. 사실 팀은 2집을 더블 앨범으로 만들어야 할 만큼 훌륭한 곡들을 많이 가지고 있다고 생각했다.

자신감으로 가득 찬 그는 유니버설의 닐 제이콥슨에게 메일을 보냈다.

아델의 〈21〉처럼 모든 싱글이 히트하면 좋겠어. 나는 앨범의 수록 곡들이 모두 한 단계 성장했다고 생각해. 평론가와 업계 사람들이 앨범을 들으면서 노래의 다양성을 볼 수 있기를 바라.

우리가 30년 뒤에 라운지에 모여 앉아 함께 시가를 피우고 위스키를 마시며, 앨범이 만들어진 과정을 회상했을 때 자부심을 느낄만한 작품을 만드는 것, 그게 우리의 궁극적인 목표가 되어야 해.

2015년 여름, 스스로의 바람과 다짐에도 불구하고 팀의 상태는 눈에 띄게 악화되고 있었다. 팀은 본업에 충실했지만, 동시에 창백하고 여위었다. 며칠간 잠을 자지 못한 듯, 그의 눈 밑에는 다크 서클이 내려와 있었다.

팀의 스튜디오에서는 언제나 짙은 대마초 냄새가 났다. 10대 때 대마초를 피우고 비현실적인 감각을 경험한 뒤로 팀은 필리프 오케손이 대마초를 피울 때마다 화를 내곤 했다. 하지만 지금은 달랐다. 팀에게는 대마초가 이전에 먹던 알약보다 더 가볍고 기분 좋게 느껴졌다. 팀은 오피오이드 진통제 대신 다량의 진정제, 항불안제, 항우울제, 수면제를 처방받기 위해 새로운 의사를 고용했다.

스튜디오 안 책상 위에는 알약이 담긴 주황색 병, 얼음 양동이, 잭다니엘 한 병이 올려져 있었다. 팀은 술을 섞고, 대마초를 피우고, 혼잣말을 읊으며 노래에 어떤 목소리가 필요할지 고민했다.

팀과 함께 투어를 다니는 동료들은 그의 상태가 좋지 않다는 것을 눈치챘다.

호주에서 팀은 공연을 준비하는 대신, 호텔 방에 틀어박혀 진정제를 처방해 줄 의사를 찾았다. 라스베이거스에서는 문을 발로 차려다 십자인대가 파열됐다. 며칠 뒤 그는 술에 취한 채 무대에 올랐고, 기분이 좋았던 나머지 악스웰과 인그로소의 'On My Way'를 서너 번 연속해서 틀었다.

평소의 아비치는 부주의한 성격이 아니었다. 팬들은 그가 실수하는 모습에 놀란 반응을 보였다. 예컨대 팀은 온라인에서 사람들과 논쟁을 벌이기 시작했다. 타블로이드 신문 《데일리 스타》가 공개한 자극적인 제목의 기사가 발단이 됐다. "마돈나가 내 곡을 망쳤다. 팝의 여왕을 비난한 아비치." 팀은 기사 화면을 캡처해 트위터에 올렸다. "네 거지 같은 기자들이 좋은 인터뷰를 망친 거겠지." 그러고는 기자를 태그했다. "진짜 역겨운 놈이네."

이 일은 큰 논란을 일으켰다. 새로운 기사가 쏟아졌고, 런던의 변호사들이 전화를 걸어왔다. 하지만 팀은 기자로부터 개인적인 사과를 받지 않는 한 트윗을 내리지 않겠다고 선언했다.

로스앤젤레스의 공항에서 파파라치가 팀의 관심을 끌기 위해 소란을 피우자, 결국 팀은 폭발하고 말았다. 팀은 모자로 얼굴을 가린 채 파파라치 앞에 서서 그를 조롱하고 위협했다.

그 직후, 팀은 유니버설의 닐 제이콥슨에게 전화를 걸었다.

"이 사람들은 내가 누군지를 모르나 봐. 다 죽여 버리고 싶어."

"팀, 무슨 말을 하는 거야? 진정해."

닐과 팀은 그동안 언론에 어떻게 대처해야 하는지에 대해 많은 이야기를 나누어 왔지만, 이것은 새로운 문제였다.

"사람들은 내가 얼마나 강해졌는지 몰라. 내가 어떤 사람인지를 모른다고."

팀은 계속해서 횡설수설했다.

"내가 손 하나 까딱하면 그 사람 인생 망칠 수도 있어."

"팀, 우린 싸울 수 없어. 그게 언론의 자유라는 거야. 유명세에는 대가가 따를 수밖에 없어. 그리고 넌 맞서 싸우기엔 너무 부자야. 이겨도 이긴 게 아닐걸."

30분 뒤 팀이 비행기에 올라타고 나서야 대화는 끝이 났다.

닐 제이콥슨은 점차 불편한 느낌이 들었다. 그를 두렵게 한 것은 팀의 분노나 공격성이 아니었다. 팀은 그가 무슨 말을 하는지도 모르고 있었다. 그는 팀의 그림자 속에 숨은 거친 무언가를 감지했다.

비행기에서 팀의 뒷자리에 앉은 해리 버드는 그가 복수에 대한 상상의 나래를 펼치는 것을 들었다. 그는 자신을 촬영한 파파라치를 염탐하기 위해 사설탐정을 고용하기를 원했다. 고통스럽게 만들어 줄 테다.

새벽 4시가 되어 비행기가 착륙했고, 해리는 그날 밤의 공연을 준비하기 위해 바로 공연장으로 이동했다. 그가 잠깐 눈을 붙이려던 찰나, 팀이 파파라치의 사진을 망치기 위해 고안된 야광 반사 소재의 코트 사진을 보여주었다. 그것만으로는 부족했다. 그는 자신을 완전히 보이지 않게 만드는 재킷을 만들고 싶었다.

"정말 멋지지? 아무도 날 보지 못할 거야."

그다음은 팀이 발명한 팔찌였다. 그가 손을 들면 경보음이 울리고 레이저 광선이 카메라를 향해 발사되어, 파파라치가 사진을 찍지 못하게 만드는 원리였다.

팀이 마침내 잠들자, 다른 사람들은 눈을 굴리며 그가 깨지 않도록 조용히 하라고 서로에게 신호를 보냈다. 해리 버드는 항상 팀의 뛰어난 두뇌에 감탄했지만 지금 그는 정말 이상했다.

2015년 늦여름, 우수아이아에서의 정기 공연이 시작되었다. 팀은 이비자 남단 산골 마을에 있는 흰색 저택을 새로 임대했다. 탁 트인 창을 통해 항구에 정박해 있는 요트들이 보였고, 습한 저녁

안개는 만의 건너편에 있는 녹색 언덕을 수평선 너머의 이끼처럼 보이게 만들었다.

팀은 헤드폰을 쓴 채 웅크리고 앉아 같은 구절을 반복해서 들었다. 요리사가 컴퓨터 옆에 놓아둔 음식은 몇 시간 동안 그대로 방치되어 있었다. 팀은 거실에 기타, 마이크, 신디사이저 몇 대를 갖춘 작은 스튜디오를 만들었다.

지난 몇 주 동안 팀은 앨범 작업을 하는 것 외에도 프랑스, 영국, 벨기에, 루마니아의 페스티벌 무대에 올랐고, 매주 일요일 우수아이아에서 정기 공연을 했다. 그는 암페타민 성분의 약을 먹어 밤을 지새웠고, 압박감을 이겨내기 위해 진정제를 복용했다. 잠들 때면 수면제가 필요했다.

이제 그는 볼륨을 높이고 허공에 드럼을 쳤다. 마지막 곡이 거의 끝나가고 있었다. 알빈 네들레르와 크리스토페르 포겔마르크가 만든 힙합곡 'Pure Grinding'의 브리지는 크리스털 워터스의 90년대 곡 '100% Pure Love'에 대한 오마주였다. 팀은 묵직한 베이스와 강렬한 드럼을 좋아했고, 'For a Better Day'와 함께 'Pure Grinding'을 첫 번째 싱글로 발표하고 싶었다. 두 곡 모두 작곡가로서의 발전을 보여주는 분명한 예라고 생각했다. 하지만 음반사에서는 이를 망설였다. 무엇보다 지금 논의되고 있는 것은 마케팅에 관한 것이었다.

음반사 사람들에게는 앨범 출시를 위해 계획을 세우고 지키는 것이 특히 중요했다. 이제 팀은 테일러 스위프트, 저스틴 비버, 카니예 웨스트 같은 초대형 팝스타들과 경쟁하는 수준에 이르렀다. 결론은 간단했는데, 팀이 런던으로 비행기를 타고 가서 오랫동안 미뤄온 라디오 인터뷰를 하는 것이었다.

팀은 거절했다. 그는 언론 투어를 하지 않을 것이다. 너무 형편 없고, 뻔하고, 지루했다. 그는 그래피티 아티스트 뱅크시가 자본주의를 풍자하는 디스토피아적인 놀이 공원을 건설한 영국의 해변 휴양지에서 대규모 기자 회견을 열고 싶었다. 팀은 아비치에게 꼭 맞는 상황이라고 주장했다. 하지만 유니버설의 마케팅 담당자는 소비주의를 비판하는 거리 예술가들이 매년 수천만 달러를 벌어들이는 EDM 아티스트를 환영할 리가 없다고 생각했다.

치열한 싸움 끝에, 결국 팀은 런던행 비행기에 탑승했다. 인터뷰는 처참했다. BBC는 팀에게 누구의 트위터 팔로워 수가 더 많은지 맞혀보라고 했다. 마틴 개릭스 vs 스웨디쉬 하우스 마피아? 제드 vs 티에스토? 팀은 상냥하게 대답하기 위해 최선을 다했지만, 멍한 눈으로 대답을 흐렸다. 캐피털 FM 라디오 방송국에 도착했을 때, 진행자는 팀에게 새 싱글 앨범을 발표하는 기분이 어떤지 물었다. 팀은 질문에 답하는 대신 성을 구매할 계획에 대해 떠들었다. 그는 슬로베니아, 모잠비크, 모로코에 있는 멋진 궁전을 찾기 위해 밤을 새웠다고 말했다.

유니버설 런던 지사의 대표는 팀의 태도가 불편했다. 팀의 대답에는 진심이 담겨있었지만, 그 생각은 이해하기 어려웠고, 팀은 멍하니 담배를 씹고 있었다.

다음 날 아침 그가 호텔 로비로 내려오기를 거부하자 음반사는 남은 인터뷰를 취소하기로 했다. 이런 상태라면 음반에 득보다 실이 더 많을 것이다.

지금 당장 팀에게 필요한 건 치료였다.

같은 해 가을, 레이드백 루크는 우수아이아에서 팀을 위한 오프닝 공연을 해달라는 요청을 받았다.

루크는 놀랐다. 그는 여러 차례 팀에게 연락했지만, 그의 오랜 친구는 답이 없었다. 루크는 팀과 함께 앉아서 공연에 관해 이야기하기를 바랐지만, 팀은 공연 직전에 우수아이아에 도착했고, 인사를 나눌 시간도 없이 클럽의 야외무대에 올랐다.

무대는 환상적이었다. 하지만 무대 끝에 서서 팀을 지켜보던 루크는 두려움을 떨치지 못했다.

루크는 팀의 마른 몸에서 자신의 모습을 보았다. 불과 몇 년 전만 해도 그 역시 벼랑 끝에 서 있었다.

루크는 공황발작을 겪은 뒤로 수년 동안 극심한 스트레스에 시달렸다. 그는 간신히 몇 개의 신곡을 만들었고, 그 노래들과 함께 투어를 시작했다. 일주일에 네 개 이상의 도시에서 공연했고, 주말마다 그가 만난 모든 사람은 술에 취해 행복해했다. 그는 공연하며 술 몇 잔을 마시기 시작했다. 바쁜 여행 중 즐거운 일탈이었다.

투어를 도는 1년 동안, 두 잔의 술은 석 잔이 되고, 석 잔은 넉 잔이 되고, 루크는 곧 가는 곳마다 술에 취했다. 그는 디제잉을 하며 20분 전에 이미 이 곡을 틀지 않았는지 의아해하기도 했다. 결국, 그는 술에 의지해 살았다. 크랜베리 주스와 함께 보드카를 마시기 시작해 다음 날 아침 8시에 예거 샷으로 술자리를 마무리하고, 오전에 몇 시간 동안 졸다가 다시 일을 시작했다.

그는 여전히 자신의 문제를 다른 사람에게 털어놓고 싶지 않았다. 그는 겁쟁이가 아니었다. DJ이자, 스타이자, 유명인이었다. 그는 이전과 같은 방식으로 이 문제를 해결하기로 했다. 의심이 사라질 때까지 더 열심히 일하는 것이다.

전환점은 암스테르담의 집에서 찾아왔다. 어느 일요일 루크의 아버지는 루크를 저녁 식사에 초대했다. 루크의 두 어린 아들은 바닥에서 함께 놀고 있었다. 여느 때처럼 루크는 숙취로 불안해했고, 어젯밤 공연의 여파로 머리가 쿵쿵 울리고 있었다. 그는 시끄럽게 노는 아이들에게 화를 냈다. 그러나 돌이켜보면 그는 어디에서 화가 났는지 이해하기 어려웠다. 갑자기 루크는 두 살배기 아들의 셔츠를 들어 올려 아이를 바닥에 내동댕이쳤다.

이 끔찍한 사건에서 두 가지 좋은 결과가 나왔다.

첫째, 루크는 즉각 술을 끊었다. 술에 대한 갈망이 엄습할 때마다, 그는 피투성이가 된 얼굴로 그를 올려다보는 아들의 혼란스러운 눈빛을 떠올렸다.

둘째, 루크는 힘과 용기가 무엇인지에 대한 관점을 완전히 바꾸었다.

기분이 나쁘다는 것을 인정하는 것은 부끄러운 일이 아니다.

아니, 부끄러워해서는 안 된다.

우수아이아의 무대 가장자리에서 루크는 에이미 와인하우스를 떠올렸다. 4년 전 그녀가 런던 캠던의 자택에서 급성 알코올 중독으로 숨진 채 발견되었을 때, 그녀는 화려한 경력의 정점에 있었다. 향년 27세였던 와인하우스는 지미 헨드릭스, 커트 코베인, 제니스 조플린, 짐 모리슨과 함께 27세에 사망한 신화 속의 음악가 그룹에 속하게 되었다. 음악 소비자들은 그들의 비참한 운명을 낭만화했다. 에이미 와인하우스가 중독 치료를 거부한다는 노래를 불렀을 때, 청중은 행복하게 노래를 따라 불렀다. 그것 또한 이 업계의 문제였다. 팬들은 아티스트 뒤에 진짜 사람이 있다는 사실을 외면했고, 자신의 우상을 자신의 꿈과 환상을 투영하는 표면으로 사용했다. 레이드백 루크는 행복과 외로움을 동시에 느꼈다.

그는 팀이 이제 막 26세가 되었다는 것을 깨달았고, 끔찍한 상상을 하기 시작했다. 팀은 27세 클럽에 속하게 될 것이다. 짧은 시간 안에 청중에게 많은 것을 선사했지만, 너무 빨리 떠나버린 재능 있는 청년.

루크는 자신의 생각이 너무 혐오스러워서 클럽을 떠나야 했다.

어두운 저녁 하늘 아래 우수아이아에서 중독 치료사가 팀을 지켜보고 있었다. 존 맥키온은 공연을 보기 위해서가 아니라 미래의 고객을 둘러싼 세상을 이해하기 위해 이 클럽에 왔다.

지금 무대 위에서 디제잉하고 있는 아티스트를 돕기 위해 나선 사람은 맥키온과 그의 동료들이었다.

몇 주 전, 클라스 베릴링은 이비자에 새로 문을 연 클리닉을 방문했다. 클라스는 아들을 걱정하고 있었다. 이제 팀에게는 전문가의 도움이 필요했다.

맥키온은 아라쉬, 말릭과도 이야기를 나누었는데, 분별력이 없고 자기 파괴적인 젊은이의 모습이 그려졌다. 옆방에서 다른 사람들이 자신을 기다리고 있다는 것을 알면서도 몇 시간 동안 침대에 누워있던 사람, 우수아이아에 급하게 가다가 교통사고를 당했던 사람. 올여름 팀은 한 번 비행기에서 기절했고, 승무원들은 그가

234

죽었다고 생각했다.

맥키온은 쉽지 않은 케이스가 되리라 예상했다. 중독자를 대하는 것은 항상 어려웠고, 그들은 인내심을 요구했다. 90년대에 존 맥키온은 영국 교도소의 치료 프로그램 개발에 참여했다. 처음에는 11명의 수감자 중 9명이 마약 양성 반응을 보였다. 몇 년간 정기적인 치료를 받은 후, 그 차이는 분명해졌다. 교도소에 평화가 찾아왔고, 수감자들은 교도관에게 인사하기 시작했다. 무엇보다 중요한 것은 재범자의 수가 줄었다는 점이었다.

그 후 맥키온은 몇 년 동안 영국 축구 스타 폴 개스코인의 치료사로 일했다. 그들은 함께 개스코인이 중독에서 벗어나는 과정에 관한 책을 썼고, 이 책을 통해 그는 영국의 몇몇 주요 축구 클럽으로부터 컨설팅 용역을 수주했다.

우수아이아 상공을 지나가는 비행기에서 굉음이 들려왔고, 아비치는 다음 곡을 틀기 시작했다.

존 맥키온은 팀과의 대결이 어떻게 진행될지 생각해 보았다. 그는 팀의 가족과 친구들에게 종이를 건네고, 그들이 팀의 건강을 걱정하게 만든 특정한 사건들을 적도록 했다. 모든 사람이 회의가 열리기 전에 자신의 생각을 공식화하는 것이 중요했다. 감정이 고조되면 낙심하기가 매우 쉬웠다. 특히 사랑하는 사람을 설득하려고 할 때 더욱 그랬다. 누군가를 설득할 기회는 단 한 번뿐이었기 때문에, 모두가 무슨 말을 할지 미리 생각해 놓는 것이 가장 중요했다.

이제 최소한의 계획이 생겼다. 그들은 우수아이아에서의 마지막 공연이 끝난 후 팀과 정면으로 부딪칠 것이다.

클라스 베릴링은 불안한 표정으로 거실을 둘러보았다. 그곳에는 팀의 경호원과 투어 매니저가 있었고, 아라쉬 푸르누리와 팀의 큰형 다비드도 잇따라 팀의 집에 도착했다.

그들은 끊임없이 주방을 오가며 주방장이 내어놓은 간식을 집어 먹었다. 모두가 긴장한 기색이 역력했다. 더 이상 미룰 수 없는 일이었다. 하지만 클라스는 여전히 자신이 아들을 배신한 것 같다는 느낌을 지울 수가 없었다.

오후 내내, 그들은 존 맥키온과 함께 우수아이아의 한 회의실에 앉아 각자 미리 써 온 글들을 읽었다. 몇몇은 눈물을 흘리기도 했지만, 연습을 통해 마음의 준비를 할 수 있었다.

저녁 6시가 되자 팀은 계단을 내려왔다. 클라스는 아들의 흔들리는 동공을 보자 이내 불편한 느낌이 들었다. 팀은 걱정스러운 얼굴로 존 맥키온에게 인사를 건넸고, 낯선 사람의 등장에 무언가를 직감한듯했다.

사람들은 반원형으로 모여 앉았다. 팀은 계단 앞에 앉았고, 맥키온은 그의 왼쪽에 앉았다.

가장 먼저 입을 연 것은 아라쉬였다.

"우리가 여기 모인 이유는 네가 걱정돼서야. 그래서 맥키온이 우리를 도와주기로 했어."

팀의 표정이 급속도로 변했다.

"잠깐만," 그가 말했다. "이거 나 때문에 모인 거야?"

존 맥키온은 최대한 차분하고 부드러운 어조로 말했다.

"맞아, 팀. 우리 모두 널 사랑하고 걱정하기 때문에 이 자리에 모인 거야. 그걸 알아줬으면 좋겠구나."

팀은 조심스레 고개를 끄덕였다. 그가 뛰쳐나가지 않은 것만으로도 예감이 좋았다.

"괜찮다면 우리가 돌아가면서 몇 가지 일화를 얘기해볼게." 맥키온이 말했다. "너에게도 발언권을 줄 테니까, 일단 한 번 들어봐."

친구들은 몇 시간 전 연습했던 대로 대본을 읽어나가기 시작했다. 그들은 팀이 2년 전 벨기에에서 아팠던 이야기, 지난 가을 스톡홀름에서 살이 빠졌던 이야기, 멕시코에서 약물을 과다복용한 뒤 금단 현상으로 분노가 폭발했던 이야기를 했다.

"지난 몇 년간 단 하루도 너의 중독에 대해 거짓말하지 않은 날이 없어." 팀의 친구가 말했다. "네가 뭘 하든 이제는 놀랍지가 않다는 게 무서워."

팀은 화를 냈고 맞서 싸우기 시작했다. 모두 그가 걱정된다고 말했다.

"왜 나한테만 그래? 너희들도 같이했잖아. 그러면 너네도 다 치료받아."

팀은 공연도 했고, 앨범 작업도 막 끝낸 참이었다. 모두가 원하던 게 이런 것이 아니었나?

"커튼이 닫혀 있더구나." 맥키온이 말했다.

"그래서요?"

"커튼을 자주 닫아 놓니?"

정적이 흘렀다. 팀은 방어적이었다. 맥키온은 팀의 혼란스러운 눈동자를 보았다. 당신이 나에 대해 뭘 안다고?

"팀, 다른 사람들에게 이미 얘기 들었어." 맥키온이 말했다. "난 너를 알아. 진짜 팀은 커튼을 닫아 놓을 사람이 아니야. 특히나 이런 경치를 가진 집에서라면 말이지."

예고 없이 창문이 열렸다. 창밖으로 천둥과 번개가 쳤고 바위에 불꽃이 일었다. 직원들이 빗속으로 뛰어들어 야외에 놓인 가구를 옮겼다.

팀은 요동도 하지 않았다. 맥키온은 팀의 완고함에 놀랐다. 몇 시간째 계속되는 대화에 모두가 점점 지쳐갔다. 그는 이대로라면 팀을 설득하는 데에 실패할 수도 있겠다고 생각했다. 그는 클라스, 아라쉬와 팀의 친구 몇 명을 제외하고는 모두 자리를 비워주기를 요청했다. 사람들이 게스트룸으로 올라간 뒤에도 논의는 이어졌다. 팀은 자신이 중독자가 아니라고 변호했고, 이야기는 몇 시간이나 더 지속됐다. 난 마약을 싫어한다고!

"좋아요." 시곗바늘이 새벽 두 시를 가리키자 맥키온이 말했다. "여기서 마칩시다. 팀, 네가 좋은 기회를 놓쳐서 아쉽구나."

팀의 친구가 말했다. "나라면 친구를 잃고 싶지 않아서라도 치료를 받을 거야."

마침내 팀이 동의했다.

"알았어, 갈게."

사람들의 환호와 박수 소리가 집 안을 가득 메웠다. 팀의 친구들이 아래층으로 뛰어 내려왔고, 클라스는 맥키온의 등을 두드렸다. 그는 행복에 가득 젖은 채 현관에 나가 아들을 껴안았다.

"사실 몇 시간 전에 이미 결정했어요." 팀이 아빠를 향해 웃어 보였다. "다들 얼마나 버틸지 궁금해서 그랬어요."

그들은 곧장 차를 몰고 오래된 과수원으로 향했다. 숲속에는 하얀 돌담집이 숨겨져 있었다.

팀은 클리닉에서 가장 좋은 방을 배정받았다. 침대 위 천장에 있는 목재 프레임이 보였고, 작은 책상 옆에는 벽난로가 있었다. 오래된 건물은 세심하게 보수되었으며, 공동 거실에는 오래된 나무 의자와 항아리가 있었다.

정원과 집은 두 층으로 나누어졌다. 테라스 앞에 알록달록한 나무와 관목으로 가득한 잔디밭이 펼쳐져 있었다. 정원사가 유카, 카사바, 히비스커스 덤불을 돌보고 있었다. 팀의 방은 이 위에 있었다.

돌계단은 재활 클리닉의 주요 시설로 이어졌다. 다른 환자들은 이곳에 살고 있었는데, 그중에는 15번째 치료 중인 여성과 헤로인에 중독된 영국 남성도 있었다. 또한, 1층에는 공동 주방이 있었고, 휴지가 갖춰진 집단 치료실도 있었다.

첫날 아침, 클리닉의 정신과 의사는 팀이 피로 증후군을 앓고 있다고 말했다. 그는 쉽게 짜증을 내며, 집중하지 못했고, 피곤해도 긴장을 풀 수 없었다. 그들은 약을 어떻게 줄일 것인지 논의했다. 환자 대부분은 이를 가능한 한 천천히 진행하길 원했지만, 팀은 그 반대였다. 그는 석고를 떼어내는 것처럼 진통제를 즉각 끊어내기를 원했다. 그는 전에도 이런 일을 겪었고, 스스로 금단 증상을 극복했다고 말했다.

치료 책임자 폴 태너의 사무실은 과수원 아래쪽에 있었다. 그곳에는 목제 가구와 가죽 책으로 가득 찬 선반이 있었다.

폴 태너는 클리닉 설립자와 마찬가지로 영국 출신이지만, 이비자에서 오랫동안 일했다. 그는 이곳에 약물 중독자 자조 집단의 이비자 지사를 설립했고, 이후 스페인 전역의 대표가 되었다.

어느 오후 늦게 잠에서 깨어난 팀이 진료실로 들어왔다. 폴은 팀을 향해 몸을 앞으로 기울였다.

"팀, 너에게 할 말이 있어. 난 아비치가 누군지 몰라. 방금 네 노래를 몇 개 들어봤지만, 이곳에서 너는 아비치가 아니야."

폴은 망설였다. 팀의 반응을 읽기가 어려웠다. 시작부터 너무 과했나?

"맞아요." 팀이 말했다.

폴은 다른 사람들에게서 전해 들은 이야기를 풀어냈다. 침대에 누워 회의하고, 동료들을 몇 시간씩 기다리게 하고, 최근 엉성한 공연으로 청중을 실망시킨 이기적인 사람에 대한 일화였다.

"팀, 난 네가 진짜 그런 사람이라고 생각하지 않아."

"아니에요. 그리고 그건 약이랑은 상관이 없어요."

"그럼 뭐지?"

"모두가 제게 의지하고, 제가 일을 하기를 원해요. 그런데 저는 거절을 잘 못 해요."

팀은 치료받기 위해 여기에 온 것이 아니라, 주변 사람들의 소란을 멈추기 위해 여기에 있었다.

폴은 의자 가장자리에 앉아 격렬하게 손짓하는 팀을 바라보았다. 똑똑하네, 라고 그는 생각했다. 언어적이고, 지능적이며, 흥미롭다. 하지만 그의 감정은 읽을 수 없었다.

췌장염으로 인해 팀은 오피오이드 진통
제에 의존하게 되었다. 그는 포메라니안
올리버와 함께 지내던 로스앤젤레스 집
뿐만 아니라 스튜디오에도 약을 보관하
곤 했다.

라스베이거스에서 데이비드 게타와 함께
공연할 때 만났던 캐나다 학생 라켈 베텐
쿠트가 투어에 참여하기 시작했다.

팀은 자신이 작곡가이자 작사가로
서 성장하고 있다고 느꼈고, 음악
사에 한 획을 그을 앨범을 만들고
싶었다. 가수 알렉스 에버트와 공
동 작곡한 'For a Better Day'
는 보다 단순한 곡으로의 전환을
의미했다.

동시에, 진통제는 팀을 기분 나쁘
게 했다. 2014년 여름, 그는 주먹
으로 벽을 쳤고 손에 붕대를 감은
채 시즌의 나머지 공연을 소화해
야 했다.

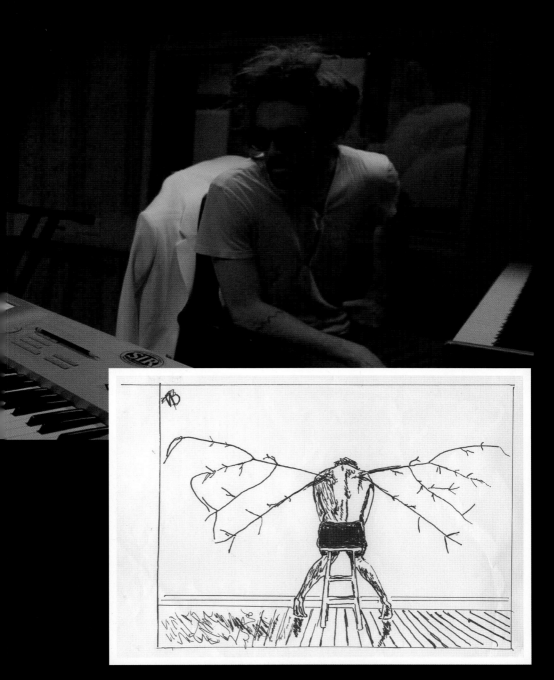

2015년 가을, 두 번째 앨범 〈Stories〉가 발매됨과 동시에 팀은
이비자의 재활 클리닉에 입원했다. 며칠 동안 치료사와 이야기를
나눈 후, 팀은 수년간 약을 먹고 과로에 시달리는 자신의 감정을
나타내는 그림을 그렸다.

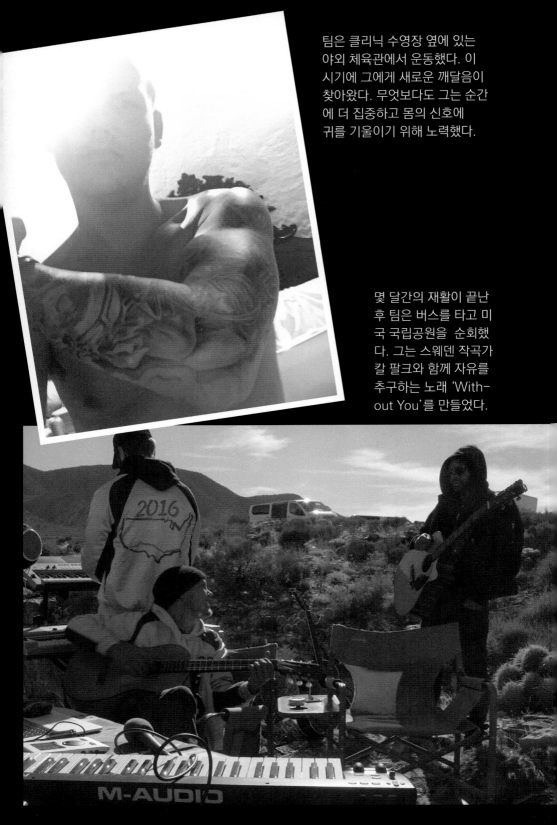

팀은 클리닉 수영장 옆에 있는
야외 체육관에서 운동했다. 이
시기에 그에게 새로운 깨달음이
찾아왔다. 무엇보다도 그는 순간
에 더 집중하고 몸의 신호에
귀를 기울이기 위해 노력했다.

몇 달간의 재활이 끝난
후 팀은 버스를 타고 미
국 국립공원을 순회했
다. 그는 스웨덴 작곡가
칼 팔크와 함께 자유를
추구하는 노래 'With-
out You'를 만들었다.

마이애미 울트라 뮤직 페스티벌에서 공연을 마친 후, 팀은 자신의 삶을 근본적으로 바꾸기로 했다. 그는 팬들에게 편지를 써서 공연을 중단하겠다고 말했다. '아티스트 뒤에 있는 진짜 나로서는 할 수 있는 게 거의 없다.'라고 그는 썼다.

팀에게는 새로운 우선순위가 생겼다. 그는 여행을 계속했지만 더 이상 바쁜 슈퍼스타가 아니었다. 이제 그는 남아프리카의 테이블 마운틴에서 프리코 보베리, 제시 웨이츠와 함께 셀카를 찍거나 하이킹을 하는 평범한 관광객이었다.

라스베이거스의 클럽 프로모터 제시 웨이츠는 팀과 친한 친구가 되었다. 2017년 여름, 두 사람은 스트레스를 풀고 원주민 의식에 참여하기 위해 함께 페루의 열대 우림으로 향했다.

팀은 새 여자친구 테레자 카체로바와 함께 여행을 다녔다. 2017년 가을, 그녀는 아들 루카와 함께 팀의 삶에 들어왔다. 그는 점차 아버지가 되고 싶다는 생각이 들었다.

팀과 테레자는 로스앤젤레스의
유리 저택에서 여유로운 나날을
보냈다. 오랜 리모델링 끝에 마
침내 저택은 팀이 원하는 모습을
갖추었다

2018년 봄, 팀은 창의성을 되찾았다. 그는 노란색 옷을 입은 알빈 네들레르와
크리스토페르 포겔마르크를 포함한 스웨덴 아티스트들을 할리우드힐스에 있는
자신의 집으로 초대해 새 노래를 만들었다. 이번에 팀은 가사에 집중했고, 중독

2018년 4월 초, 팀은 오만으로 떠났다. 그는 산과 사막의 숨 막히는 경치에 매료되었지만, 오랜 시간의 명상을 통해 자유를 찾기도 했다. 돌이켜보건대 그의 지

팀 베릴링의 사망은 음악계를 충격에 빠뜨렸다. 그의 음악적 용기, 다양한 스타일
과 요소를 결합한 장난스러운 방식은 언론에서 찬사를 받았다. 동시에 수백만 명
의 팬들이 자신의 삶에서 팀의 음악이 얼마나 중요했는지 말했다. 가볍고 희망찬
팀의 멜로디와 가사는 삶이 힘들 때 큰 힘이 되어주었다.

팀의 사망 이후, 그의 가족은 청년들의 정신 질환과 싸우는 조직을 지원하기 위해 팀 베릴링 재단을 설립했다.

어느 날 오후, 폴은 화이트보드를 방 한가운데 두고 파도가 일 렁이는 바다와 작은 요트를 그렸다.

그런 다음 그는 수면 위로 돌출된 크고 뾰족한 삼각형을 그렸 다.

"이 부분은 중독으로 인해 나타날 수 있는 행동을 보여주지. 금 단, 폭발, 이기주의, 자신의 이상에 대한 배신 같은 것들 말이야." 그가 말했다.

빙산의 꼭대기는 쉽게 발견되고, 주변 사람들이 알아차리는 부 분이었다. 그러나 실제로 이는 증상일 뿐이며 다른 무언가의 징후 라고 폴은 말했다.

진짜 문제는 언제나 더 깊은 곳에 숨어있었다.

폴 태너는 해수면 아래에 있는 빙산의 큰 부분을 가리켰다.

"중요한 것은 여기에 무엇이 숨어있냐는 거지." 그가 말했다.

파괴성을 이해하고, 이를 종식하려면 빙산을 이해해야 한다.

폴 태너는 개인적인 이야기를 털어놓기 시작했다. 이는 환자와 신뢰를 구축하는 좋은 방법이었다. 그는 60년대 런던 외곽에서 자 랐던 일, 아버지가 군대에서 비행기 추락 사고로 돌아가셨던 일, 그리고 아버지의 죽음이 가족에게 드리운 긴 그림자에 관해 이야 기했다. 그의 어머니는 남편의 공군 연금으로 생활하는 것을 부끄 러워했고, 시간이 지날수록 점점 무뚝뚝해졌다. 폴의 새아버지 역 시 이러한 어머니의 모습에 당황했지만, 그는 이를 받아들이거나 해결하는 대신 그 상황에 적응했다.

그들이 외면해왔던 모든 것이 침묵 속에서 더욱 강해졌다. 어른 들이 괜찮은 척하는 동안 현실은 왜곡되었다.

어린 폴도 똑같이 하는 법을 배웠다. 괜찮은 척하는 법, 약점을 숨기는 법, 모든 것을 억누르고 참는 법.

그는 너무 부끄러웠다고 말했다. 그의 반응이 잘못된 것 같아서 부끄럽고, 화가 나서 부끄럽고, 부끄러워서 부끄러웠다. 무의식적으로 그는 삶에 대처하는 방법을 개발했고, 잘못된 자아를 형성해 자신과 동일시했다. 그는 모든 사람이 이와 같은 대응 기제를 사용하며, 그 방식은 다르게 나타날 수 있다고 설명했다. 어떤 사람은 쓰러질 때까지 일했고, 어떤 사람은 농담으로 주의를 돌렸고, 어떤 사람은 세상을 구하고 싶어 했고, 많은 사람은 술을 마셨다. 그들은 모두 자기 자신에게 거짓말을 하고 있었다.

그 행동은 대대로 이어졌다. 악의는 없었지만, 자신의 감정을 다스리지 못하는 부모의 행동은 자녀에게 영향을 미쳤다.

폴은 자신의 중독을 낭만과 반항으로 포장했다. 그는 전통적인 영국 중산층에 대항하기 위해 대마초를 피웠고, 자신의 시야를 넓히고 싶어서 헤로인을 시도했다.

하지만 모든 것의 근원에는 부끄러움이 있었다. 헤로인은 마음을 편안하게 해주었다. 욕망이 그의 몸을 휘감았고, 바깥 세상과의 거리감이 만족스러웠다. 마약을 하는 것은 뜨거운 욕조에 몸을 담그는 것과 같았다.

팀 베릴링은 직원의 도움을 받아 의자 몇 개를 지붕 위로 올렸다. 한쪽으로는 분홍빛 부겐빌레아 정원이 보였고, 반대편에는 넓게 펼쳐진 들판과 바다가 있었다.

폴 태너는 팀에게 파란 메모장을 주면서 지금까지의 삶이 어땠는지 적어달라고 했다. 처음에 팀은 글을 쓰기가 어려워서 대신 그림을 그리기 시작했다.

그는 청중에게 등을 돌린 사람을 스케치했다. 상의를 탈의한 청년은 등을 구부리고 고개를 숙인 채 의자에 앉아 있었다. 몸은 긴장된 듯 보였고, 까맣고 울퉁불퉁한 나뭇가지가 그의 등을 찌르고 있었다.

마치 척추에 창이 박힌 것 같았다.

재활 클리닉의 진입로 옆에는 직원 사무실이 있었다. 치료사들은 환자들의 휴대폰, 태블릿, 노트북을 거두어 금고에 보관했다. 이곳에서 지켜야 하는 규칙 중 하나는 하루 대부분을 인터넷과 단절된 채 보내는 것이었다.

존 맥키온은 이것이 중요한 몇 가지 이유가 있다고 말했다. 금단 증상이 신체를 황폐화하는 동안 치료를 받는 것은 그 자체로 불안한 과정이었다. 그러한 상황에서는 어떤 벨소리도 울려서 안 되었다. 상황의 심각성에 대한 기본적인 존중이었다.

그뿐만이 아니었다.

디지털 전환이 얼마나 빨리 이루어졌는지, 그리고 그것이 얼마나 혁명적이었는지를 상기할 필요가 있었다. 존 맥키온이 치료사로 일을 시작했을 때만 해도 셀카는 존재하지 않았다. 유튜브, 페이스북, 인스타그램도 없었다. 하루에 몇 번씩 작은 소식이 들려왔고, 사진은 필름을 현상시킨 후에야 볼 수 있었다. 불안감을 느끼는 사람들은 자신의 증상을 구글에 검색하는 대신 곧장 의사를 찾아갔다.

새로운 삶의 방식과 함께 젊은이들 사이에서 정신 건강 문제도 극적으로 증가했다. 미국에서 진행된 연구에 따르면, 2011년 이후 고등학생 남학생과 여학생의 우울증 증상이 모두 급증한 것으로 나타났다. 여학생의 경우 불과 몇 년 만에 그 증가율이 50%에 달했다. 심지어 대학생들 사이에서도 비슷한 추세가 나타났고, 이전보다 더 많은 미국 학생들이 우울증 증상을 겪었다.

이러한 발전에서 스마트폰이 어떤 역할을 했는지는 여전히 논란의 여지가 있다. 물론, 언제든 인터넷에 접근할 수 있다는 것은 환상적인 이점이었다. 온라인에서 강력한 시위가 시작될 수 있고, 이전에는 상상할 수 없었던 방식으로 정치인이나 예술가와 직접 연락할 수도 있다. 하지만 사람들은 또한 질투와 분노의 파괴적인 패턴에 사로잡힐 수도 있다. 더 이상 비난할 거리가 없다면, 소셜 미디어는 분명히 무언가를 만들어 낼 것이다. 그러한 집단행동은 맥키온을 두렵게 했다.

인터넷에서 사람들은 완벽하기를 기대받았다. 누군가 실수하면 네티즌들은 그의 행동뿐만 아니라 개인을 공격했고, 공인의 경우 특히 더 많은 비난을 받았다.

무엇보다도 맥키온은 일과 여가의 경계가 거의 완전히 사라졌다고 생각했다. 그의 고객 대다수는 24시간 내내 휴대폰이 필요한 직업을 갖고 있었다. 그들은 침대에서 이메일에 답하거나, 지하철 또는 버스에서 약속을 잡았다. 정보의 소음은 끊이지 않았고, 스트레스 관련 질환도 증가했다. 장기간의 스트레스는 우울증의 가장 흔한 원인이었다.

팀 베릴링은 외부와 연락이 끊긴 것에 안도감을 느꼈다. 이메일도, 마감 기한도, 그가 언제 어디에 있을 것인지 묻는 전화나 문자 메시지도 없었다. 대신 폴 태너는 선반에서 책 한 권을 꺼내서 팀에게 주었고, 팀은 머뭇거리며 책을 훑어보기 시작했다. 영적인 자조 작가 에크하르트 톨레가 쓴 『지금 이 순간을 살아라』였다. 서문에서 그는 내면의 평화에 이르는 길을 찾기 전까지 오랫동안 우울증과 자살 충동에 시달렸다고 말했다.

톨레는 서구 세계에 사는 우리가 과도한 요구와 기대에 사로잡혀 있다고 했다. 우리는 스스로를 판단하고, 비교하고, 공격하고, 불평하며 자기 자신과 비자발적인 내적 대화를 나눈다. 이 목소리는 우리의 자아이고, 자아에게 중요한 것은 우리가 과거에 성취한 것과 미래에 해야 할 일뿐이다. 현재는 존재하지 않았다. 하지만 끊임없는 자기 고문을 넘어, 스트레스와 마감 기한의 반대편에서, 톨레는 진정한 자아를 찾는 것이 가능하다고 약속했다.

팀은 점점 책에 빠져들었고, 내면의 목소리를 느끼면서 톨레의 생각을 시험해 보기 시작했다.

톨레에 따르면, 진정한 내면의 평화를 향한 첫걸음은 순간에 현존하는 법을 배우는 것이었다. 이를테면 평화롭고 조용하게 계단을 오르거나, 호흡을 관찰하는 등 일상의 아주 작은 행동에 주의를 기울이는 식이었다. "손을 씻을 때, 그 활동과 관련된 모든 감각적 인식, 즉 소리, 촉감, 손의 움직임, 비누 향기에 주의를 기울여 보세요."라고 톨레가 말했다.

책을 다 읽은 팀은 마치 마이크 타이슨에게 주먹을 맞은 것 같았다. 그는 클리닉에서 3주를 보낸 후, 다시 외부와 접촉할 준비가 되었다고 느꼈을 때 친구 제시 웨이츠에게 메시지를 보냈다.

제시 웨이츠

2015년 9월 22일

> 아직 공부하는 중. 새로운 걸 배웠어.
> 대응 기제라고 하는 건데
> 마약이나 술이 될 수도 있고, 운동이나 일같은
> 건강한 행위일 수도 있어. 남들에겐 칭찬
> 받겠지만, 결국 내면에는 불안감이 남을 거야.
> 나는 내가 항상 무기력하고 할 일을 미룬다는
> 것을 알고 있었지만, 그 둘이 어떤 관계를
> 맺고 있는지는 결코 깨닫지 못했어.
> 지난 4년간 나는 시간 약속을 지키지 못했지.
> 동시에 나는 끝없이 투어를 도는 아비치라는
> 기계에 갇혔다고 느꼈어. 하지만 나에게는
> 선택의 여지가 전혀 없었어. 왜냐하면 애쉬가
> 제시한 대안은 은퇴였기 때문이야.
> 그래서 나에게는 선택지가 있으면서도 없었어.

말이 되네

> 일을 미루는 것이 내가 통제할 수
> 있다고 느낀 유일한 일이었어.
> 그게 내가 불안에 대처하는 방법이었어.

와 이제 이해가 된다

247

2015년 10월 초, 마침내 아비치의 두 번째 앨범 〈Stories〉가 발매되었다. 주요 음악 잡지의 반응은 냉담했다. 《빌보드 매거진》은 아비치를 '뛰어난 팝 음악가'라고 묘사하며 "이제 아비치의 곡은 더 이상 EDM이 아니다."라고 했다. 팀 베릴링은 의도적으로 EDM에서 벗어나려고 노력했지만, 많은 비평가는 그가 발라드, 랩, 록 사이에서 길을 잃었다고 생각했다. 마치 그가 EDM의 특징이었던 강렬한 루프를 배제한 것처럼 말이다. 가혹한 비평가들은 하우스 느낌이 나는 평범한 곡들의 모음이라고 말했다. 《롤링 스톤》은 "〈Stories〉가 EDM 씬에 아무런 영향을 미치지 못한다는 것이 유감이다."라며 신랄한 비평을 마무리했다.

그러나 비평가들의 의견은 이제 중요하지 않았다. 정신적으로나 육체적으로 팀 베릴링은 완전히 다른 곳에 있었다.

밤이 되면 그는 재활 클리닉을 둘러싼 숲으로 산책을 떠났다. 야생 토끼들이 지하 터널에서 잠을 자는 소나무 숲에는 정적이 흘렀고, 땅과 풀을 밟는 팀의 발소리만이 울려 퍼졌다.

오후에는 야외 체육관에서 운동을 했다. 그곳에는 오래된 덤벨과 바벨, 짐볼, 매트, 펀칭백이 있었다. 팀이 펀칭백을 때릴 때 나는 소리에 귀를 기울이자, 그의 발은 타일에 기대어 춤을 추기 시작했다.

20분 후, 펀칭백은 팀의 손에서 나온 피로 뒤덮였고 그는 만족스러운 기분이 들었다.

팀은 폴 태너가 말한 대응 기제에 대해 생각해 보았다.

그는 자신의 행동에서 공통점을 발견했고, 자신이 감정에 맞서는 대신 연막을 쳤다는 것을 깨달았다. 하늘에 연기를 피어오르게 하여 전장에서 움직임을 숨기는 보병의 모습은 팀과 닮았다.

그는 모든 것이 괜찮은 척하는 데 능숙해졌다. 연막을 침으로써 그는 자신뿐만 아니라 아라쉬, 클라스 등 모든 사람을 잘못된 길로 인도했다. 로비에서 기다리는 사람들이 짜증을 낼 걸 알면서도 이불 속에 숨어 인터뷰, 화보 촬영, 프로모션을 거부했다.

그러나 문제를 외면하기 위한 다소 서투른 전략은 결과적으로 더 큰 불안을 초래했다.

그는 DJ가 되기 전부터 자신이 이러한 대응 기제를 사용했다는 것을 깨달았다. 그는 이메일을 통해 어머니에게 다음과 같이 설명했다.

여드름 때문에 학교를 빼먹기 시작한 때부터였던 것 같아요. 문제를 회피하면 결국 나뿐만 아니라 모두가 엄청난 불안감에 시달리게 돼요.

클리닉에서 한 달을 보낸 후, 모든 것이 완전히 달라진 느낌이 들었다. 팀은 헤어 스타일을 바꿨다. 크루 컷은 그의 새로운 출발을 상징했고, 복싱으로 얻은 근육도 마찬가지였다. 그는 주변 사람들이 자신의 새로운 모습을 보고 어떤 반응을 보일지 무척 기대됐다.

팀은 3개월 전 모로코에서 찍힌 공연 영상을 발견했다. 상의를 탈의한 남자가 친구의 어깨 위에 앉아 있었고, 다른 청중은 스웨덴 국기를 흔들고 있었다.

수만 명의 사람이 'Wake Me Up'을 따라 불렀고, 아름다운 사막 풍경이 팀의 실루엣을 비췄다.

"그동안 나는 나 자신을 찾고 있었지만, 내가 길을 잃은 줄도 몰랐어!"

그의 노래는 사람들에게 감동을 줬다. 그는 너무나 격렬한 광기에 빠져 있었기 때문에, 이를 받아들일 시간이 없었다. 그는 아비치가 마케팅과 인터뷰, 불꽃놀이와 레이저 광선 없이는 아무것도 아니리라 생각했다. 그러나 실제로 중요한 것은 그의 내면에서 비롯된 감정과 경험이었다. 그의 음악은 사람들에게 공감을 불러일으켰다.

그는 폴 태너에게 "오랜만에 내가 정말 자랑스럽다."라고 했다.

단 몇 주 만에 몇 년은 성숙해진 것 같았다. 누군가가 그에게 이렇게 생각하는 법을 더 빨리 가르쳐줬더라면 좋았을 텐데. 부정적인 감정은 두려워하거나 외면할 필요가 없었다. 통증은 나쁜 신호가 아니라 오히려 건강이 보내는 경고일 수 있다.

"이제 내가 책임을 맡을 거야." 그가 제시 웨이츠에게 썼다.

당신의 감정에 귀를 기울이세요. 감정은 당신의 주변 환경에 대해 알려주고, 당신에게 유익한 조언을 해줍니다. 뭔가 나쁜 예감이 드나요? 직감을 따르는 것이 항상 최상의 결과를 가져다줄 것입니다.

몇 달 후, 팀은 미국 사막 한가운데 우뚝 솟은 붉은 암석 앞에 앉아 있었다. 모뉴먼트 밸리는 옛날부터 할리우드의 많은 서부 영화에 묘사된 상징적인 실루엣이었다. 바람이 자갈 위에 세워진 마이크 스탠드를 휩쓸고 지나갔다. 황무지에 놓인 대형 스피커를 통해 강력한 드럼 소리가 울려 퍼졌고, 팀은 몸을 들썩였다.

팀은 스웨덴 음악가 동료들과 함께 말리부에서 출발하여 동쪽으로 이동하고 있었다. 일주일 동안 전국을 여행한 뒤, 마이애미에 도착해 2016년 3월 울트라 뮤직 페스티벌의 메인 스테이지에 오를 예정이었다. 그들은 여러 국립 공원에 들러 돌과 모래 위에 장비를 풀고 시원한 봄볕 아래에서 노래를 만들었다.

그곳에는 카제트 멤버 세바스티안 푸레르, 산드로 카바차, 드하니 렌네발드가 있었다. 보이그룹 웨스트라이프, 힙합 스타 니키 미나즈 같은 다양한 아티스트의 히트곡을 만든 작곡가 칼 팔크도 있었다. 이제 그는 신디사이저 앞에 서서 코드 진행을 시도하고 있었다.

여행은 새로운 음악적 환경에서 이루어졌다. 최근 하우스 음악의 템포는 느려졌고 음향 폭발도 약해졌다. 트로피컬 하우스라는 스타일의 선두 주자는 아비치를 롤모델 삼아 성장한 노르웨이인 카이고였다. 카이고는 그의 우상처럼 체크 셔츠를 입고 모자를 뒤로 썼으며, 팀의 장난기 넘치는 음악에 영감을 받았다. 콩가 드럼과 팬플루트가 절제된 댄스 음악과 지중해 팝을 만났다. 마틴 개릭스는 휘파람 소리가 나는 노래를 만들었고, 캘빈 해리스와 리아나의 'This Is What You Came For'에는 거친 드랍 대신 차분한 멜로디가 자리 잡았다. 스크릴렉스가 프로듀싱한 저스틴 비버의 히트곡 'Sorry'는 열대우림의 실안개를 연상시키는 푸에르토리코 레게톤 곡이었다.

새로운 방향은 팀의 기분에 완벽하게 들어맞았다. 탁 트인 공간이 작품에 활력을 불어넣어 주었다.

팀의 새 강아지는 사막에서 자유롭게 돌아다녔다. 리암은 하얀 털에 검은 줄무늬가 있는 핏불이었다. 버스를 타고 강아지와 함께 여행하기는 쉽지 않았다. 리암은 바닥을 앞뒤로 미끄러지듯 움직이며 아무도 주워 담으려고 하지 않는 엄청난 양의 똥을 쌌다.

영상 제작자 레반 치쿠리슈빌리 역시 3년 전 호주 투어와 마찬가지로 여행에 합류했다. 그는 아비치에 관한 또 다른 영화를 만들기 위해 자료를 수집하고 있었다. 특별히 제작된 웹사이트에서는 여행 일부가 생중계되었다. 팬들은 그랜드 캐니언에서 하루를 보낸 후 지친 상태로 낄낄거리며 버스에 앉아 있는 일행의 모습을 볼 수 있었다.

몇 달 전, 살렘 알 파키르와 빈센트 폰타레는 팀에게 'Without You'의 데모를 보냈다. 단순히 연인과의 이별을 주제로 한 노래처럼 들릴 수도 있지만, 무언가를 떠나는 것이나 삶에 꼭 필요한 변화를 만드는 것 같이 더욱 폭넓게 해석될 수도 있었다.

살렘과 빈센트의 스케치에 나오는 코러스는 강력했지만, 벌스는 너무 느리고 모호했다. 누군가가 값싼 플라스틱 신디사이저를 가져왔고, 칼 팔크는 더 좋은 리프를 생각해 냈다. 팀은 그의 아이디어를 좋아했고, 산드로 카바차의 보컬이 노래에 큰 힘을 더해주었다. 팀은 마이애미의 청중에게 이 곡을 들려주기를 고대했다.

버스가 뉴멕시코의 산맥으로 향하는 동안, 팀은 온라인에서 성격 유형 검사를 받았다. 질문은 그가 다양한 상황을 어떻게 생각하는지에 관한 것이었다.

많은 사람과 함께하는 활기찬 사교 행사를 즐긴다.

팀은 그 진술이 틀렸다는 것을 표시하기 위해 7점 척도의 맨 끝을 두드렸다.

다른 사람들과 함께 있을 때보다 혼자 있을 때 더 만족스러운 경우가 많다.

팀은 화면의 반대쪽 끝을 클릭했다. 모든 질문에 응답하자 팀은 INTP, 즉 논리학자라는 결과가 나왔다. 그리고 이 모든 아이디어의 바탕에 있는 남자에 관한 이야기도 있었다.

카를 융은 20세기의 영향력 있는 심리학자이자 사상가였다. 그가 쓴 유명한 논문 중 하나는 두 가지의 기본적인 인간 유형에 관한 것이었다. 융에 따르면, 외향적인 사람들은 다양한 환경에 잘 적응할 수 있었다. 그들에게 사교 활동은 흥미롭고 가치 있는 일이었고, 그들은 타인의 시선에 민감했다. 반면 내향적인 사람들은 혼자서도 잘 지내며 자신의 감정에 따라 움직였다. 그들에게는 소수의 친구만 있어도 충분했고, 그들은 사회생활을 하는 데 종종 어려움을 겪었다. 내향적인 사람도 다른 사람들과 대화를 잘할 수 있지만, 주로 욕망보다는 필요에 의해서였다. 그들은 파티가 끝나면 완전히 지친 채 집으로 돌아왔다.

팀은 놀라움을 금치 못했다. 마치 누군가가 그를 꿰뚫어 보는 것 같았다.

내향적인 성격에 더해 팀은 직관력과 사고력이 뛰어난 것으로 나타났는데, 이는 분명히 특이한 조합이었다. 이러한 유형의 사람들은 타인과 관계를 맺는 데 어려움을 겪을 수 있다. 직업적으로 그들은 과학이나 기술 분야에 진출하여 해당 분야에서 두각을 나타내는 경우가 많았다. 그들에게는 마감일을 지키거나, 다른 사람의 신호를 이해하거나, 삶을 공유할 파트너를 찾는 것이 어려울 수 있다. 하지만 그들은 새로운 생각과 표현을 낳고 사회를 발전시켰다. 알베르트 아인슈타인, 아이작 뉴턴, 철학자 소크라테스, 그리고 팀이 지금 가장 궁금해하는 사상가 카를 융 모두가 INTP였다.

"나 오늘 재밌는 거 찾았다. 카를 융이 누군지 알아?" 팀이 세바스티안 푸레르에게 말했다.

"응, 들어본 것 같은데." 푸레르가 머뭇거리며 말했다.

"나이 많은 심리학잔데 다양한 성격 유형 체계를 가지고 있어. 정말 멋져! 온종일 앉아서 이것만 읽었어. 내 심리를 완전히 잘 설명해 준다니까."

팀은 손을 흔들었다. 성격 유형은 그가 무대 뒤에서 업계 사람들과 잡담을 나눌 때마다 느꼈던 불편함을 정확히 설명해 주었다.

"나는 외향적이지 않다는 이유로 판단 받는 느낌을 받아왔어. 마침내 내가 왜 다른 사람들의 생각을 신경 쓰지 않아도 되는지 이해하게 됐어. 정말 좋다. 기분이 나아졌어."

팀이 기뻐하며 손톱을 깨물었다.

"좋네. 카를 융이라고?"

"카를 융, 완전 천재야."

2016년 3월 19일, 팀과 칼 팔크는 노트북을 챙겨 커다란 검은색 자동차의 뒷좌석에 앉았다.

마이애미에 도착한 그들은 몹시 바빴다. 팀은 버스 여행 중에 만든 신곡 'Without You'로 공연을 시작하고 싶었으나, FL 스튜디오에 문제가 발생했다. 칼 팔크는 U2의 웅장한 아레나 공연에 영감을 받은 장엄한 인트로를 만들었지만, 그들은 코러스 이후에 어떤 일이 일어날지 예상할 수 없었다.

베이프론트 공원을 향해 이동하는 동안 팀과 칼은 파일을 주고받으며 음원을 다듬었다. 공연장에 가까워질수록 인파의 소음은 더욱 커졌다. 6개월 만에 무대에 오르게 된 팀은 온몸이 따끔거리는 것 같았다.

느낌이 좋지 않았다.

네온 가발을 쓰고, 나비 날개를 달고, 보디 페인팅을 한 수만 명의 사람이 파티를 갈망하며 몰려들고 있었다.

"아비치다!"

누군가가 뒷좌석에 앉아 있는 팀을 발견했고 사람들은 성난 벌떼처럼 차 주위로 몰려들기 시작했다.

"아비치! 아비치! 아비치!"

팀은 화면을 응시했다. USB 플래시 드라이브에 문제가 생겼다. 사람들의 포효에 귀청이 터질 것 같았다. 경호원이 문을 열자, 휴대폰 카메라 플래시가 번쩍이기 시작했다.

훌륭한 공연이었다. 그 누구도 팀의 기분을 짐작할 수 없었다. 팀은 9개의 신곡을 공개했고, 무대를 장악했다. 하지만 이후 팀의 행동은 뭔가 이상해 보였다.

"팀, 뭐야. 왜 그래?" 다음 공연을 준비하는 사람들이 오가는 가운데, 칼 팔크가 물었다.

"더는 못 하겠어요." 팀이 말했다.

"그게 무슨 말이야?"

"이딴 거 이제 못 해 먹겠어요. 아라쉬한테 전화해서 말할 거예요. 사람들과 눈을 마주치지 못하겠어요."

팀은 또 다른 누군가와 인사하기 위해 사라졌다.

6개월 만의 첫 공연이었다. 팀은 그간 여러 가지 사유로 공연을 미뤄왔다. 수많은 사람 앞에 서야 한다는 부담감, 그리고 무대 연출에 기술적인 문제가 발생할 수 있다는 스트레스가 있었다. 하지만 더 무서운 것은 마음속 깊은 곳에서는 사실 그도 무대를 그리워하고 있다는 것이었다. 아비치로서의 삶을, 자아를 실현하는 삶을.

늦은 저녁 식사를 마친 뒤 그들은 클럽 리브에 도착해 사람들로 가득 찬 댄스 플로어 앞에 모였다. 팀은 비주얼 감독 해리 버드에게 말했다.

"공식적으로 발표하기 전에 말씀드리려고요. 저 결심했어요."

"뭐를?"

그들이 청중 사이로 소리쳤다.

"공연 다 취소할 거예요!"

"좋아. 그래도 하룻밤은 더 생각해 봐야 하지 않겠어?"

"아뇨, 오늘 무대에서 내려오자마자 느꼈어요. 이제 공연 안 할 거예요."

해리는 팀의 결단에 놀란 눈치였다. 팀이 계약된 공연을 모두 취소한다면, 선금을 갚아야 할 것이고, 더불어 많은 사람을 화나게 할 게 분명했다.

"마지막 공연까지는 해보는 게 어때? 사람들이 너에게 인사할 기회는 줘야지."

"아뇨, 지금 당장 발표할 거예요. 더 이상 못 하겠어요."

일주일 뒤, 팀과 소꿉친구들은 할리우드에 새로 단장한 유리집에 누워있었다.

2년이 넘는 공사 끝에 내부는 마침내 집의 모양새를 갖추었다. 팀은 담요를 집어 들고 유리 벽 옆에 있는 베이지색 소파에 누웠다. 바깥으로는 로스앤젤레스가 하늘 높이 떠 있는 달 아래에서 반짝였다.

"그동안 함께 해주신 모든 분께 감사합니다….."

팀은 자신의 메시지가 300만 명의 인스타그램 팔로워들에게 어떻게 받아들여질지 걱정하며 글을 소리 내 읽었다. 팀은 이미 마음을 굳힌 상태였기 때문에 최대한 빨리 이 소식을 전하고 싶었다.

그의 인생 이면을 알지 못하는 사람들은 그가 투어를 중단한다고 하면 어떤 반응을 보일까? 많은 사람이 그가 무책임하고 게으르다고 생각하며 화를 낼 것이다. 어느 쪽이든, 이게 옳은 일이었다.

마이애미에서의 소란은 그가 틀렸다는 것을 확증해 주었다. 이를테면 췌장에 생긴 염증은 팀의 커리어를 위협하는 방해꾼이 아니었다. 팀은 췌장염을 다르게 받아들였어야 했다고 생각했다. 그것은 몸이 보내는 신호였다. 건강을 위한 첫걸음이었다.

팀은 아래와 같이 메시지를 작성했다.

저의 여정은 성공으로 가득했지만, 고난 또한 함께였습니다. 예술가로서 성장하며 어른이 된 저는 저 자신을 더 잘 알게 되었고, 하고 싶은 것이 너무나 많다는 것을 깨달았습니다. 저는 여러 분야에 관심이 많은데 이를 탐구할 시간이 부족해요.

전 세계를 돌아다니며 공연할 수 있다는 것은 축복받은 일임을 알지만, 아티스트 뒤에 있는 진짜 저로서는 할 수 있는 게 거의 없어요.

팀은 글 쓰는 것을 멈추고, 손톱을 깨물며, 그를 DJ로 성장시켜 준 사람들을 떠올렸다. 하지만 그의 음악은 절대 사라지지 않을 것이다. 그는 이제 곡을 쓰는 데에만 온전히 집중할 것이다.
"사람들한테 욕먹을 것 같은데." 그의 친구가 말했다.
"괜찮아." 팀이 대답했다. "빨리 올리고 싶어."
"그걸 꼭 빨리 올려야 하는 거야?"
"어."
"왜?"
"왜냐면 내 몸이 그러라고 하니까. 그게 중요한 거야. 네가 지금 한 말은 지금껏 내가 줄곧 들어온 말이야. '진정해, 스트레스받을 것 없어.'"
팀 베릴링은 소파에 앉아 자신의 의견을 피력했다.
"스트레스가 내 삶의 일부라는 것을 말로 설명하긴 어려워. 그냥 내 몸이 그렇게 말하고 있어. 8년 동안 그래왔어."

글을 올리자마자, 팀은 소파에서 몸이 붕 뜨는 느낌을 받았다. 이전에 경험해 본 적 없던 완벽한 행복감이었다. 그는 소꿉친구들과 함께 다큐멘터리와 영화를 시청했다. 오래전 린네가탄에서 게임을 하던 밤보다 지금이 훨씬 더 좋았다.

팀은 팬들의 반응을 지켜봤다. 다행스럽게도 팬들은 그에게 항의하기보다는 이해를 표했다. 많은 팬은 그에게 연민을 느끼는 것 같았고, 그들 역시 시대의 미친 속도를 인식하고 있었다. 인스타그램과 페이스북은 우는 얼굴과 깨진 하트 이모티콘으로 가득 찼다.

때로는 다른 사람을 신경 쓰지 않고 자신의 행복을 추구해야 해요.

당신은 당신이 원하는 삶을 누릴 자격이 있어요. 당신이 슈퍼스타 DJ이기 때문이 아니라 우리와 같은 인간이기 때문이에요.

젊음과 자유를 즐기고, 세계를 여행하고, 하고 싶었던 일들을 모두 해보세요.

마음껏 즐기세요. 당신은 이제 자유로운 새예요.

하지만 일은 뜻대로 풀리지 않았다. 2016년 봄과 여름에 열릴 약 30회의 공연을 취소하는 것이 불가능했다. 마지못해 그는 몇 달 더 공연하는 데에 동의했다. 그는 바레인과 아랍 에미리트 연합국에서 공연한 뒤, 아시아로 향했다. 3년 연속의 취소 끝에 마침내 상하이에서의 공연이 성사되었다. 그는 오사카, 도쿄, 방콕, 서울을 여행했다.

아이러니하게도 마지막 투어의 연출은 그 어느 때보다 웅장하고 아름다웠다. 해리 버드는 런던 외곽의 숲에서 북유럽 신화에 등장하는 달의 신 마니를 묘사한 영상을 제작했다. 해리는 목욕 가운과 가면을 착용하고, 친구는 장난감 칼을 휘둘렀다. 이중 노출과 템포 전환을 통해 운명적이고 암시적인 분위기가 연출됐다. 그들은 모든 것이 끝나갈 때가 되어서야 최고의 시각적 표현을 발견했다.

투어를 그만두기로 한 것 외에도, 팀은 또 다른 급진적인 결정을 내렸다. 그는 아라쉬 푸르누리와 앳나이트와의 협업을 끝내기로 했다. 재활 클리닉에 있을 때부터 커져 온 감정이었다. 그는 언제나 아라쉬를 사랑했고, 그들은 형제와도 같았다. 그러나 그들은 오랫동안 마찰을 빚어왔고, 사소한 다툼이 잦아졌다. 팀은 이케아의 자문위원으로 일했던 남자를 고용하여, 8년간의 협업을 끝내기로 했다.

그들은 비즈니스 변호사를 통해 소통했는데, 이 과정에서 분열이 생기고, 일이 복잡해졌으며, 두 사람 모두 상대방이 신뢰를 저버렸다고 느꼈다. 거기서 그들은 끝을 맺었다. 종종 서로를 보완해 주던 그들의 상반된 성격은 이제 충돌의 길에 들어서게 되었다.

그러나 팀의 결정은 무미건조한 기업법과 무관했다.

팀은 지속 불가능한 생활 방식에서 벗어나고 싶었다.

그가 원하는 삶은 집에서 소파에 누워 컴퓨터 게임을 하고, 잠옷 차림으로 피자를 굽고, 남매들과 함께 맥주를 마시며 웃는 것이었다.

7월 말이 되자 투어는 중동에 도달했다. 팀은 유튜브에서 강의를 시청하면서 여가를 보냈다. 클리닉에 지내는 동안 알게 된 전문가, 인생 코치, 영감을 주는 연사들이 나오는 영상이었다.

한 동영상에서는 옷을 잘 차려입은 여성이 객석에서 일어났다. 그녀는 자신을 대기업 인사팀에서 근무하는 메리라고 소개하며, 자신에게 친절하게 대하는 것이 어렵다고 말했다.

"아무것도 성취하지 못하면 실패한 것 같은 느낌이 들어요. 그래서 자기 자신에게 별로 동정심이 없는 사람들을 위한 조언이 있는지 궁금합니다." 메리가 말했다.

팀은 안락의자에 웅크려 앉아 컴퓨터 화면 속의 남자를 바라보았다. 자조 작가 에크하르트 톨레였다.

"당신이 하는 일이 더 이상 즐겁지 않다면 조심해야 합니다. 끊임없이 당신을 비판하고 당신이 충분히 잘하지 못했다고 말하는 목소리를 머릿속에 가지고 사는 것은 끔찍한 일이죠. 만약 누가 그런 사람과 함께 살라고 하면 살 수 있겠어요? 못 살죠." 톨레가 말했다. 청중은 큰 웃음을 터뜨렸고, 그는 부드러운 미소를 지었다. 톨레에 따르면 그러한 부정적인 말은 자아로부터 나온다고 했다. 그러나 정신적 수다를 멈추는 방법이 있었다.

팀은 이러한 생각이 동양 철학에서 영감을 받았다는 것을 깨닫고, 더 많은 것을 찾아보기 시작했다. 팀은 만화책 왓치맨, 카를 융의 책과 함께 불교 승려 틱낫한의 책 10권을 다운로드했다. 60년대 초, 베트남 내전 중에 틱낫한과 그의 동료들은 책, 쌀, 의약품을 민간인들에게 밀수입했고, 이에 마틴 루터 킹은 그를 노벨 평화상 후보로 지명했다. 그는 현재 프랑스 수도원에서 지내며 베트남 구호 활동 단체를 조직하는 동시에 서양인들에게 불교의 기본 사상을 가르치고 있었다.

팀은 불교가 종교일 뿐만 아니라, 실천과 적용이 필요한 실천적 교리라는 철학의 체계성에 매료되었다. 신도 없고 미리 정해진 운명도 없었다. 모든 사람은 더 나은 방향으로 나아갈 수 있었다.

근본적인 개념은 사람들이 절대 만족하지 않는다는 것이었다. 더 많은 것에 대한 갈망은 우리의 본성에 뿌리박혀 있다. 탄생과 죽음의 순환은 인간의 욕망으로 인해 지속되었으며, 오직 자기 이해와 평화에 의해서만 깨질 수 있었다. 그것이 싯다르타 왕자가 히말라야 기슭의 나무 아래에서 인류 최초의 부처로 변모했을 때 깨달은 것이었다.

책 『모든 발걸음마다 평화』에서 틱낫한은 마음 챙김을 설명했다. 그는 마음 챙김을 통해 팔정도를 따르면 인간이 고통에서 벗어나 영적 깨달음을 얻을 수 있다고 말했다.

본질적으로, 마음 챙김은 자신 안팎에서 일어나는 일에 주의를 기울이는 능력을 개발하는 것이었다. 수행자는 침묵 명상을 하며 몸을 통해 흐르는 생각, 감정, 환상, 욕망, 감각을 관찰한다. 열린 마음과 호기심을 가지고 탐구하는 것이 중요했다. 나쁜 감정은 없으며, 감정에 가치를 두면 안 된다. 자신의 불안이나 스트레스를 인정함으로써 결국 그 힘에서 벗어날 수 있다. 하지만 첫 번째 단계는 바로 알아차리는 것이었다. 틱낫한은 다음과 같이 썼다.

"두려움아, 저리 가. 난 네가 싫어. 넌 내가 아니야." 보다 "안녕, 두려움아. 반가워."라고 말하는 것이 훨씬 효과적이다.

2016년 8월, 팀의 동료들은 쓰러질 지경이었다. 모두가 아비치의 마지막 모습에 지치고 긴장했다. 안톤, 다비드, 린다는 호텔 밖의 차에서 팀이 방에서 내려오기를 기다리고 있었다.

"맙소사, 이제 마지막이야." 다비드가 우수아이아로 출발하면서 말했다.

"그러게." 팀은 평소보다 더 긴장하고 있었다.

그는 7년 전 만들었던 래퍼 디지 라스칼의 'Dirtee Cash' 리믹스를 포함해 과거의 잘 알려지지 않은 곡들로 평소와 다른 셋을 준비했다. 팬플루트와 브레이크 댄스 드럼이 섞여 있는 'Street Dancer'를 비롯해 'New New New'와 'Tweet It'도 이때 만든 곡이었다.

세 남매는 무대 오른쪽 VIP 테이블에 서서 한 시대의 장엄한 종말을 지켜보고 있었다.

"이제 우리 차례야." 안톤이 다비드의 귀에 대고 소리쳤다.

그들은 전날부터 막냇동생을 놀라게 할 계획을 세웠다. 연극계에서는 마지막 공연 때 동료 배우에게 장난을 치는 것이 관례였다. 11,000명의 청중 사이에서 눈에 띄기 위해서는 매우 특별한 무언가가 필요했다.

형제들은 각자 맥주를 한 모금 마시고 무대 가장자리로 이동했다. 그들은 팀과 청중의 눈에 띄지 않게 DJ 부스 뒤에 숨어 청바지와 스웨터를 벗기 시작했다.

'Silhouettes'이 나오자 안톤은 검은색 속옷을 끌어 올렸다. 그는 차분한 얼굴로 천천히 무대에 올라섰고, 흰색 사각팬티를 입은 다비드가 그를 뒤따랐다.

그들은 폴짝 뛰며 머리 위로 손뼉을 쳤고 안톤은 엉덩이를 흔들다가 남동생에게 절을 하는 것으로 춤을 마무리했다.

팀은 씹던 담배를 흘릴 정도로 크게 웃었다.

클라스 베릴링은 정원에서 자신이 가장 좋아하는 장소를 찾았다. 실링에의 오래된 어촌 마을 위로 해가 떠올랐고 아침 공기가 맑았다.

클라스는 잔디밭으로 이어지는 돌계단에 앉아 오트밀을 먹었다.

그의 옆에는 오래된 노트가 있었다. 전날 밤 그가 작은 서재에 있는 상자를 정리하면서 발견한 것이었다.

표지에 왁스 칠이 되어있는 그 노트는 족히 20년은 넘은 듯했다. 누렇게 변색된 종이에는 클라스 자신의 반성과 농담, 그리고 팀이 오래전 이곳에 왔을 때 했던 말들이 쓰여 있었다.

1993년 겨울, 네 살이던 팀은 할아버지의 장례식에 참석했다.

"뼈는 묻히고 피부는 하늘로 올라간다."

"상자가 닫혀 있으니까 할아버지 눈에 모래가 들어가지 않을 거예요, 그렇죠?"

클라스가 웃었다. 팀은 자신만의 생각과 공식으로 가득 찬 총명하고 예민한 소년이었다. '상사병'은 앙키에 대한 그리움을 의미했고, '조율해주세요'는 스테레오의 소리를 높여달라는 뜻이었다.

"거인들은 가끔 화를 많이 내는데, 오늘이 바로 그날이에요."

"무(無)는 어떻게 생겼어요?"

여섯 살짜리 팀이 한 말도 있었다.

"아빠, 저 달라진 거 보이죠? 저는 아빠를 도와주고, 바로 식탁을 떠나지 않을 거예요. 이제 감자를 먹을 거예요."

팀은 적도에 있는 아카시아와 마른 녹지 사이를 지나가고 있었다. 그는 지프를 타고 코끼리, 기린, 암사자를 보았다.

가이드가 주행을 멈추자, 팀은 쌍안경을 들어 올렸다.

"영양이에요." 가이드가 약 40m 떨어진 곳에 있는 검은 동물 무리를 가리키며 말했다.

팀은 2016년 8월 마지막 공연을 마친 후 바로 케냐 남서부로 향했다. 그는 고등학교 친구와 함께 동물이 많이 사는 곳으로 알려진 마사이 마라를 찾았다. 이 시기에는, 백만 마리가 넘는 동물이 물과 신선한 풀을 찾아 탄자니아에서 케냐로 이주해 오고 있었다.

더 먼 곳에는 영양뿐만 아니라 얼룩말도 있었다. 그들은 악어들이 일광욕하고 있는 강을 건너기 위해 서 있었다. 포식자들은 순식간에 냄새를 맡고 공격을 가할 수 있었다.

"와, 진짜 카메라를 가져왔어야 했는데." 팀이 웃었다.

그러나 아무것도 들고 다니지 않으면서 인간의 손이 닿지 않은 수 마일의 땅에 둘러싸여 있다는 것은 엄청난 일이었다. 이곳에는 영상 제작자도, 까다로운 투어 매니저도 없었고, 불과 몇 주 만에 메일 수신함도 잠잠해졌다. 'Hey Brother'를 좋아한다고 유쾌하게 말하는 사파리 가이드 외에 케냐 사바나에서 그를 알아보는 사람은 많지 않았다.

한 마디로 팀은 자유로웠다.

어느 날 밤, 팀과 친구는 광활한 자연을 발치에 두고 야외 빈백 의자에 기대어 앉아 있었다. 팀은 마사이 마라의 풍경이 월드 오브 워크래프트 속 불모의 땅을 연상시킨다고 생각했다. 호텔 직원들은 모닥불을 피웠고, 나뭇가지는 황혼 무렵에 천천히 재가 되어 사라졌다. 팀이 꿀, 라임, 진을 섞어 만든 음료를 홀짝이는 동안, 붉은색 옷을 입은 한 무리의 남자들이 둥글게 모여들었다. 그들은 아주 오래전부터 자연에 의지하며 살아온 마사이족 전사였다.

우두머리처럼 보이는 사람이 첫 소절을 부르기 시작하자 다른 사람들이 동시에 머리를 뒤로 젖혔다. 그러고는 고개를 들고 흥얼거리며 노래를 불렀다. 팀은 전사들이 상체를 앞뒤로 번갈아 구부리는 모습을 즐겁게 지켜보았다. 노래는 점점 더 강렬해졌고, 손뼉을 치는 사이에 팔찌가 달그락거리는 소리가 들려왔다.

그런 다음 한 남자가 나선형 모양의 영양 뿔을 치켜들고 황야 위로 힘차게 팡파르를 불었다.

팀은 노래의 추진력과 리듬의 복잡성에 충격을 받았다.

"이 사람들과 함께 작업해야겠어요." 팀이 가이드에게 말했다. "다시 돌아와서 몇 곡 녹음하고 싶어요. 모든 수익금을 마사이족에게 기부할게요."

2017년 봄, 팀은 스톡홀름으로 돌아갔다. 그는 칼라베겐의 다락방을 팔고, 부모님 댁 근처에 있는 집을 임대했다.

팀은 다시 운동을 시작했다. 그는 빈센트 폰타레가 추천한 새로운 개인 코치와 함께 사이클링, 복싱, 근력 운동을 했다.

또한, 팀은 소화를 도와주는 아미노산을 먹기 시작했다. 비타민 D, 프로바이오틱스, 위장약도 챙겨 먹었다.

"제 자세 좀 보세요, 엄마! 더 이상 삐딱하게 걷지 않아요."

팀은 뿌듯한 얼굴로 집 안을 돌아다녔다. 그녀는 처음 보는 아들의 모습에 놀랐다. 그는 등을 곧게 펴고 시선을 고정한 채 걷고 있었다.

"와, 우리 아들! 정말 잘생겼구나!" 앙키가 소리쳤다.

팀은 깨달음이 차례로 찾아온다고 느꼈다. 그는 이비자의 재활 클리닉 치료사 폴 태너에게 메시지를 보냈다. "이번에는 자아를 다스리는 시간을 보낼 거예요. 제 생각엔 저의 '오래된' 생활 방식과 세상을 바라보는 방식에서 자아가 많은 위안을 얻은 것 같아요. 비록 그것이 저를 비참하게 만들었음에도 말이죠!"

그와 아비치의 정체성이 더 이상 하나가 아니라고 느끼는 것은 이상하고 약간 고통스러웠다. 하지만 동시에 그게 맞는 것 같은 느낌도 들었다. 그는 "나는 더 이상 불안과 초조를 느끼지 않는다."라고 썼다.

팀은 치료사 폴 태너와 얘기했던 대응 기제가 매우 흥미롭다고 생각했다. 그는 호텔 방에 숨는 것보다 더 건강한 방법으로 경계를 치는데 왜 그렇게 오랜 시간이 걸렸는지 궁금했다. 감정을 표현하는 것이 왜 그토록 어려웠을까? 폴의 말처럼, 모든 가정에는 아이에게 대물림되는 부정적인 행동이 있을 수 있다. 무의식적으로, 부모 세대는 자녀에게 부정적인 감정에 맞서기보다는 피하도록 가르쳤다.

가정만의 문제가 아니었다. 사회 전체가 성취와 성공에 박수를 보냈지만, 상황이 복잡해지면 외면하고 침묵했다.

팀은 폴에게 보낼 이메일을 쓰면서 이 모든 것이 학교에서 시작했다고 생각했다.

다른 사람들과 마찬가지로 저는 학교에 다니면서 자신감을 기르거나 좋은 영향을 받지 못했어요.

저는 어릴 때부터 건강하지 못한 방식으로 감정을 억누르는 법을 배웠어요. 좋은 감정에 관해 이야기하는 것만 장려되었고, 나쁜 감정은 엄청난 혼란을 일으킬 수 있으므로 이야기해서는 안 되었죠.

학교에서 감자를 요리하는 방법은 가르쳐 주면서, 왜 성인이 되어 겪는 모든 어려운 감정을 다루는 방법에 대해서는 알려주지 않을까? 왜 그들은 스트레스를 관리하는 방법에 대해 더 많이 알려주지 않을까? 어떻게 하면 수면 장애와 어두운 생각을 극복할 수 있을까? 학교에서는 이런 것들을 가르쳐줘야 한다.
우리는 왜 고통 앞에서 그토록 강하고 조용해야 할까?

이 시기에 팀이 얻은 아이디어의 상당수는 음악에 관한 것이 아니었다. 그는 새로운 분야에 도전하고 싶었고, 예술적인 방법으로 사회 문제에 대해 논평할 방법을 찾았다. 'For a Better Day' 뮤직비디오는 이러한 방향으로의 첫걸음이었다.

아비치의 이전 뮤직비디오는 대부분 활기차고 평범한 내용이었다. 하지만 이제 팀은 전쟁의 그림자 속에서 파렴치한 밀수꾼들에게 성적으로 착취당하는 아이들에 대한 논쟁을 촉발하고 싶었다. 앙키의 동료 배우 크리스테르 헨릭손이 무정한 인신매매범을 연기했고, 마지막 장면에서 두 명의 어린이는 그의 등에 '소아성애자'라는 단어를 새기고 그를 목매달아 보복했다.

모든 사람이 비참함과 빈곤의 족쇄에서 벗어나 자신의 잠재력을 마음껏 발휘할 권리에 대한 꿈을 보여주는 영상이었다. 언제나 행복만을 전파하던 아비치였기에, 청중에게 이 뮤직비디오는 예상치 못한 행보였지만, 팀은 이제 앞으로 더 나아가고 싶어졌다.

클리닉에서 시간을 보낸 후 그의 마음에 가장 와닿은 것은 영적 성장이었다.

그는 페르 순딘을 집에 초대해 다음 음악 프로젝트의 개요를 논의했다. 그는 각각 5~6곡으로 구성된 3개의 EP를 연이어 발표하기로 했다. 그렇게 하면 새로운 음악을 더 자주 선보일 수 있고, 참을성 없는 음악 소비자를 사로잡을 수 있었다. 팀은 음악 자체에 대해서는 별로 이야기할 것이 없다고 생각했다. 컴퓨터에 여전히 'Without You'와 1년 전 버스 여행에서 만든 다른 스케치들이 많이 남아 있었다. 그는 기타리스트 마이크 아인지거와 함께 'What Would I Change It To'를 만들었고, 최근 마틴 개릭스의 도움을 받아 빈센트 폰타레와 살렘 알 파키르가 작곡한 'Friend of Mine'도 있었다.

팀은 트랙의 구성에 더 관심이 있었다. 그는 3부작에 대한 세심한 밑그림을 가지고 있었다. 프로젝트는 불교 지옥에서 영감을 받은 16개의 곡으로 구성되었다. 각 뮤직비디오는 깨달음과 힘을 향한 팀의 여정을 나타낼 것이다.

주인공은 황량한 산맥으로 둘러싸인 어두운 세계 아르부다에서 여행을 시작했다. 우박과 얼음이 그의 벌거벗은 몸에 부딪혔다. 이는 팀이 외스트라 레알에서 자신의 서열을 알아내려고 노력했던 자기의심적인 학창시절을 보여준다. 6번 트랙은 주인공이 파랗게 변할 정도로 추운 환경인 우트팔라에서 영감을 받아, 팀이 공연 전 술에 취하는 모습을 나타냈다. 8번 트랙에서 진통제를 처방받았을 때 그의 몸은 기분 좋게 따뜻해지고 붉어졌다.

그다음부터는 파괴적인 나선이 점점 더 또렷해졌다. 췌장이 감염되고, 약이 더 많아졌다. 담낭이 파열되고, 약이 더 많아졌다. 맹장이 파열되고, 약이 더 많아졌다. 똑같은 실수가 반복되고, 주인공은 고통에서 벗어나려고 애쓰면서 더욱 붉어졌다. 하지만 새로운 강아지도, 값비싼 시계도, 집도, 더 많은 문신도 도움이 되지 않았다. 그들은 그저 대응 기제였다.

결국, 이 지옥에서의 여정은 누구도 자신의 상황에 갇히지 않고, 자신의 감정과 삶을 통제하는 것이 가능하다는 것을 보여줄 것이다. 요점을 명확히 하기 위해 첫 번째 EP 앨범에는 불교 지옥 중 하나인 'Avīci'라는 제목이 붙었다. 표지의 나무는 희망을 상징했다.

"구멍에서 빠져나오세요. 고개를 들어 올리면 파란 하늘이 보여요." 팀이 말했다.

2017년 여름에도 팀은 여행을 계속했다. 투어를 하면서 전 세계를 돌아다녔음에도 불구하고, 그는 호텔, 택시, 휴게실, 전용기 밖으로 나가본 적이 거의 없었다.

아마존강은 일반적인 강과는 완전히 달랐다. 탁한 갈색 물은 더위 속에 미동도 없었고, 화물선은 팀을 페루 열대우림 속으로 점점 더 멀리 데려갔다. 배의 아래쪽 갑판에는 바나나와 가축이 있었고, 팀, 소꿉친구들, 제시 웨이츠는 꼭대기에 앉아 있었다.

그들에게 페루에 가서 아야와스카를 마셔보라고 제안한 사람은 하와이 정글에 살았던 제시의 삼촌이었다. 아야와스카는 남미 원주민들이 수백 년 동안 사용해 온 환각 식물을 혼합한 음료였다. 소수의 관광객에게만 알려졌던 이 음료는 최근 몇 년 동안 미국과 유럽에서 인기를 끌기 시작했다. 아야와스카 의식은 수행자가 직관, 자연, 영원에 더 가까워지도록 돕는다고 했다.

그 음료는 신체적 반응을 불러일으켰다. 원주민들이 정화라고 부르는 과정에서 많은 사람은 설사하고 토했다. 그다음 환영이 나타났다. 음료가 불러일으키는 환각은 사람에 따라 조금씩 달라졌다. 운이 나쁘면 땅바닥에 처박히거나, 얼굴이 일그러지거나, 뱀이 콧구멍으로 기어오르는 듯한 느낌을 받을 수 있었다. 그러나 동시에 웅장한 계곡을 마주하거나 마법의 에너지장을 발견할 수도 있었다. 어떤 사람들은 단 한 번의 의식이 몇 년간의 치료보다 더 효과적이었다고 말했다.

팀은 정글에서 일어날 일이 기대됐다. 그는 노트북을 가지고 와서 제시 웨이츠에게 그의 신곡을 들려주었다. 최근 그는 2주 동안 내슈빌에 머무르며 케이시 머스그레이브스, 키스 어번, 앤더슨 이스트 같은 컨트리 스타들과 함께 작업했다. 그중에서도 그가 가장 좋아하는 노래는 테일러 스위프트의 프로듀서 네이선 채프먼과 함께 작곡한 'You Be Love'였다.

팀은 자신이 직접 쓴 가사가 마음에 들었다. 조건 없는 사랑 이야기처럼 들릴 수도 있지만, 더 큰 의미로 해석될 수도 있었다. 팀은 투어를 중단하기로 한 뒤로 이상한 일이 일어나기 시작했다고 생각했다. 이를테면 그는 피아노를 마법처럼 빠르게 연주하는 법을 발견했다.

마치 우주가, 어쩌면 영적인 에너지마저도 그가 건강해지기를 바라는 것 같았다. 그는 자신을 변화시키고 자신이 원하는 사람으로 만들어 준 거대한 힘의 손에 있는 찰흙과 같았다.

You can be the potter
I'll be the clay
You can be the blacksmith
and I'll be the blade

네가 도예가라면
나는 찰흙이 될 거야
네가 대장장이라면
나는 칼날이 될 거야

강을 따라 하루 이상 여행한 후. 아마존 깊은 곳에 있는 해변에 도착했다. 주술사가 파이프를 이용해 관광객들의 코에 담배 혼합물을 불어넣으며 그들을 맞이했고, 그곳에는 나무 오두막집 여러 개가 있었다. 그들은 박쥐와 거대한 모기가 가득한 이곳에서 일주일을 머물기로 했다.

　　팀과 일행은 짐을 푼 뒤, 거대한 개구리의 분비물을 얻는 것을 도왔다. 무당이 뜨겁게 달궈진 막대기로 팀을 찔렀고, 주술사는 상처가 난 곳에 개구리 독을 꽂았다. 그 독은 혈압을 안정시키고 면역체계를 강화하는 정화의 첫 단계라고 했다. 혈류 속에 독이 퍼지면서 팀은 숨쉬기가 힘들어졌다. 입가의 피부가 조이기 시작했고, 입술이 부어올랐다. 그들은 서로를 바라보며 눈물을 흘리고 웃었다. 모두가 300살이나 된 것처럼 기괴하게 주름지고 일그러져 보였다.

　　다음 날 첫 번째 의식이 거행되었다. 그들은 양조주의 재료인 뿌리, 덩굴, 나무껍질을 찾아 정글로 향했다. 이후 가마솥에 재료를 한데 모아 끓였고, 친구들은 오두막에서 낡은 매트리스를 꺼내 바닥에 놓았다. 무당은 그들의 얼굴에 담배 연기를 뿜은 뒤 나뭇잎을 흔들고 휘파람을 불며 자연과 성령에 대한 찬가를 부르기 시작했다.

　　팀은 찐득한 녹색 음료가 담긴 컵을 받았다. 진흙에 곰팡이가 피어 있었고, 맛도 역겨웠다.

　　그러나 팀은 매 순간을 즐겼다. 열대우림 속 매트리스에 누워 해독을 기다리는 것, 그것이 바로 진정한 삶을 체험하는 것이었다.

한편 로스앤젤레스 음반사의 닐 제이콥슨은 자신의 여가를 열정적으로 지켜내기 시작한 아티스트에게 익숙해질 수밖에 없었다. EP 3부작의 첫 번째 작품인 〈Avīci (01)〉은 2주 내에 발매될 예정이었는데, 팀은 가수 리타 오라와 작업한 'Lonely Together'의 최종 믹스를 아직 승인하지 않은 상태였다. 아마 큰 문제는 없을 것이고, 30분이면 끝날 형식적인 작업이었다.

유니버설은 소수의 팬에게 특별한 케이크를 보낼 예정이었다. 케이크 위에 올려진 작은 상자를 열면 내부에 불이 들어오고 하단의 스피커에서 'You Be Love'가 흘러나오는 것이다. 음반사는 팬들이 자신의 SNS에 케이크 영상을 올림으로써 노래가 자연스럽게 홍보될 것으로 예측했다. 음반사가 계획하고 있던 것은 훨씬 더 많았지만, 팀의 협조가 필요했다.

그러나 팀의 휴대전화는 매번 꺼져 있거나 통신이 원활하지 않은 상태였다. 팀과 연락하는 것은 무척 어려웠다.

그로부터 일주일이 지난 2017년 7월 말, 닐은 의미 있는 저녁을 준비하고 있었다. 그는 가족과 함께하는 저녁 식사에 영향력 있는 영화사 관계자를 초대했다. 그가 넥타이를 매고 있을 때 유니버설의 마케팅 담당자로부터 전화가 걸려왔다.

"엄청난 일이 일어났어. 아비치의 인스타그램에 들어가 봐!"

그곳에는 라마의 뒷모습이 있었다. 남미의 어느 계곡을 바라보는 동물의 털이 살랑거렸다. 마추픽추인가?

짧은 영상 속에서 익숙한 음색이 들려왔다. EP의 첫 번째 수록곡 'Friend of Mine'이었다.

"곧 신곡이 나올 거예요!" 팀이 적었다.

"이게 뭐야?" 닐은 중얼거렸다. 그들은 몇 달 동안 아비치의 귀환을 알리기 위한 완벽한 계획을 준비해오고 있었다. 근데 지금 라마 동영상을 올린다고?

닐은 인스타그램의 댓글을 읽기 시작했다.

완전 기대돼!!!!! 최고!!!!!!!!!〈3

미쳤다!!!!!

오래 기다렸어요!!! 사랑해요.

노래 너무 좋아요 〈3 정말 완벽한 명반이 될 거예요.

이 게시물의 모든 것이 저를 행복하게 합니다.

이후 몇 시간 동안 주요 온라인 신문사들이 그 소식을 전했고, 팀의 신곡은 트위터를 뜨겁게 달구었다. 영화사 관계자와의 저녁은 하나의 긴 축하 행사가 되었다.

몇 시간 뒤 팀이 마침내 전화를 걸었을 때, 그는 아무 일도 없었다는 듯 행동했고, 닐이 며칠 동안 자신에게 연락하려고 했다는 사실도 인식하지 못한 것 같았다.

"닐, 잘 지내?"

"이 빌어먹을…. 팀. 미친놈아. 우리가 마케팅에 얼마나 많은 돈을 쏟아부은 줄 알아? 근데 네 라마 사진 한 장으로 인터넷에 난리가 났어, 팀. 넌 천재야!"

"글쎄, 그냥 그렇게 하고 싶었어. 그게 맞는 것 같았어."

팀 베릴링은 자신의 감정을 터놓고 이야기하는 것이 점점 더 편안해졌다. 그는 건강에 대해 더 크고 진지한 인터뷰를 하고 싶었다. 자신의 이야기를 전하고 싶었고, 약물 중독, 영성, 정신 건강에 대해 객관적으로 성찰하고 싶었다. 그는 친구들에게 회고록을 쓰고 싶다고 말했다. 그의 이야기는 비슷한 상황에 있는 다른 누군가에게 도움이 될 것이다.

2017년 8월, 그는 롤링 스톤과의 솔직한 인터뷰를 통해 자신이 공연을 중단한 이유를 설명했다.

"모든 것은 성공을 위한, 성공에 관한 것이었어요. 저는 더 이상 행복하지 않았어요." 팀이 말했다.

〈Avīci (01)〉이 막 발매되었지만, 팬들은 멜로디 루프에 관해 이야기하기보다는 자기계발서를 추천하는 팀 베릴링에 익숙해지기 시작했다.

팀은 로스앤젤레스의 유리집을 설계한 건축가에게 연락하여 회의실을 만들어 달라고 부탁했다. 근처에 살던 패션 디자이너 캘빈 클라인은 집 아래에 있던 바위를 폭파해 지하 차고를 만들었는데, 팀도 이와 비슷한 아이디어를 구상했다.

팀은 각자의 분야에서 최고의 실력을 갖춘 창작자들의 모임을 만들고 싶었다. 게임 개발자, 영화감독, 발명가, 철학자를 모아 아이테르나라고 부르는 사회를 형성하는 것이다. 그는 이 라틴어 단어가 전통과 교육의 의미를 발산한다고 생각했다. 뛰어난 두뇌를 가진 사람들은 함께 모여 세상을 변화시킬 아이디어를 떠올릴 것이다.

무엇보다도 팀은 스포어라는 게임의 확장판을 만들고 싶었다. 원작에서 플레이어는 원시 미생물로 시작했고, 목표는 육식 생물로 성장하는 것이었다. 팀도 비슷한 모델을 상상했지만, 내용은 완전히 달랐다. 그는 성격 유형, 대응 기제, 삶과 죽음의 순환에 관해 배운 모든 것을 바탕으로 한 현실적인 게임을 만들고 싶었다. 주인공이 엔딩에 도달하면 나무 아래 부처처럼 욕망이 없는 인간, 깨달음을 얻은 인간으로 진화해 영적 성취를 이루는 것이다.

"사람들은 자신의 감정을 다루는데 서툴러요. 그래서 저는 투어를 그만둬야 했어요. 저의 감정을 제대로 읽을 수 없었거든요." 팀이 말했다.

팀은 4년 만에 할리우드의 집에서 여유로운 일상을 보냈다. 내부는 그가 원했던 것처럼 편안하고 우아했다. 청동 커피 테이블, 샹들리에, 대리석 타일, 도시 전체가 내려다보이는 검은색 침대까지. 아래층 영화관에는 〈대부〉, 〈시계태엽 오렌지〉 등 팀이 가장 좋아하는 영화의 오리지널 포스터가 걸려 있었고, 욕실에는 어린 시절 실링의 벼룩시장에서 샀던 낡은 도널드 덕 만화책이 있었다.

현관 앞에는 반짝이는 스타인웨이 그랜드 피아노가 있었다. 가격이 거의 6만 달러에 달했지만, 스웨덴산 강철로 만든 현에서 나오는 풍부하고 맑은 소리를 고려하면 그만한 가치가 있었다. 팀은 피아노 연주하는 것을 좋아했고 매우 독특한 기술을 개발했다. 그는 흰 건반 대신 검은 건반만 쳤고, 종종 오른손으로 5분음표나 4분음표만 연주했다. 오른쪽의 불완전한 코드가 왼쪽의 완전한 베이스 음과 만났을 때, 예상치 못한 파격적인 소리가 공기를 가득 채웠다.

그러나 팀은 이론적인 측면에는 관심이 없었다. 그는 단지 자신의 직감에 맞는 느낌을 찾고 있었다.

로스앤젤레스에서의 나날은 편안했다. 침대에 누워서 〈사우스 파크〉를 보는 것은 여전히 팀이 좋아하는 일 중 하나였다. 최신 시즌에서는 페이스북의 가짜 뉴스, 마이크로 브루어리, 음성 인식 비서와 사랑에 빠진 카트먼에 관한 에피소드가 방영되었다.

또 다른 에피소드는 마약에 관한 내용이었다. 스탠의 할아버지와 같은 요양원에 머무르는 어느 할머니가 옥시콘틴을 밀반출해 시민들을 마약 중독자로 만들었다. 할머니는 오피오이드를 손에 쥐고 큰 소리로 방귀를 뀌었고, 팀의 떠들썩한 웃음소리가 침실을 가득 채웠다.

2017년 가을, 그에게는 새 여자친구가 생겼다. 그들은 데이트 앱 라야에서 만나 채팅을 하기 시작했고, 첫 데이트에서 테레자는 팀이 옷을 입은 채로 수영장에 들어가도록 그를 부추겼다. 두 번째 데이트에서 그녀는 팀에게 누텔라 치즈 퍼프를 보여주었다.

그 이후로 둘은 떼려야 뗄 수 없는 사이가 되었다. 테레자는 팀과 동거를 시작했고, 그들은 방 안에서 대부분의 시간을 보냈다. 영화관 아크라이트에서 팝콘을 주문하고, M&M 초콜릿을 컵에 붓고 섞었다. 그들은 걷는 것조차도 귀찮아져서 세그웨이를 타고 집 안을 돌아다녔다. 팀이 주스와 아이스크림을 가지러 가는 길에 이

륜차의 파란 네온 불빛이 바닥을 환하게 밝혔다.

체코에서 나고 자란 테레자는 모델이 되기 위해 로스앤젤레스로 왔다. 그녀는 디젤 모델로 일했고, 팝 그룹 마룬파이브의 뮤직비디오에 출연했다. 이제 그녀는 모델 일을 그만두려고 하고 있었다. 매번 재킷을 걸치고 머리를 헝클어뜨린 채로 웃는 것은 너무 지루했다. 그녀는 동화책과 각본을 쓰고 싶었다. 팀은 그녀가 심리학에 관심이 많고 카를 융이 누구인지 잘 알고 있다는 사실에 반했다.

테레자는 창의적이면서도 성숙했다. 아마도 그녀에게 루카라는 이름의 두 살 난 아들이 있었기 때문일 것이다.

처음에 팀은 루카 앞에서 긴장했다. 팀은 루카와 함께 그랜드 피아노 앞에 앉아 루카에게 피아노 연주하는 법을 알려주었다. 그들은 곧 그들만의 세계를 창조했다. 테레자가 아침 식사를 가지고 침실로 왔을 때, 그녀는 이불로 지은 오두막을 발견했다. 기저귀를 찬 루카와 속옷 차림의 팀은 책상다리하고 앉아 무언가에 관해 이야기하고 있었다. 테레자가 이불 속으로 들어가려고 하자, 아들은 큰소리로 항의했다.

"엄마! 여자는 들어올 수 없어요!"

팀과 루카는 몇 시간 동안 좁은 수영장에 누워 니모와 도리처럼 생긴 물고기 장난감을 이리저리 던졌다. 팀은 기저귀를 가는 법을 배웠고, 루카가 수영장에 싼 똥을 치울 거름망을 찾는 것을 도왔다. 그는 아이를 돌보는 것이 얼마나 재미있는지에 놀랐다. 저녁에 루카가 옆에 있는 베개 위로 기어 올라가는 동안, 그는 다른 자동차들에게 공손하게 운전하는 방법을 가르쳐준 다정한 트럭에 관한 동화책을 읽어주었다.

팀은 자신이 아버지가 된다면 어떨지 생각했다. 아마도 지금이 적기일 것이다. 그는 자신의 아버지와 달리 항상 젊은 아빠가 되고 싶었다.

그는 티에스토와 함께 베벌리힐스의 월도프 아스토리아에서 저녁 식사를 했다. 몇 년 만에 만난 팀은 활기차고 말이 많았다. 그들은 오래전 이비자에서의 밤을 회상했다.

"사실 공연을 다시 할까, 하는 생각도 해요." 팀이 말했다.

이제 팀은 피아노 연주에 더 능숙해졌고, 그와 칼 팔크는 살렘 알 파키르, 빈센트 폰타레와 함께 밴드를 시작하는 것에 대해 논의하고 있었다. 팀은 필터와 이펙트를 사용하여 라이브 음악을 왜곡하거나, 직접 피아노와 기타를 연주하는 것을 상상했다. 청중에게는 완전히 새로운 경험이 될 것이고, 그는 무대 위에 혼자 있을 필요가 없었다. 이전처럼 전 세계를 돌며 공연하지 않고 제시 웨이츠가 개장할 새 클럽에서 몇 차례 공연해 볼 수도 있다. 그는 밴드 이름으로 아비치 앤 애니멀스를 생각하고 있었다.

팀은 티에스토에게 몇 년 동안 연락을 끊은 것에 대해 사과했다. 그들은 이전처럼 다시 잘 지내보기로 했다. 2018년 3월 울트라 뮤직 페스티벌에서 재회하는 스웨디쉬 하우스 마피아를 함께 보러 갈 수 있을지도 모른다.

화해와 평온의 시간이었다.

팀은 기술 장비를 구매하기 시작했다. 그는 광각 줌 기능을 갖춘 쌍안경과 최첨단 카메라가 장착된 드론을 주문했다. 그가 가장 좋아한 것은 세 개의 현미경이었다.

팀은 버섯에 관한 새로운 연구 결과에 관심을 가지기 시작했다.

버섯에 달린 곰팡이실은 지하 수 킬로미터까지 퍼져 있으며, 이는 나무가 영양분을 흡수하는 데 도움을 준다고 했다. 아쉽게도 할리우드의 산에서는 버섯이 거의 자라지 않았다. 대신 팀은 정원으로 나가서 현미경으로 관찰할 잎사귀, 나무껍질 조각, 곤충을 찾았다.

테레자는 현미경 너머로 그를 바라보았다. 그의 손은 무척 아름다웠다.

나는 음악 듣는 법을 다시 배워야 한다. 음악과 관련된 모든 스트레스에서 벗어나야 한다.

세속적인 성공을 좇는 것은 건강하지 않으며 스트레스와 '욕망'을 유발한다. 나는 내면의 평온함과 순수한 목표를 추구해야 한다.

팀 베릴링은 프로듀싱의 정체기에 있었다.

하우스 음악의 거품이 어느 정도 꺼졌다는 것은 쉽게 알 수 있었다. EDM 페스티벌과 음악 사이트를 대기업으로 만들겠다는 사업가 로버트 실러먼의 거창한 계획은 상장 몇 년 만에 회사가 파산하며 막을 내렸다.

라스베이거스의 거대 클럽 하카산에 투자한 아랍 왕족의 최측근은 부패 스캔들에서 돈세탁 혐의를 받고 경찰에 체포됐다.

그렇게 파티도, 골드러시도 끝이 났다.

그러나 2017년 가을, 미국 라디오에서는 여전히 팀의 동료들이 만든 노래가 흘러나왔다. 체인스모커스, 제드, 카이고는 강렬한 드랍이 사라진 음악을 만들었다. 대신, 방을 천천히 데우는 라디에이터와 같은 소박하고 단순한 빌드업이 있었다. 그다지 이상한 일은 아니었다. 한 스타일의 원시적이고 비타협적인 요소는 항상 시간이 지나면 부드러워지는 경향이 있었다. 70년대 초반 록 음악이 캘리포니아의 태양 속으로 빠져들거나, 80년대 펑크 록이 뉴 웨이브로 변모했던 때가 바로 그런 경우였다. 90년대에는 퍼프 대디가 공격적인 힙합의 첫 번째 물결을 다듬었다.

이제 EDM에 관해 이야기하는 사람은 거의 없었는데, 사실 이는 하우스 음악이 미친 영향을 단적으로 보여주는 신호였다. 10년 전에는 낯설게 느껴졌던 사운드가 2017년에는 거의 모든 현대 팝 음악에 통합되었다.

스웨덴인들은 이 발전에서 주목받았다. 로스앤젤레스에는 스웨덴 작곡가들의 작은 식민지가 등장했고, 이는 미국 라디오 사운드에 영향을 미쳤다.

90년대에 브리트니 스피어스와 백스트리트 보이즈의 히트곡을 만들었던 맥스 마틴은 최근 할리우드에 자신의 스튜디오를 지었다. 이전에 프랭크 시나트라가 소유했던 그 집에는 마틴 외에도 테일러 스위프트, 아델, 아리아나 그란데의 세계적인 히트곡을 만든 많은 스웨덴인이 거쳐 갔다. 또 다른 스웨덴인으로는 에리크 하슬레와 《타임》에서 영향력 있는 10대 중 한 명으로 선정된 자라 라슨이 있었다. 이제 스웨덴인은 시간을 잘 지키고, 신뢰할 수 있으며, 적극적이고, 사람들을 흥얼거리게 만드는 멜로디 팝을 만드는 것을 두려워하지 않는 사람들로 여겨졌다.

작곡가의 상당수는 여성이었다. 누니 바오라는 이름으로 활동하며 케이티 페리의 곡을 썼던 욘날리 파르메니우스는 아비치의 'I Could Be the One'에서 보컬을 맡았다.

파르메니우스는 몇 년 전 로스앤젤레스에 처음 도착했을 때를 떠올렸다. 그녀는 스톡홀름의 지하실에서 오랜 시간 고생한 끝에 로스앤젤레스에서 3주 동안 일할 수 있을 만큼의 돈을 모았다. 그리고 집으로 돌아오는 길에, 파르메니우스는 라디오에서 흘러나오는 자신의 목소리를 듣고 자신의 삶이 곧 바뀔 것을 깨달았다.

그것은 꿈의 도시에서 일어날 수 있는 일이었다. 문은 이미 열려 있었고, 그 안으로 발을 내딛기만 하면 됐다. 팀 베릴링이 중요한 역할을 했던 스웨덴의 작은 기적이었다. 하지만 그는 더 이상 자신이 그 세계에 속하지 않는 것 같다고 생각했다.

그는 창의성이 다 떨어졌다고 느꼈다. 그가 연초에 내슈빌에서 만든 노래는 모두 버려졌다. 팀은 더 이상 그 노래들을 좋아하지 않았고, 새로운 아이디어가 떠올라도 무시했다. 그는 자신의 직감을 믿지 못하기 시작했다.

대신 그랜드 피아노를 이용해 멜로디를 만들었고, 컴퓨터가 아닌 실물 악기를 사용해 직접 곡을 쓰는 것이 더 재미있었다.

"근데 문제는, 이다음에 어떻게 해야 할지를 모르겠다는 거야." 그가 친구에게 문자 메시지를 보냈다. 음악은 오랫동안 긴장과 실행에 연결되어 있었기 때문에, 그는 작업을 시도할 때마다 스트레스를 받았다.

유니버설의 직원들은 점점 더 좌절에 빠졌다. 팀은 그들의 제안에 관심 있는 척했지만, 아무것도 행동에 옮기지 않았다. 그는 젊고 인기 있는 아티스트 챈스 더 래퍼와 함께 작업하고 싶다고 하면서도, 시카고행 비행기에 타기를 거부했다. 또한, 그는 'Sixteen'의 데모를 받았지만, 결국 그 곡은 엘리 굴딩에게 돌아갔다. 'Back to You' 역시 셀레나 고메즈에게 넘어가며 전 세계에서 큰 인기를 얻었다. 닐 제이콥슨과 그의 동료들은 마이클 잭슨의 〈Thriller〉를 제작한 전설적인 퀸시 존스와의 만남을 주선하기도 했다.

팀은 "완전히 망했어!"라고 썼다가 지웠다.

팀은 아라쉬 푸르누리, 또는 그와 같은 역할을 해줄 사람을 찾기 시작했다. 명확한 리더가 없었고, 그와 닐 제이콥슨, 페르 순딘 사이에서 그룹 이메일이 오갔다. 물론, 그는 두 사람을 모두 믿었지만, 그들에게는 처리해야 할 다른 일들이 많았다.

아비치에게만 온 신경을 써줄 누군가가 필요했다.

"애쉬가 나를 채찍질하거나 어떤 노래에 집중해야 하는지 말해주지 않고서는, 나는 예전처럼 열심히 음악을 만들 수 없어. 내가 가지고 있는 수십억 개의 아이디어를 완성하지 못하는 이유는 아무도 나를 밀어붙이지 않기 때문이야. 그리고 내가 노래를 완성하지 않으면 진정한 잠재력을 들을 수 없어!" 팀이 닐 제이콥슨에게 썼다.

의무로부터 완전히 자유로워진다고 해서 좋은 것만은 아니었다. 이제 그에게는 생각할 시간이 많아졌고, 그는 건강에 집착하기 시작했다.

그해 봄, 팀은 콜드플레이의 크리스 마틴이 추천한 대체 의학 클리닉을 찾았다. 그곳에서 그는 혈액 순환을 촉진하기 위해 림프계를 빼내고, 수혈을 받고, 등에 부항을 떴다.

그런데도 그의 몸에는 어떻게 해석해야 할지 모르는 신호들이 있었다. "지난주 아침부터 계속 메스꺼운 이유를 모르겠어요!" 그가 영양사에게 메시지를 보냈다.

로스앤젤레스에서 인기를 끌었던 발효 음료 콤부차를 마시면 그 불편함은 시간이 지나면서 가라앉았다. 하지만 왜 몸이 아프고 때로는 배가 아픈지 그 이유를 모른다는 게 걱정이었다. 가끔 나타나는 귀의 통증도 마찬가지였다. 또한, 그의 등에는 갈색 반점이 있었다. 색이 조금 변했나? 암은 아닐까?

팀은 그가 어렸을 때부터 가장 두려워했던 질병에 걸렸다고 확신했다.

그는 담배를 많이 피웠다. 부엌 오른쪽 위 서랍에는 대마초 상자, 롤링 페이퍼, 재떨이가 있었다. 팀은 정오 무렵에 일어나 부엌에 가서 대마초를 가지고 침실로 돌아오곤 했다. 그는 대마초가 불안감을 낮추고 창의력을 높여준다고 생각했다.

대마초에 대한 태도는 미국, 특히 로스앤젤레스에서 엄청난 속도로 바뀌었다. 1년 전, 캘리포니아 주민들은 투표를 통해 기호용 대마초 사용을 합법화했고, 고속도로를 따라 대마초 상점들이 열리기 시작했다.

사이키델릭 버섯에 대한 의견 또한 비슷한 변화를 겪고 있었다. 이전에는 60년대 히피 문화의 파괴적인 잔재로 여겨졌던 것이 이제는 실리콘밸리에서 화폐로 통용되고 있었다. 몇몇 신생 기업은 버섯에 들어있는 환각 물질인 실로시빈을 이용해 완전히 새로운 유형의 항우울제를 제조하기 위해 경쟁했다.

팀은 마법 버섯의 효과에 매료되었다. 어떤 사람들은 버섯이 뇌를 맑게 해주고 우울과 불안을 완화해 준다고 믿었다. 그는 1년 전 페루 탐험 중에 정글 가이드로부터 버섯 한 봉지를 받아, 문명으로 돌아가는 배에서 버섯을 먹고 환각 상태에 빠졌다. 아마존강의 붉은 노을 속에서 팀은 삶을 더 잘 이해하게 됐고, 퍼즐의 모든 조각이 맞춰졌다고 느꼈다. 로스앤젤레스의 테라스에서도 그는 새로운 깨달음을 얻었다.

그러나 때때로 환각은 불쾌한 이미지를 불러일으키기도 했다.

"우주를 이해할 것 같으면서도 이해할 수가 없어. 약간 미칠 것 같아." 그가 친구에게 메시지를 보냈다.

폴 태너

2017년 8월 17일

> 폴! 보고 싶어요!
> 시간 될 때 한 번 만나요

우와
나도 지금 너한테 문자 보내려고 했는데
나는 두바이에 있어

> 하하 엄청난 우연인데요
> 지난 2년 동안 너무 많은 일이 있었어요!!
> 아 그곳은 지금 밤이겠네요! 내일 얘기할까요?

팀과 치료사 폴 태너는 계속 연락을 주고받았다.

팀은 주로 철학적이고 실존적인 이야기를 했다. 그는 연금술이나 허공에서 전기를 생성하는 공중 발전기에 관한 다큐멘터리에 관심이 많았다. 또한, 그는 전자기 신호가 물에 저장되었다가 이메일을 통해 새로운 수원으로 전송될 수 있다고 주장하는 한 바이러스학자에 관한 기사를 읽었다고 했다. 만약 그런 일이 가능하다면 과학계가 뒤집힐 것이다!

팀은 사회에 큰 변화를 일으키길 원했다. 그는 자신이 가장 좋아하는 영화감독 대런 아로노프스키에게 연락하여 협업을 원하는지 물었다. 그는 이비자 파티 생활의 이면을 밝히는 다큐멘터리를 제작하고 싶었다. 매년 여름마다 얼마나 많은 사람이 약물 과다복용으로 사망하는지 보여주는 것이다. 아니면 부처의 젊은 시절에 관한 전기라던가.

다른 사람들을 돕기 위해 노력하는 팀의 모습은 정말로 아름다웠다. 하지만 그는 실제로 어떤 기분이었을까?

폴 태너는 팀이 한 가지 개념에 정착하지 못하는 게 답답했다. 팀이 클리닉에 다녀간 지 2년이 지났고, 폴은 이제 그가 그때 얻은 가장 기본적인 교훈을 기억해 내야 한다고 생각했다. 그러나 팀은 고군분투했고, 문제를 해결하기 위해 움직이기보다는 그저 끝없이 고민만 한다는 사실이 폴을 답답하게 했다.

폴은 팀의 일상이 궁금했다. 팀은 새 강아지에 대해 언급했고,

테레자와 그녀의 아들에 대해서도 조금 이야기했다. 때때로 클라스와 앙키가 대화에 등장했지만, 단편에 불과했다.

폴은 팀에게 여행을 제안했다. 발리의 논밭에서 몇 주 정도 시간을 보내는 것은 어때? 폴은 팀에게 소개해 줄 만한 구루를 알고 있었다. 아니면 팀이 스톡홀름에 있을 때 폴이 그곳으로 갈 수도 있었다.

그러나 이러한 계획 중 그 어느 것도 실현되지 않았다. 팀의 생각은 파악하기가 어려웠다.

폴은 팀의 상태가 그다지 좋지 않다는 것을 감지했다.

어쩌면 팀이 다시 방에서 나오지 않기 시작한 것은 아닐까?

재활 클리닉의 원장 존 맥키온도 걱정이 많았다. 운동과 명상이 팀에게 내면의 평화를 가져다준다면 그것은 훌륭한 일이지만, 사실 더 나은 삶을 위한 기초는 그보다 훨씬 단순했다.

그것은 술을 끊는 것과 같은 기본적인 일이었다.

팀이 클리닉을 떠나기 전 맥키온은 그에게 완전한 금주만이 회복의 유일한 길이라는 것을 각인시키려고 노력했다. 스물여섯 살 청년에게 끔찍한 소리처럼 들릴 수 있지만, 그의 경험에서 우러나온 말이었다.

팀과 마찬가지로, 젊은 시절 맥키온은 긴장을 해소하기 위해 마약을 하고 술을 마셨다. 중독에서 벗어나는 것은 어려웠고, 벗어나더라도 순식간에 다시 중독될 수 있었다. 그래서 존 맥키온은 술을 끊은 지 30년이 넘었음에도 여전히 자조 모임에 참석했다. 다른 중독자들을 만나는 것은 모든 것이 얼마나 쉽게 무너질 수 있는지를 상기시켜주었다.

맥키온은 팀이 로스앤젤레스에서 환각 버섯을 사용하고 있으며 많은 양의 대마초를 피우고 있다는 소문을 전해 들었다.

오피오이드에 비하면 대마초는 별거 아닌 것처럼 보일 수 있지만, 실제로 대마초는 정신질환의 위험 요소였다.

정신질환을 앓는 동안 현실을 해석하는 능력이 흔들리거나 완전히 상실될 수 있다. 이는 몇 년에 걸쳐 서서히 진행될 수도 있고, 며칠 만에 발현할 수도 있다. 정상적인 사고와 비합리적인 사고의 경계는 모호했다. 그들은 보이지 않는 연결을 보고, 독창적인 연관성을 만들거나, 신이나 우주와 긴밀한 접촉을 할 수도 있다.

이러한 증상은 약물 중독과 직접 연관되어 발생할 수 있지만, 며칠 또는 몇 주 후에 나타날 수도 있다. 시간이 지날수록 상태가 악화되어 환자는 결국 주변 환경 및 자신과의 연결이 끊어졌다고 느낄 것이다.

비현실적인 느낌이었다.

2018년 새해 첫날, 팀과 테레자는 로스앤젤레스 동쪽에 있는 빅베어 스키 리조트로 향했다.

팀과 테레자는 차 안에서부터 옥신각신하기 시작했다. 그들은 숙소를 마련하지 않은 상태였는데, 팀은 온라인으로 직접 객실을 예약하는 대신 여행사가 자신의 객실을 예약해주기를 원했다. 테레자는 팀이 슈퍼스타로서의 스트레스에서 벗어나고 싶다면 적어도 호텔 방은 직접 예약할 수 있어야 한다고 생각했다.

그들은 3일 동안 신을 스키와 부츠를 빌렸지만, 테레자는 완만한 슬로프에 금세 싫증이 났다. 그녀는 다쳤다고 거짓말을 해서 장비 대여료로 낸 200달러를 돌려받길 원했다. 테레자는 얼굴을 찡그린 채 절뚝거리며 매장으로 들어갔고, 팀은 가게 직원에게 그녀의 계획을 밝혔다. 그런 일에 대해, 그리고 그렇게 적은 금액에 대해 거짓말을 하는 것은 정말 어리석은 일이었다.

이 일은 둘의 싸움에 불을 지폈고, 팀은 작별 인사 없이 스키장을 떠나 집으로 혼자 돌아왔다.

며칠 후 테레자가 팀의 집에 왔을 때 분위기는 좋지 않았다. 팀은 몸을 웅크리고 침실에 누워있었다. 그는 집에 돌아온 이후로 샤워도 하지 않고 옷도 갈아입지 않았다.

"아직도 기분이 안 좋아?" 테레자가 물었다.

"아니, 그거 때문이 아니야." 팀이 대답했다. "난 그저 실존적 위기를 겪고 있을 뿐이야."

테레자는 팀이 이런 식으로 우울해하는 모습을 처음 보았지만, 그는 이전에도 삶에 대해 강렬하게 생각한 적이 있었다. 팀은 자신의 주변 환경이 비현실적으로 느껴진다고 말했다.

"주변의 모든 사람이 내 마음속의 투영일 뿐이라면? 사실 이 세상에 나 혼자만 있는 거면 어쩌지?"

테레자는 무슨 대답을 해야 할지 몰랐다. 생각하기도 무서운 환상이었다.

"괜찮아. 우울하다는 게 어떤 건지 나도 알아. 누구나 가끔은 우울할 수도 있지." 그녀가 말했다.

팀은 혼자만의 시간을 원했고, 테레자는 팀을 어두운 침실에 남겨 두고 나왔다. 며칠 뒤 팀은 기운을 회복했지만, 테레자는 무언가 잘못됐다는 느낌이 들기 시작했다.

팀은 그녀를 안심시키려고 노력했다. 걱정할 것도 없고, 그는 이제 괜찮았다.

"가끔 이런 생각이 들 때가 있어. 실제로는 아무것도 중요하지 않다는 거지."

"무슨 말이야?" 테레자가 물었다. "정말 슬픈 생각이네!"

"아니, 그런 건 아니야. 내가 원하는 대로 무엇이든 할 수 있다는 뜻이야. 해방이지."

2018년 2월 팀은 스톡홀름으로 돌아갔다. 그들은 또다시 말다툼을 벌였고, 그에게는 휴식이 필요했다.

그는 우플란스가탄에 있는 저택을 임대했다. 모니터 속에서는 전투가 한창이었는데, 기관총이 덜거덕거리고, 레이저 광선이 나오고, 포탄이 적군 위에서 폭발하고 있었다.

팀은 커다란 모니터를 사서 테이블 위에 놓고, 소꿉친구 프리코 보베리와 요한네스 뢴노를 게임의 밤에 초대했다. 그들은 감자칩과 탄산음료를 사서, 월드 오브 워크래프트와 같은 회사에서 나온 게임 오버워치를 시작했다. 이곳에서의 모험은 디스토피아적인 대도시에서 이루어졌고, 팀은 여전히 길드에 없어서는 안 될 영웅을 선택했다.

프리코가 근육 돼지, 요한네스가 군인이었다면 팀은 가부좌하고 맴도는 수도승이었다. 그는 지혜로운 말을 하면서 다른 사람들을 치유했다.

"진정한 자아엔 형체가 없는 법." 수도승이 덜컹거리는 로봇 손에서 치유구를 쏘며 말했다.

프리코는 수도승이 최근 몇 년간 영적 성장에 빠진 팀에게 딱 맞는 캐릭터라고 생각했다. 그는 팀이 정확히 올바른 방향으로 나아가고 있으며, 이전과 다른 방식으로 휴식과 회복의 가치를 이해하고 있다고 생각했다. 이 상황이 좋은 예였다. 우플란스가탄의 아파트는 옛날처럼 시간이 흘러가는 곳이었다. 심지어 감자칩 맛도 예전과 똑같았다.

직장 동료가 아닌 친구처럼 함께 어울릴 수 있어서 좋았다.

"우주의 품에 안기시오." 수도승은 팀원들이 다치지 않도록 주위에 원을 만들었다. 요한네스 병사의 생명력이 채워졌고, 그는 다시 총을 쏘기 시작했다.

전투 사이 휴식 시간에 프리코는 냉동 미트볼에 마카로니와 페스토를 곁들인 음식을 만들었다. 팀은 로스앤젤레스와는 이제 끝이라고 말했다. 그는 아비치로서 대접받는 것에 지쳐있었다.

겨울 동안 프리코는 스톡홀름에서 팀이 머물 집을 찾는 것을 도왔다. 그는 구스타프 아돌프 6세 국왕이 소유했던 노라 유르고르덴에 있는 사유지를 둘러보았다. 해변 바로 앞에 저택이 있었고, 저녁이면 정원에 볕이 들지 않는 것을 제외하면 팀의 마음에 들었다.

팀은 이제 스톡홀름에 돌아와 살고 싶었다. 그는 먼 훗날 온실과 농장을 지어 자급자족하는 삶을 꿈꿨다.

"우리가 다 같이 모여 놀 수 있는 집을 구할 거야. 정말 멋질 거야!" 팀이 말했다.

팀은 스톡홀름에 머무는 동안 아라쉬 푸르누리도 만났다.

닐 제이콥슨의 지인인 마크 수닥이 팀의 매니저로 일하고 있었지만, 팀은 자신이 예전 파트너의 귀를 그리워하고 있다는 것을 깨달았다. 사실 귀뿐만이 아니라, 아라쉬가 그리웠다.

물론 그들은 엄청나게 충돌했으며 서로의 최악을 마주했다. 하지만 그들은 동시에 다른 누구도 공유하지 못한 경험으로 영원히 얽혀 있었다.

약 6개월 전, 아라쉬는 이메일을 통해 자신의 마음을 전했다. 그는 이제 새로운 일을 시작했다 — 앳나이트를 창작자들의 슈퍼 허브로 만들겠다는 계획은 물거품이 됐고, 음악과 관련 없는 사업을 하고 있었다. 그는 유명한 금융가 맛스 크비베리와 함께 디지털 탤런트 쇼를 시작했고, 유니버설의 페르 순딘과 함께 사무실 임대업을 하고 있었다. 그가 세바스티안 인그로소와 함께 시작한 프로젝트는 유튜브에서 영향력 있는 사람들을 양성하는 것이었다. 또한, 아라쉬와 스포티파이의 창립자 다니엘 에크가 주최한 컨퍼런스 브릴리언트 마인즈는 스톡홀름의 비즈니스 세계에 자리를 잡았고, 구글의 전 CEO 에릭 슈미트를 포함한 다양한 유명인사들을 스톡홀름으로 끌어들였다.

아라쉬의 어조는 상냥하고 차분했으며, 자신이 화가 나거나 비통해하지 않는다는 점을 강조했다.

팀은 답장을 보냈다.

돌이켜보면 해를 거듭할수록 힘들다고 생각했던 일(공연)에 나 자신을 너무 많이 밀어붙였고, 시간이 지나면서 삶에 대한 갈망이 사라졌던 것 같아. 하지만 모든 것이 잘 진행되고 있었기 때문에 멈춰 세우는 것이 무서웠어. 그렇다고 해서 세상이 끝나는 것도 아니었는데 말이야. 벽을 여러 번 뚫기 전에 훨씬 일찍 끝냈어야 했어.

팀은 아라쉬가 다시 자신의 매니저가 되길 바라는 것은 아니었다. 그러나 창의적인 발판으로서 그는 매우 귀중한 존재였다. 음악적으로 팀이 아라쉬만큼 신뢰하는 사람은 없었다. 만약 그들이 서로의 차이점을 받아들이고, 서로를 위한 새로운 역할을 만들어낸다면, 처음의 마법 같은 시절로 돌아갈 수도 있을 것이다.

그들은 2년 만에 다시 만났다. 팀의 형 다비드가 일하는 레르크스탄의 고급 호텔에서 저녁을 먹고, 프리코 보베리가 매니저로 있는 클럽 베른스에 갔다.

프리코는 팀과 아라쉬가 같이 있는 모습이 보기 좋았다. 그들은 다시 함께 웃고 있었다. 프리코는 그들에게 술을 가져다주고 둘을 조용한 공간으로 안내했다.

팀과 아라쉬는 동이 틀 때까지 밤새도록 앉아 이야기를 나누었다. 토요일 새벽 5시에 헤어지면서 그들은 서로를 향한 애정을 표현했고, 조만간 다시 연락하기로 약속했다.

현미, 생선, 브로콜리가 담긴 상자가 할리우드 저택에 도착했다. 가정부는 잣, 피망, 루콜라를 곁들인 샐러드를 준비했다. 간식으로는 무염 아몬드, 호두, 호박씨가 제공됐다. 운동하는 날이면 살짝 튀긴 달걀 두어 개를 히말라야 소금에 찍어 먹을 수 있었다. 그리고 먹이사슬의 맨 아래에 있는 생선, 그중에서도 지방이 많은 정어리는 영양가가 풍부했다.

살렘 알 파키르는 위층 부엌에 앉아 팀이 빈센트 폰타레에게 식사와 영양에 대해 강의하는 것을 듣고 있었다. 그는 팀이 그늘에서 벗어난 것 같아 행복했다. 팀의 몸에는 근육이 생겼고, 얼굴에 생기가 돌았다. 그는 기분이 다시 좋아진 것 같았고, 7년 전 외스테르말름의 작은 지하 스튜디오에서 만났을 때처럼 행복하고 명랑해 보였다.

적어도 살렘 알 파키르가 느끼기엔 그랬다.

팀의 새 매니저인 마크 수닥은 팀에게 어떤 음악가와 함께 작업하고 싶은지 적어 달라고 요청하여 교착 상태를 깨려고 노력했다. 팀에게는 스튜디오에서 함께 신나게 작업할 동료가 필요했다.

팀은 살렘 알 파키르, 빈센트 폰타레를 포함해 스웨덴인들로만 구성된 목록을 작성했다. 칼 팔크와 록 그룹 켄트의 보컬 요케 베리도 있었고, 몇 년 전 'Pure Grinding'을 공동 작곡했던 프로듀서 알빈 네들레르와 크리스토페르 포겔마르크도 초대되었다.

그러나 살렘, 빈센트와 함께한 처음 이틀은 진전이 더뎠다. 그들은 아래층 스튜디오에서 스케치를 계속 녹음했고 팀은 평소처럼 수용적이었다. 그러나 팀은 초안을 발전시키는 데 관심이 없는 것 같았다. 그는 오로지 가슴을 설레게 만드는 느낌을 찾고 있었다.

그는 어떤 곡을 듣든 매번 대단하다고 말했다. "나머지는 나중에 결정하자. 지금은 그 일에 얽매이고 싶지 않아."

"하지만 이제는 곡을 완성해야 해." 빈센트가 말했다.

"한 가지 아이디어를 더 생각해 보자. 잘 되어가고 있어!" 팀이 말했다.

셋째 날, 결국 빈센트가 용기를 내어 나섰다.

"더 이상은 안 돼, 팀."

논의 끝에 그들은 음악적 공간을 찾기로 합의했다. 지금 라디오에서 재생되지 않는 노래는 무엇일까? 그곳이 그들이 갈 곳이었다.

그들은 모든 메탈 밴드와 로커가 용감하게 랩을 시도했던 90년대의 이상한 시기에 관해 이야기하기 시작했다. 팀은 키스, 린킨 파크, 시스템 오브 어 다운, 크레이지 타운 같은 밴드의 노래를 들으며 성장했다. 그들은 팀이 초등학생일 때 큰 인기를 끌었던 노래 'Butterfly'를 들었다. 또 다른 곡 'Loser'는 90년대 가수 벡의 대표곡으로, 엉성한 힙합 비트와 일관성 없는 가사가 합쳐진 자조적인 슬래커 록이었다.

이 과정에서, 팀이 아주 오랜만에 완성하고 싶어진 첫 번째 노래 'Excuse Me Mr Sir'가 탄생했다.

세 사람은 테라스에 앉아 지난 시절을 떠올렸다. 스트레스가 너무 많아서 정신이 없을 정도였다. 휴대폰은 그들이 사랑했지만 동시에 집착했던 장치였다. 항상 사용 가능했고 절대 꺼지지 않았다. 그들이 잠들기 전에 마지막으로 한 일도, 아침에 일어나자마자 한 일도 휴대폰을 확인하는 것이었다. 공유 재생목록, 채팅 스레드, 인스타그램 댓글을 통해 수많은 사람이 연결되어 있음에도 불구하고, 고립감과 외로움을 느끼기 쉬웠다. 지나치게 자극받으면서 동시에 지루했다.

그들은 스튜디오로 내려가 고요함을 향한 갈망과 끝없는 정보의 소음에 관한 노래 'Peace of Mind'를 썼다.

팀은 아침마다 발코니에서 가부좌를 틀었다. 유튜브에서 나오는 부드러운 싱잉볼 소리가 침실을 가득 채우고 아침 햇살 속으로 퍼져 나갔다. 팀은 무릎에 손을 올리고 손바닥을 위로 향하게 했다.

팀은 만트라로 돌아가려고 노력했지만, 그의 머릿속에는 끊임없이 생각이 맴돌았다. 멜로디가 떠올랐고, 아침 식사로 무엇을 먹을지 고민했고, 등이 긴장되는 것을 느꼈다. 그는 모든 사람이 이러한 과정을 겪는다는 것을 알고 있었다. 주의가 다른 곳으로 쏠리더라도 만트라로 돌아가도록 끊임없이 노력해야 했다. 이 과정은 의식이 진행되는 20분 동안 반복됐다.

기분이 나아질 방법을 찾는 팀의 노력은 계속되었다. 그는 최근 1950년대 후반 인도의 한 구루가 시작한 기술인 초월명상을 발견했다. 마하리시 마헤시 요기는 계몽주의 사상을 전파했고, 그의 가르침에 관심을 가지기 시작한 비틀스 멤버들로부터 상당한 지원을 받았다. 비록 그들의 여정은 갈등으로 끝났지만, 폴 매카트니와 존 레논은 갠지스강둑에 있는 마하리시의 명상 센터에서 〈The Beatles〉와 〈Abbey Road〉의 수록곡을 만들었다. 여배우 미아 패로는 여동생 프루던스와 함께 이 곳을 찾았는데, 프루던스는 몇 주 동안 끈질기게 영적 탐구를 한 끝에 정신질환에 걸린 것과 비슷한 상태에 이르렀다. 나흘 동안 그녀는 방갈로에 가만히 앉아 식사를 중단하고, 잠도 자지 않았으며, 삶의 모든 불안에서 벗어나고자 노력했다. 하지만 이 과정에서 마하리시가 미아 패로에게 성적인 접근을 했다는 주장이 제기됐다.

로스앤젤레스에 있는 명상 센터의 강사가 팀의 집에 와서 이 기법의 기본을 알려주었다. 대부분의 현대 강사들은 초월명상이 스트레스를 없애는 간단한 기술이라고 말했다. 팀은 초월명상에 대해 자세히 알아보기 위해 마하리시가 1960년대에 쓴 책 『존재의 과학과 삶의 예술』을 읽었다. 팀은 그의 책에 감명을 받았다. 그는 변화의 힘에 매료되었다. 이러한 형태의 명상은 그가 이전에 시도했던 명상과는 달랐다. 마음 챙김이 자신의 내면을 차분히 관찰하는 것이라면, 초월명상은 새로운 의식 상태에 도달하는 것이었다. 팀은 다음과 같이 썼다.

초월명상 창시자 마하리시가 쓴 책을 읽고 있다. 생각의 시작에 도달하는 방법과 세상의 이중적인 측면에 대해 배웠다. (한쪽은 영원히 변하지 않는 절대적인 세계이고, 다른 쪽은 끊임없이 변하는 상대적인 세계이다.)

근본적인 사상은 모든 사람이 명상과 연습을 통해 마하리시가 '존재'라고 부르는, 더 깊은 의식 수준에 접근할 수 있다는 것이었다.

마하리시에 따르면, 충분히 헌신한 사람은 우주 의식을 얻을 수 있다고 한다. 이러한 사람은 모든 죄에서 해방되어 이 땅에 다시 태어날 필요가 없었다. 그리고 이러한 명상 방법은 세속적인 조건, 삶과 죽음의 순환, 인류에게 닥친 고통으로부터의 해방을 향한 지름길이라고 했다.

관광버스가 지나가고 있었고, 승객들은 팀이 발코니에서 가부좌하는 모습을 보았다. 그는 관광객들에게 유쾌하게 손을 흔들었고, 그들에게 이 장면이 어떻게 보일 것인지를 잘 알고 있었다. 여기 유리 저택 밖에 앉아 명상하는 아비치가 있었다. 이보다 더 할리우드스러울 순 없었다.

팀은 명상이 그에게 도움이 된다고 느꼈다. 그와 테레자는 험난한 시기를 겪고 있었고, 팀은 라야 앱에서 다른 여자들과 채팅하기 시작했다. 놀랍게도 그는 이제 먼저 말을 거는 사람이 되었다. 이전에는 한 번도 해본 적 없는 일이었다. 그는 자신의 만트라에 감사를 표했다.

팀은 알빈 네들레르에게 이제 진정한 기쁨이 무엇인지 알겠다고 말했다. 팀이 공연을 중단하겠다는 메시지를 막 발표했을 때 느낀 감정이 바로 행복이었다. 2년 전 처음으로 편안했던 시절을 생각하면 아직도 소름이 돋을 정도였다.

"이렇게 자유로운 느낌은 처음이야." 그가 부엌에서 레드 와인을 마시며 말했다. "몸이 둥둥 떠다니는 것 같아."

음악적으로도 팀은 이제 활기를 띠고 있었다. 그는 아라비안 리듬과 아프리카 사운드를 실험하고 싶었다. 형 다비드는 90년대에 베두인 전통 음악 라이를 대중에게 알린 알제리 민속 음악가 칼레드의 동영상을 보내주었다. 소프트웨어 신디사이저 옴니스피어에서, 팀은 북아프리카 류트와 서아프리카 젬베 드럼을 발견했다.

'Freak'에서 그는 짐바브웨의 손가락 피아노 사운드를, 'Bad Reputation'에서는 일본의 전통 현악기 고토 사운드를 사용했다.

팀은 노래가 흥미롭고 다채롭다고 생각했다. 전통 악기는 비트에 독특한 느낌을 주었다.

그는 알빈 네들레르에게 자신이 읽고 있던 또 다른 책을 보여주었다. 그것은 논란이 많은 한 생물학자가 인간이 잠재의식의 도움으로 자신의 DNA를 바꿀 수 있다고 주장한 정말 두꺼운 책이었다.

알빈은 말도 안 된다고 생각했다. 양자 컴퓨터, 연금술, 물이 긍정적인 에너지를 느끼는 능력 같은 이론은 받아들이기 어려웠다.

어느 저녁, 팀은 친구들과 함께 테라스에서 비건 버거를 요리하고 있었다. 팀의 대마초 연기가 아래층을 가득 채웠다.

"야, 팀, 대마초 좀 그만 피워. 도대체 얼마나 피우는 거야?" 그의 친구가 말했다.

"좀 많이 피우긴 하는데, 괜찮아. 나한테 도움이 돼."

4월 초, 한 달간의 작업 끝에 팀은 20개의 데모를 만들었다. 그는 마크 수닥에게 "말도 안 될 정도로 강렬해요. 완전 히트할 것 같아요."라고 말했다.

팀은 투어를 막 중단했을 때 머물렀던 케냐 호텔에 이메일을 보냈다. "시설 전체를 임대하고 싶습니다. 인원은 20명 정도고요, 스튜디오를 지을 예정입니다." 그는 모든 뮤지션을 모아 사바나에서 두 번째 EP, 혹은 세 번째 EP까지 완성하고 싶었다. 마사이족의 리드미컬한 합창과 박수 소리는 노래에 새로운 느낌을 더해줄 것이다.

"마사이족 음악에 대해 가장 잘 아는 사람이 누구인가요?" 그가 물었다.

"이 텐트에 스튜디오를 설치해야 해." 그가 알빈 네들레르에게 사진을 보여주며 말했다. 사자와 가젤 사이에서 음악을 녹음하는 것에 관해 이야기하는 팀의 눈이 빛났다.

2018년 4월 7일 저녁, 팀과 동료들은 그랜드 피아노 앞에 모였다. 검은 건반 위에서 팀의 손가락이 자유자재로 움직였고, 그들은 사랑의 치유력에 대한 발라드 'Never Leave Me'를 작곡했다.

팀이 겪은 모든 것 — 불가능한 속도, 그가 돌파한 벽 — 아마도 이 모든 것이 이러한 예술적 표현을 찾기 위한 과정이었는지도 모른다.

며칠 뒤 가정부가 팀의 짐을 챙겼다. 그는 일주일간 오만으로 여행을 떠날 예정이었다.

제시 웨이츠의 친구들이 모든 것을 계획했다. 그들은 가을에 아라비아반도를 방문했다가 그곳의 매력에 빠졌다고 했다. 이웃 국가인 사우디아라비아, 아랍에미리트와 달리 오만은 석유 매장량이 부족하여 다소 소외된 영토였다. 그러나 이제 관광객들은 사람의 손길이 닿지 않은 황량한 사막을 찾고 있었고, 새로운 것을 좋아하는 부유한 사람들이 편안한 패키지여행을 통해 이곳을 방문했다.

오만 여행 그룹은 약 10명으로 구성되었으며, 그들은 사막에서 패러글라이딩하고, 좋은 와인을 마시고, 해안에서 카이트서핑 강습을 받을 예정이었다. 하지만 여행 직전 제시가 나이트클럽 일로 라스베이거스에 발이 묶여 오만에 가지 못하게 되었다. 팀은 제시 외에 다른 사람들과는 친하지 않았기 때문에 약간 스트레스를 받았다. 하지만 어쨌든 그는 여전히 여행을 고대하고 있었다.

알빈 네들레르와 크리스토페르 포겔마르크는 팀이 없는 동안 그의 집에 머물며 신곡을 다듬기로 했다.

팀은 택시를 타러 나가기 전에 복도에서 그들을 껴안았다.

제시 웨이츠

2018년 4월 9일

> 지난 수년 동안 이 주제에 대해
> 읽고 이야기해 왔는데
> 단 몇 주만에 내 인생이 바뀠어

나도 알려줘

> 명상을 통해 머릿속을 비우기 시작하자마자
> 다른 것들이 저절로 제자리를 찾아가기
> 시작했어. 이를테면 지난 10년 동안 나는
> 행복하고 자신감을 가지려면 뭔가를 고쳐야
> 한다고 생각했지만, 이제는 명상으로 뇌를
> '훈련'하면 모든 것이 자연스럽게
> 따라온다는 것을 알게 됐어. 아직 완벽하게
> 알아냈다고 말할 수는 없지만, 그 차이를
> 느낄 수 있어. 지난 3주 동안 나는
> 점점 불안감이 해소되는 느낌을 받았고,
> 이제는 불안으로부터 완전히 벗어났어!

팀은 오만의 수도 무스카트에 있는 체디 비치 호텔에 체크인하자마자 자신의 방으로 올라갔다. 페르 순딘, 닐 제이콥슨, 마크 수닥이 그의 전화를 기다리고 있었다.

어떤 가수가 어떤 노래와 어울릴지 논의할 필요가 있었다. 팀은 늘 그렇듯이 예상 밖의 인물을 추천했다. 그는 마이클 맥도널드와 피터 가브리엘을 생각하고 있었다. 샤키라가 평범하게 노래를 부른다면 어떨까? 'Freak'에 래퍼 포스트 말론이 어울릴까? 'SOS'에는 풍부한 목소리를 가진 사람이 필요했다. 'Peace of Mind'에는 상처받은 사람, 예를 들면 레드 핫 칠리 페퍼스의 앤서니 키디스가 어울렸다. 개성과 깊이가 있는 목소리를 가진 아프리카 가수를 참여시키는 것도 멋질 것이다. 닐 제이콥슨은 안젤리크 키조를 제안했다.

"네, 완벽해요!"

팀은 가능한 한 빨리 케냐로 가서 12곡을 마무리하고 싶었다. 그러면 올여름에 6곡을 발표하고, 2018년 가을에 EP 3부작의 마지막 부분을 발표할 수 있을 것이다.

다음 날, 팀은 오만 사막과 해안 지역에서 맞춤형 모험 여행을 주선하는 젊고 활력 넘치는 남자의 차에 올라탔다.

지프가 해안 협곡을 향해 질주하는 동안 하얀 돌집들이 더위 속에서 반짝였다. 아침부터 기온이 섭씨 30도에 달했다. 산 쪽으로 방향을 틀자, 산소가 희박해졌다. 검은 염소들이 절벽을 배회하고,

자동차가 불안정한 도로 위를 달렸다. 그들이 지나온 자갈길은 얼마 전까지만 해도 당나귀로만 횡단할 수 있는 길이었다.

고대 묘지에서 간단한 점심을 먹은 후, 그들은 오후 늦게 첫 번째 캠프장에 도착했다. 천천히 익힌 고기, 닭고기, 쌀밥, 플랫브레드, 아삭한 채소가 제공되었다. 일행 중 누군가가 가져온 빈티지 와인은 전통 요리와 정말 잘 어울렸다.

기분 좋은 그림자가 드리워지고, 팀은 쿠션에 앉아 음유시인이 류트의 일종인 오우드로 조용한 멜로디를 연주하는 것을 들었다. 한 쌍의 현은 부드럽게 흔들리며 저녁 공기 속으로 스며들었다. 디쉬다샤를 입은 음악가는 악기를 따라 손을 미끄러뜨렸고, 팀은 다음 앨범에 류트 소리를 넣어야겠다고 생각했다.

어둠이 내려앉고 밤하늘이 펼쳐졌다. 음유시인은 별자리에 관해 이야기했다. 황소자리, 오리온자리, 큰곰자리, 마차부자리, 동쪽의 카시오페이아자리, 서쪽의 궁수자리. 베두인족은 항상 별이 빛나는 하늘을 이용해 길을 찾아다녔다. 낮에는 날이 너무 더워서 장거리 여행을 할 수 없었기 때문에, 밤하늘에 빛나는 별자리와 달이 그들의 지도와 나침반이 되었다.

우주에 관한 이야기가 나오자, 팀은 그가 어렸을 때부터 관심을 가졌던 허블 망원경을 떠올렸다. 허블 우주 망원경은 30년 동안 매일 궤도를 돌며 은하의 수가 연구자들이 생각했던 것보다 몇 배는 더 많다는 것을 알려주었다. 우주의 관점에서, 우리은하는 하찮은 교외 지역에 불과했다.

그러므로 그들이 지금 하늘에서 본 무수한 별들은 단지 무언가의 시작, 첫 번째 층에 불과했다. 그 뒤에는 이해할 수 없는 미지의 것, 아직 발견되지 않은 것, 정말 매력적인 것이 있었다.

클라스 베릴링은 숨을 고르기 위해 멈춰 섰다. 좁은 길이 계곡 위로 가파르게 솟아올라 있었다.

이곳 산 위의 환경은 라스팔마스와는 완전히 달랐다. 무성한 초목이 고원에 펼쳐져 있었고, 공기는 축축하고 자욱했다. 클라스는 다른 스웨덴인 퇴직자 두어 명과 함께 아침에 버스를 타고 도시를 떠나 몇 시간 동안 구불구불한 길을 따라 걸었다. 멀리서 염소의 목에 달린 방울 소리가 들렸다. 이는 그들이 곧 하얀 집이 있는 산골 마을에 도착하여 제대로 된 맥주를 마실 수 있다는 것을 의미했다.

그 시각 앙키는 해변에 누워 햇빛 아래에서 탐정소설을 읽고 있었다. 늦봄의 해변에는 사람이 거의 없었고, 산책로에서 운동하는 사람 몇 명만이 있었다. 앙키는 이곳에 있는 동안 항상 많은 책을 읽었다. 책을 다 읽은 후에는 오래된 시장에 있는 스칸디나비아 타파스 바에 가서 다른 스웨덴 관광객에게 책을 나눠주었다. 그 외에 다른 일은 별로 없었다. 팀 베릴링의 부모는 카나리아 제도에 있을 때와 마찬가지로 이곳에서 한가한 나날을 보냈다.

최근 몇 주 동안 팀은 소식이 없었지만, 부모는 그다지 걱정하지 않았다. 팀은 이메일로 신곡을 보내오며 무척 자랑스러워했다. 클라스는 산에서 맥주를 마시며 마치 대서양의 파도처럼 밀물과 썰물을 반복하는 것이 창의성이 작용하는 방식인 것 같다고 생각했다.

이제 팀의 창의성은 다시 밀물처럼 쏟아져 들어오고 있었다.

클라스와 앙키가 섬에 있는 동안, 2018년 4월 초 스웨덴 TV에서 〈Avicii: True Stories〉가 방영되었다. 부모는 바닷가에 있는 작은 집의 소파에 앉아 다큐멘터리를 시청했다.

팀은 호주 병원에서 퇴원한 뒤, 차를 타고 다음 페스티벌 공연장으로 향하고 있었다. 에이전트 롭 하커가 팬들에게 스타의 기분이 다시 좋아졌다는 것을 보여주기 위해 새로운 인터뷰를 할 것을 제안했을 때, 부모는 팀이 피곤해하는 모습을 보았다.

다큐멘터리에서 팀은 공연 전 두려움을 완화하는 데 술이 어떻게 도움이 되었는지 이야기했고, 이비자에서 찍은 사진을 보여주었다. 이비자에서 스트레스를 받고 약을 먹은 그는 몇 시간 동안 음식에 손을 대지 않았다.

앙키와 클라스는 그들의 아들이 놀라울 정도로 솔직하다고 생각했다.

팀은 인터뷰에서 "기분이 좋지 않았다."라고 설명했다. "유일한 해결책은 약을 먹는 것뿐이었어요. 병원에 갈 때마다 그랬어요. '이걸 먹으면 기분이 좀 나아질 거예요.'"

팀은 말하면서 웃었다. 그는 이제 그 상황이 얼마나 터무니없었는지 깨달았다. 그는 의사의 조언에 의존해 왔는데, 그들이 처방해 준 오피오이드는 그에게 더 많은 불안감을 안겨줄 뿐이었다.

"진통제 때문에 기분이 나빴어요. 항상 안개 속에 있는 것 같았죠." 그가 말했다.

앙키 리덴은 발코니로 나가서 담배에 불을 붙였다. 영상 속 아들의 모습을 보기가 힘들었다. 하지만 동시에 그녀는 아들이 자랑스러웠다. 자신의 기분이 좋지 않았다고 공개적으로 말하는 것은 용감한 행동이었고, 팀은 그 모든 것을 이겨냈다.

다큐멘터리의 마지막 장면은 마다가스카르 해변에서 촬영됐다. 이제 막 투어를 마친 팀이 기타를 무릎 위에 올려놓고 편안하게 앉아 있었다.

오만에서의 탐험은 계속됐다. 사륜구동 지프가 100m 높이의 모래 언덕을 지나자, 모래가 바람을 타고 흩날렸다. 자동차는 통통배처럼 요동치며 튀어 올랐고, 모래 먼지가 자동차 뒤에 긴 꼬리 모양을 형성했다. 그들은 새하얀 소금 사막을 지나 해안에 도착했다. 물가에 현대식 캠프장이 있었고, 해변을 따라 넓은 텐트가 줄지어 서 있었다. 모두가 침대를 하나씩 배정받았다. 텐트 입구에는 아름다운 카펫이 깔려 있었고, 바람막이 그늘에 식탁이 놓여 있었다.

지평선 너머에서는 유조선이 석유를 싣고 페르시아만에서 인도를 향해 항해하고 있었다.

시원한 밤이 지나고 손님들이 잠에서 깨어났다. 희뿌연 안개가 옅어지자, 몇몇은 카이트서핑 강습을 준비했고 몇몇은 아침 식사를 기다렸다. 커피, 시리얼, 대추야자가 제공될 예정이었다.

그러나 팀 베릴링을 본 사람은 아무도 없었다. 그의 텐트는 가장자리에 있었고 바람에 옅은 갈색 캔버스가 부드럽게 흔들렸지만, 내부는 조용했다.

몇 시간 뒤 팀은 흥분에 가득 차 밖으로 나왔고, 아침 시간을 명상하면서 보냈다고 설명했다.

그는 호흡에 집중하면서 자신의 마음속으로 점점 더 깊이 헤엄쳐 들어갔다. 초월명상에 관한 책에서 마하리시 마헤시 요기는 정기적으로 명상을 하는 사람을 잠수부로 비유했다. 점차 깊은 수심에 익숙해지면, 표면에서 바닥을 향해 쉽고 자유롭게 이동할 수 있었다. 마찬가지로, 더 이상 아무것도 숨길 게 없을 때까지 자신의 내면에 접근하는 것이 가능하다는 것이 그의 약속이었다. 그의 말에 따르면, 의식에는 일곱 가지 상태가 있으며, 그 끝에 도달한 사람은 고통으로부터 자유로워진다고 했다. 더 이상 일, 스트레스, 질병으로 인한 긴장과 압박으로 고통받지 않을 정도로 강해질 것이다. 의식의 한계를 넘어서면 인생의 욕망과 사소한 문제는 모두 하찮아진다. 마하리시는 그의 지시를 따르는 사람은 누구나 우주 의식에 도달할 수 있다고 말했다.

그의 말은 매우 희망적으로 들렸고, 팀은 목표에 빨리 도달하고 싶었다. 그래서 그는 한 번에 20분만 앉아 있으라는 지시를 어기고 몇 시간 동안 끈질기게 명상했다.

그는 사람들에게 엄청난 일이 일어났다고 말했다. "저는 의식의 층위를 빠르게 돌파하고 있어요. 벌써 깊은 곳에 도달했어요."

팀은 자신이 성취한 것을 자랑스러워했다. 아직 우주 의식에 도달한 것은 아니지만, 그는 헌신하고 성장했다.

그는 자신의 정신적 능력을 최대치로 끌어올려 영적 성취에 가까워지고 있었다. 그리고 가장 놀라운 점은 그가 변하면 사회도 변한다는 것이었다. 이것이 동양 철학의 기본 사상 중 하나였다. 고통의 원인은 물질계가 아닌 인간에게 있다. 그리하여 온 세상의 고통과 괴로움은 명상을 통해 해소될 수 있었다.

그는 모두가 이것을 알기를 원했다.

2018년 4월 16일, 폴 태너에게 전화가 걸려 왔다. 그는 이비자를 떠나 스위스의 한 클리닉에서 일하기 시작했고, 지금은 한 코카인 중독자를 돕기 위해 두바이에 머무르고 있었다.

놀랍게도 전화를 건 사람은 팀이었다.

"기분이 좋지 않아요. 정말 혼란스러워요, 폴."

사막 탐험이 끝난 뒤 일행은 미국으로 돌아갔고, 팀은 새로 알게 된 사람들과 함께 오만에 남았다. 그들은 알 지사 만에 있는 무스카트 힐스 리조트에 머무르며 수영하고, 보트를 타고, 술을 마셨다. 호텔에서 몇몇 관광객들이 팀을 알아보았고, 그는 카메라를 향해 미소 지었다. 그곳에서 그는 다시 한번 팀이 아닌 슈퍼스타 아비치가 되었다. 아비치는 세계 어디를 가든지 그를 괴롭히는 것 같았다.

팀은 자연으로 돌아가고 싶었다. 다시 사막에 가고 싶었고, 지난번보다 더 맑은 밤하늘 아래에서 별을 관찰하고 싶었다. 그래서 팀은 여행을 일주일 정도 더 연장하기로 했다.

팀은 폴 태너에게 격동적인 시기를 겪고 있다고 설명했다. 지난 몇 주 동안 명상과 생각을 너무 많이 해서 수많은 생각이 머릿속에서 충돌하고 있었다. 그는 새로운 깨달음을 이해하기 위해 휴대폰에 메모를 남겼다. "내 안의 모든 것이 초기화된 것 같다. 너무 낯설고 조금 무섭다. 지난 며칠간의 두려움이 나를 혼란스럽게 만든 것 같지만, 호흡에 집중하라는 요령이 기억난다."

"문제는 제가 평범한 삶을 원한다는 거예요." 그가 폴에게 말했다. "저는 여자친구와 가족을 갖고 싶어요. 하지만 저는 동시에 깨달음에 도달해야 해요. 저는 세상을 도와야 하고, 더 큰 목적을 달성해야 해요."

팀은 진심으로 세상을 돕고 싶어 했다. 그는 다른 사람들을 위해 멋진 사운드트랙을 만들었지만, 동시에 자신의 어깨에는 믿을 수 없을 만큼 무거운 짐을 지고 있었다. 팀은 인류가 절망과 비참함에서 벗어나는 새로운 세상을 갈망했다. 하지만 그는 자신의 생각에 너무 강렬하게 빠져들어 모든 것이 혼란스러운 것 같았다.

"둘 다 할 수 있어." 폴은 그를 안심시키려고 노력했다. "자신의 삶을 살면서도 다른 사람들을 위해 깨달음을 구할 수 있어."

폴은 팀에게 불교가 연민과 공감에 초점을 맞추고 있음을 상기시켰다. 자신의 내면을 바꿈으로써 주변 환경도 변화시킬 수 있다. 모든 것이 연결되어 있고, 진실은 모든 존재 안에 있으며, 스스로 평화를 찾은 사람은 자신의 주변 환경을 더 잘 이해할 수 있다. 내면에 있는 두려움, 시기, 탐욕도 이름을 붙여 의식하게 된다면 세상에서 사라질 수 있다. 따라서 자신을 발전시키는 것과 지구의 치유를 위해 노력하는 것 사이에는 어떤 모순도 없었다.

이야기를 나누면서 팀의 목소리는 점차 차분해졌다. 그는 대화 도중 갑자기 다른 소리를 했다.

"달걀이랑 토스트요." 그가 말했다.

팀이 로스앤젤레스에 있다고 생각했던 폴 태너는 이제야 그들이 같은 시간대에 있다는 것을 깨달았다. 분명히 팀은 막 아침을 먹으려던 참이었다.

"팀, 지금 어디야?"

"저 오만이요."

"이런 우연이! 나는 두바이에 있어. 같이 만나서 진지하게 이야기를 나누어 보는 게 좋겠다."

폴은 그들이 비행기로 한 시간 거리에 있다는 사실에 행복했다. 팀은 그와 함께 더 많은 이야기를 나눌 수 있어 기쁘다고 말했다. 폴은 마침내 팀을 다시 만날 수 있게 되어 좋았다. 오랫동안 미뤄왔던 논의의 진상을 파악하는 일은 매우 흥미로울 것이다.

몇 시간 후 팀은 메시지를 보냈다. "폴! 저 방금 명상하면서 놀라운 경험을 했어요. 몇 가지를 적어 보낼 테니 한 번 읽어보세요!"

폴은 안심이 됐고 기분이 좋았다.

"곧 두바이에 갈게요." 팀이 말을 이었다. "날짜가 확정되면 다시 알려드릴게요!"

같은 날 오후, 유니버설의 페르 순딘도 팀에게서 메시지를 받았다. 팀은 젊은 영국 가수 알리사를 발견하고 순딘에게 그녀의 싱글 'Hearts Ain't Gonna Lie'를 들어보라고 했다.

팀은 또한 닐 제이콥슨에게 더 많은 아티스트를 제안했다. 그는 레게톤 아티스트 오즈, 언더그라운드 래퍼 MF 둠, 이집트 가수 아므르 디아브와 함께 작업하기를 원했다. 팀은 'Tough Love'에 듀엣이 적합하다고 생각했고, 연기하는 것처럼 노래 부를 수 있는 남녀를 원했다. 브루스 스프링스틴과 패티 스칼파는 어떨까?

닐 제이콥슨은 팀의 활기찬 모습에 안도했다.

"그리고 오만에 8일 더 있을 거야!"

라스팔마스에서는 부모의 안락한 생활이 계속되었다. 앙키는 아들의 신곡을 들으며 산책했다. 그녀는 특히 'Tough Love'에 나오는 동양 현악기가 마음에 들었다. "신곡 너무 좋아, 엄청 훌륭해!" 그녀가 팀에게 메시지를 보냈다.

"엄마 사랑해요! 오만은 정말 멋져요! 엄마랑 아빠가 보고 싶어요!" 팀이 답장했다.

앙키는 기뻤다. 팀은 최근 그녀의 생일에 오랜만에 기분이 좋아졌다는 달콤한 메시지를 보냈다. 팀과 세 남매는 일주일 뒤에 여행을 떠날 예정이었다. 린다는 생일을 맞이하여 아이슬란드 온천을 방문하기로 했다. 레이캬비크의 날씨는 그다지 좋지 않았지만, 네 사람의 일정이 일치하는 경우가 드물었기 때문에 앙키는 그들이 함께 있을 수 있다는 사실만으로 행복했다.

오만에 머무는 동안 팀은 어머니에게 이메일을 보냈다. 그는 로스앤젤레스에 있는 집을 팔고 스톡홀름으로 돌아갈 것이라고 했다. 만약 가정을 꾸리게 된다면 스웨덴에서 하고 싶었다. 완벽한 집을 찾기 위한 노력은 계속되었다. 그의 친구가 비르게르 얄스가탄에 있는 아이스하키 스타 페테르 포르스베리의 집을 보고 왔고, 살트셰바덴과 베름되에도 좋은 집들이 있었다.

앙키는 라스팔마스 집의 작은 식탁에 앉아 있는 남편의 모습을 촬영했다. 클라스는 팀이 보내준 신곡 'Never Leave Me'의 박자에 맞춰 테이블 가장자리를 두드리고 있었다.

"오, 너무 좋아!" 앙키가 카메라를 바라보며 소리쳤다.

4월 19일 목요일 오후, 클라스의 휴대폰이 울렸다. 낯선 번호로부터 걸려온 전화였다.

상대방은 자신을 아메르(가명)라고 소개하며, 팀과 오만 사막 탐험을 함께했다고 설명했다. 둘은 캠프장에서 친해졌고, 음악과 우주에 관한 이야기를 나누었다. 팀은 사막에서 보내는 시간을 좋아했다.

탐험이 끝난 뒤 팀은 오만에 더 머무르길 원했다. 아메르는 무스카트 서쪽에 있는 가족의 사유지에서 팀이 며칠 동안 지낼 수 있게 해주었다. 팀은 정원과 퍼걸러가 보이는 작은 테라스가 딸린 게스트하우스에 묵었다.

"즐거운 시간을 보냄." 클라스가 공책에 끄적였다.

하지만 아메르가 전화를 건 진짜 이유는 따로 있었다. 며칠 전부터 아메르는 팀의 상태가 걱정되기 시작했다고 했다.

팀은 소극적인 태도를 보였고, 은둔 생활을 했다. 가장 걱정되는 점은 팀이 계속 식사하지 않으며, 갈수록 더 말이 없어지고 있다는 것이었다.

"말을 안 함." 클라스가 적었다. 공책은 이제 좌절감과 조급함이 느껴지는 파란 원들로 가득 찼다.

팀은 수영장 옆에 앉아 온종일 명상했다. 그는 생각에 몰두한 채로 몇 시간을 그곳에 앉아 있었다. 아메르나 다른 누군가가 그에게 그늘로 가길 권유해도, 팀은 반응이 없었다. 대신 물속으로 뛰어들어 더위를 식히고 난 뒤 물 밖으로 나와 다시 생각에 빠졌다. 팀은 많이 울기도 했다. 하지만 무엇이 그를 속상하게 했는지 아메르는 알 수가 없었다. 팀은 질문에 대한 대답을 말이 아닌 글로 대신했다.

"종이에 글을 씀. 며칠간 말하지 않음." 클라스가 적었다.

그리고 아메르는 이보다 더한 일이 일어났다고 말했다.

팀이 자해를 했고, 피부에 상처가 났다. 크게 위험하진 않았지만, 병원에 가서 붕대를 감아야 했다.

클라스는 아들에 대한 걱정에 속이 뒤틀리는 듯했다. 그는 메모
지가 찢어질 정도로 반복해서 원을 그렸다.

같은 시각, 알빈 네들레르와 크리스토페르 포겔마르크는 로스앤젤레스에 있었다. 팀은 자신이 없는 동안 그들이 그의 집에 머물면서 곡을 작업할 수 있도록 해주었다. 그들은 팀의 개인 영화관에 마이크와 스피커를 설치하고 푹신한 안락의자에 앉아 'Freak'에 들어갈 기타 사운드를 작업하고 있었다. 팀은 리듬에 대한 구체적인 아이디어를 가지고 있었고, 일본 가수 사카모토 큐의 노래 'Sukiyaki'를 샘플링하길 원했다. 알빈은 60년대 초반의 휘파람 샘플을 사용하여 벌스와 코러스를 하나로 묶는 것이 음악 천재 팀다운 발상이라고 생각했다.

팀이 오만으로 떠나기 전, 세 사람은 위층 소파에 앉아 작사에 몰두했다. 팀은 노래의 의미에 집중했다. 그는 명확한 비전을 가지고 있었고, 날것을 추구했다. 화자가 좌절했다는 사실을 누구도 놓쳐서는 안 된다.

I don't want to be seen in this shape I'm in
I don't want you to see how depressed I've been
You were never the high one,
never wanted to die young
I don't want you to see all the scars within

나는 이런 모습을 보이고 싶지 않아

나의 우울한 모습을 보여주고 싶지 않아
너는 마약 중독자도 아니었고
젊은 나이에 죽고 싶지도 않았지
나는 내 안의 상처를 보여주고 싶지 않아

이제야 알빈은 가사의 의미를 제대로 이해하게 되었다. 가사가 왜 이렇게 우울하지? 팀의 노래에는 항상 어두운 단면이 있었지만, 이때까지는 행복한 결말이 있었다. 'Freak', 'Bad Reputa-tion' 같은 노래는 그저 절망적이게만 들렸다.

그래도 알빈은 노래가 마음에 들었다. 그는 가사가 팀이 어려움을 겪었던 시간에 대한 반성을 나타낸다고 생각했다. 진심이 느껴지고 아름다웠다. 팀은 자신의 경험을 사람들과 나누고 싶어 했다.

알빈 네들레르 역시 기분이 좋지 않다는 것이 어떤 느낌인지 알고 있었다. 1년 전 그는 고통스러운 이별의 한가운데에 있었고, 인생 최악의 시기를 보냈다. 알빈은 자신의 감정을 인정하는 데 어려움을 겪었다. 그는 항상 자신이 에너지와 삶에 대한 욕망으로 가득 찬 행복한 사람이라고 생각했다. 친구가 기분이 안 좋다고 말하면 그는 고개를 저었다. 그들 앞에 밝은 미래가 펼쳐져 있는데, 도대체 불평할 게 무엇이 있단 말인가?

하지만 그는 이제 밤에 숨을 헐떡이며 잠에서 깨어났고, 이불 속에서 그의 심장은 빠르게 뛰었다. 그는 누군가에게 자신의 속마음을 털어놓아야 한다는 것을 알고 있었지만, 주변 사람들에게 걱정을 끼치고 싶지 않았다. 그는 자신의 친구나 부모님이 어둠 속으로 끌려오는 것을 원하지 않았다.

우울증이 몇 달간 지속되자 상황은 빠르게 악화했다. 알빈이 처방받은 진정제는 효과가 없었고, 잠을 자지 못한 일주일 동안 그의 머릿속에는 낯선 생각이 자리 잡기 시작했다.

알빈은 오르스타 만 위에 있는 다리를 바라보며 끔찍한 생각을 했다. 쇠드라 기차역 플랫폼을 따라 걸으면서 그는 자신이 무슨 일을 저지를지 두려워졌다. 충동적인 생각이 그의 신체를 지배하는 것 같았다.

돌이켜보면 알빈은 어둠이 얼마나 빨리 자신을 뒤덮었는지 알 수 있었다. 그는 이것이 자살 충동이 작용하는 방식이라는 것을 깨달았다. 자살 충동은 그의 머릿속을 완전히 장악했다.

그는 양쪽 끝이 급격히 줄어드는 터널 속에 있었다. 빛이 사라지면서 숨쉬기 어려워졌고 미래도 보이지 않았다. 그가 겪은 어떤 신체적 고통도 그의 머릿속에서 일어나는 일과 비교할 수 없었다. 마치 그의 뇌가 썩어가는 것 같았고, 목숨을 끊는 것 외에는 선택의 여지가 없는 것처럼 느껴졌다.

그러한 생각은 떨쳐내기가 어려웠다.

라스팔마스의 수평선 너머로 해가 떠올랐다. 2018년 4월 20일 금요일, 몇몇 관광객들이 호텔 조식을 먹고 여유롭게 해변으로 이동하기 시작했다. 부두 건너편에서는 노인들이 동작을 맞춰 아침 체조를 하고 있었다.

　　끝이 보이지 않을 정도로 긴 밤이었다. 팀의 부모는 한숨도 자지 못했다. 머릿속은 뒤죽박죽이었고, 깊게 숨을 쉬는 것도 어려웠다. 클라스는 걱정스러운 얼굴로 여행사와 통화를 했다. 라스팔마스와 무스카트를 연결하는 가장 빠른 항공편은 프랑크푸르트를 경유하는 노선이었다. 팀의 부모는 티켓을 구매했고, 다음 날인 토요일에 오만에 도착할 예정이었다.

　　영겁처럼 느껴졌어, 앙키는 정신을 잃고 소파에 가만히 앉아 생각했다. 비행기를 기다리면서 할 수 있는 게 아무것도 없었다. 두 사람은 서로를 격려하려고 했지만, 공허한 음성만 내뱉을 뿐이었다. 시간이 아주 느리게 흘렀다. 아들과의 거리가 이토록 멀게 느껴진 적이 없었다.

　　클라스는 아메르와 다시 한번 통화했다. 그는 모든 일정을 취소한 뒤 팀을 지켜보고 있었고, 팀의 부모에게는 침착하기를 당부했다. 팀이 머무르는 곳은 오만의 상류층이 거주하는 무스카트 부촌이었다. 그곳에는 넓고 푸른 잔디밭, 높은 담장, 보안 요원이 있었다. 부모는 그들이 도착할 때까지 아들이 안전하리라고 믿었다.

　　팀이 자해하리라고는 단 한 번도 생각해 본 적이 없었다. 한때 약물 과다 복용을 우려한 적은 있었다. 아니면 위장 문제로 인한 합병증이라던가. 하지만 자해라고? 아침 햇살이 방 안을 뜨겁게 달구는 가운데 두 사람은 서늘한 기운에 휩싸였다.

발코니 아래에서는 파도가 모래 사이로 스며들었고, 간밤의 썰물로 협곡이 드러나 있었다. 레스토랑 야외 테라스의 파라솔이 펼쳐졌고, 한 여성이 덱 체어 위에 수건을 펼쳤다. 라스팔마스는 조용히 아침을 맞이하고 있었다.

클라스의 머릿속에는 온갖 생각들이 쉴 새 없이 소용돌이쳤다. 왜 더 이른 비행기는 없는 건지. 오만은 왜 이토록 멀리 있는지. 광활한 아프리카 대륙이 부모와 아들 사이를 갈라놓고 있었다.

점심을 앞두고, 다시 전화벨이 울렸다. 클라스는 녹색 버튼을 눌렀다. 그는 말없이 서서 허공을 응시했고, 상대방의 말투로부터 무슨 일이 일어났는지를 즉각 알아차렸다. 모든 것들이 소름 끼치도록 분명했다. 해서는 안 될 말들이 반복해서 들려왔다.

산속 하얀 마을 위로 안개가 드리워졌다.

그는 깨달았다. 너무 늦었다는 걸.

음악을 통해 긍정적인 메시지를 전파한다. 그리고 성공을 즐기되 물질적인 성공을 누리지는 않는다.

음악을 통해 감정을 전달할 수 있다.

가장 중요한 만트라는 '사랑해'이다.

따사로운 햇볕이 내리쬐는 봄날이었다. 6개월간의 암흑과 추위가 지나가고, 스톡홀름 시민들은 서둘러 퇴근한 뒤 치즈와 와인을 사 들고 푸른 잔디밭에 앉았다.

외스트라 레알 외곽의 목련은 하얗게 반짝거리며 꽃을 피울 참이었고, 공원에는 푸른 꽃잎이 우뚝 솟아 있었다. 올해도 여름이 찾아올 것이다.

저녁 7시가 되자 수만 개의 휴대폰이 동시에 울렸다. 일간지 《다겐스 뉘헤테르》는 뉴스 속보를 전했다.

"팀 '아비치' 베릴링 사망, 향년 28세."

다른 신문사들도 잇따라 속보를 내보내기 시작했다. 사람들은 어리둥절한 표정으로 휴대폰을 바라보았고, 모두가 아비치에 관해 이야기하기 시작했다.

아비치? 그렇게 어린 사람이? 오만에서? 거기서 뭘 하고 있었던 거지?

곧 쇠데르 멜라르스트란드의 공원에서 'Levels'가 우레처럼 울려 퍼졌고, 반대편에 있는 쿵스홀멘에서 'Wake Me Up'이 들려왔다. 스투레플란의 클럽들은 애도를 표하기 위해 침묵을 지켰고, 소식이 전 세계로 퍼지는 동안 트위터와 페이스북은 슬픔에 빠졌다.

너무 슬퍼. 가슴이 찢어지는 것 같아.

당신의 음악은 나를 구원했어요.

당신은 유일무이한 DJ였어요.

어딘가에서 우리의 댓글을 읽을 수 있기를 바랍니다…. 우리는 당신을 정말로 사랑했어요….

다음 날, 수천 명의 사람이 스톡홀름의 중심에 있는 세르겔스 광장에 모였다. 두 명의 청년이 대형 스피커를 가져왔고, 방송사와 신문사에서 추모식을 생중계했다. 오후 4시가 되자 수천 명의 사람이 1분간 침묵하며 눈물을 흘렸다. 이후 'Lonely Together'가 재생되기 시작했고 사람들은 머뭇거리며 손뼉을 쳤다. 손뼉을 치고 춤을 추며 애도해도 괜찮을까?

주최자가 마이크를 잡고 시립 극장 입구에 올라섰다. 그는 팀 베릴링이 전 세계 사람이 이해할 수 있는 언어인 음악으로 자신의 영혼을 표현한 방법에 대해 연설했다.

"다 같이 손을 들어 아비치를 기리는 하트를 만들어볼까요? 춤추는 건 어때요? 함께 즐겨봅시다!"

그때 'Levels'가 나오자, 청중이 폭발했다. 광장은 환호와 박수 소리, 슬픔에 겨워 춤을 추는 사람들로 가득 찼다.

앙키는 라스팔마스의 작은 거실에 서 있었다. 그녀의 친구는 문자 메시지를 통해 스톡홀름에서 무슨 일이 일어났는지를 알려주었다. 화면 속 사람들은 아들의 음악에 맞춰 춤추며 울고 있었다. 그러나 그녀는 그 장면이 아들에 관한 것이라는 사실을 이해하는데 어려움을 겪었다. 대신에 그녀는 이런 맥락에서 진부해 보이는 것들에 대해 숙고했다. 누군가의 사망 소식을 듣는 것이 정말 영화 속 한 장면과 같다고 누가 생각이나 했을까? 그녀는 이전에도 그러한 장면에 대해 항상 의구심을 품었고, 과장된 표현이라고 생각했다. 그런데 팀의 소식을 들은 그녀는 정말 바닥에 쓰러졌고, 몸속 깊은 곳에서 비명이 터져 나왔다.

클라스는 다비드, 안톤과 통화했다. 라스팔마스에 발이 묶인 부모 대신 팀의 형제들이 오만으로 향했다. 이제 그들은 무스카트의 경찰서에 앉아 부검 보고서와 사망 진단서를 기다리고 있었다. 사우디아라비아에 있는 스웨덴 대사관의 직원이 형제들을 돕기 위해 도착했다.

무슨 일이 일어났는지는 의심의 여지가 없었다.

팀은 게스트하우스에서 스스로 목숨을 끊었다. 경찰과 형제들 모두 범죄의 가능성을 배제했다.

팀이 정말 죽었다.

다시 돌아온 스톡홀름은 예전과는 다르게 느껴졌다. 익숙한 풍경이 낯설게 변했다. 그들의 집 앞은 팀의 죽음을 애도하는 팬들의 꽃다발과 편지로 가득 차 있었다. 집 안은 또 달랐다. 이제 팀은 다시는 이곳에 오지 않을 것이고, 새우 파스타를 먹거나 발코니에서 담배를 피우지도 않을 것이다. 쓰레기통을 비우고 청소하는 간단한 일조차도 느낌이 달랐고, 오스카 교회로 이어지는 도로는 흐릿하게 보였다.

어느 날, 앙키와 클라스는 짧은 산책을 나갔다. 그들은 나무 뒤에 있는 자신을 아무도 알아보지 않기를 바라면서 교회 건너편 산책로에 서 있었다. 정오가 되자 교회 종소리가 'Wake Me Up'을 연주하기 시작했고, 팀의 멜로디는 찬송가처럼 신성하게 울려 퍼졌다.

몇 주 후, 앙키는 쿵스홀멘에 있는 안톤의 정원에 서 있었다.

단지 부엌으로 걸어가려 했을 뿐인데도 그녀의 몸은 머리를 따라주지 않았다. 슬픔은 육체적인 고통도 수반했다. 팀은 매 순간 어머니 곁에 존재했고, 그의 부재는 너무나도 고통스럽게 느껴졌다. 앙키는 결국 장미 덤불 옆에 쓰러졌다.

수백 년 만에 가장 따뜻한 여름이었다. 행복해 보이는 스웨덴 사람들이 TV에 등장해 인터뷰를 했고, 전단은 극단적인 날씨와 기후 변화에 대해 외쳤다. 앙키는 아르틸레리가탄에 있는 클리닉을 향해 조심스럽게 걸어갔다. 그녀는 클라스에게 기대어 천천히 움직였고, 힘겹게 계단을 올라 세련된 커튼과 촛불로 장식된 작고 외딴 방으로 들어갔다.

그녀가 만난 치료사는 상실을 경험한 사람들에게 도움을 주는 예리하고 노련한 여성이었다. 치료 세션은 앙키가 생각과 감정을 정리하는 데 도움을 주었다. 사전에 신호가 있었던 경우에도 거의 모든 자살은 예기치 않게 찾아왔다. 때로는 너무나도 사소해 보여서 생존자들이 눈치채지 못한 계기도 있었다. 하지만 그보다 더 결정적인 것은 따로 있었다. 자살 충동을 느끼는 사람이 종종 겪게 되는 터널 비전은 그들의 시야를 좁혔다. 문제 해결 능력이 저하되고, 결과를 판단하는 능력이 약해지고, 선택지가 적어진다. 다른 사람에게는 쉬운 일이 터널에 갇힌 사람에게는 어려울 수도 있었다.

치료사는 또한 이와 같은 상황에서는 죄책감이 흔하다고 설명했다. 기억 상실과 불면증도 완전히 정상이었다. 앙키가 겪고 있는 모든 일은 충격에 대한 전형적인 반응이었다.

가장 중요한 점은 그녀가 지난 일을 다른 각도에서 보기 시작한 것이었다. 그녀는 아들과 함께 보낸 28년의 세월을 되짚으며 감사함과 기쁨을 느꼈다.

게다가 치료사는 결코 그녀를 달래주지 않았다. 그녀는 고개를 끄덕이는 대신 날카로운 말을 쏟아내는 사람과 함께 있다는 게 너무 상쾌했다.

2018년 7월, 클라스는 할리우드의 유리집을 팔기 위해 로스앤젤레스에 도착했다. 고통스러울 만큼 조용하고 텅 빈 집에 발을 들여놓는 일은 정말 쉽지 않았다.

클라스는 감당하기 어려운 많은 임무를 수행했다. 그는 재산 목록을 작성하고 사망 진단서에 서명한 후 장의사와 만나 마지막 작별 인사를 준비했다. 그는 상속, 유산 같은 단어를 사용했다. 가장 어려운 일은 화장을 승인하는 문서에 서명하는 것이었다.

클라스는 저택에 있는 물건들을 정리하기 시작했다. 큰 옷장에 옷을 모았고, 작은 물건은 부엌 뒤의 게임방 테이블 위에 놓았다. 의자와 가구 몇 개는 기부할 예정이었다. 그는 기계처럼 아무것도 생각하지 않고 빨리 끝내버리는 것이 낫다고 생각했다.

저녁 늦게 그는 팀의 침실로 향했다. 문을 열고, 탁 트인 창문이 있는 방을 둘러보았다. 그는 팀의 존재를 느끼고 싶은 마음에 조심스럽게 침대에 누웠다. 그는 천장을 바라보며 끝없는 갈망을 느꼈고, 그 강렬함에 겁을 먹었다.

팀과의 추억들이 머릿속에 넘쳐났다. 지난 2월 팀이 스톡홀름을 마지막으로 방문했을 때, 그는 부모님과 함께 집에 머물렀다. 불과 몇 달 전, 영겁 전의 일이었다. 앙키는 요리를 하고 나서 팀과 함께 발코니에 앉아 담배를 피우며 진 해크먼이 뛰어난 배우라는 데 동의했다. 지극히 평범한 대화였다.

그런 다음 아버지와 아들은 작별 인사를 했고 팀은 계단을 뛰어 내려갔다. 짧은 순간 두 사람의 눈이 마주쳤고, 팀은 모퉁이 너머로 사라졌다.

그 모습은 클라스의 머릿속에 선명하게 남아 있었다.

그는 여전히 많은 것이 궁금했다. 그 힘든 시간 동안 아들은 어떤 일을 겪은 걸까? 팀의 휴대폰에는 지난 며칠간 오만의 울창한 정원에 앉아 자신과 대화를 나눈 듯한 메모가 적혀 있었다. 많은 메모가 낙관적으로 보였다.

내면이 차분해지는 느낌이 든다. 나 자신을 잘 돌보고 긍정적인 에너지, 즉 사람들로 둘러싸여 있을 때 이 모든 것은 쉽게 유지될 수 있다!

내 임무는 통제력이 약한 사람들을 돕는 것이다!

누구나 등을 토닥여 줄 필요가 있다.

어둡고, 절박하고, 혼란스러운 느낌의 메모도 있었다. 점차 팀은 방향을 잃은 듯 현실에서 멀어져 갔다. 그는 자유를 갈망하고 있었다.

영혼의 발산은 새 출발을 위한 첫걸음!

성장하기 위해서는 때때로 강한 두려움과 고통을 느껴야 한다!

하지만 난 여전히 모든 것을 알아내려고 노력 중이다. 혼자여도 괜찮아!

나는 이런 감정을 다루는 방법을 배워야 한다.

안심해.

며칠 뒤 유니버설의 닐 제이콥슨은 사람들을 불러 클라스가 팀의 스튜디오 장비를 분해하는 것을 돕도록 했다. 철거 업체에서 알록달록한 그림들을 가져갔고, 팀의 창고도 비워졌다.

클라스는 테라스에 앉아 선셋대로의 네온사인을 바라보았다. 첫 글자 S의 조명이 나가고 UNSET만 남아 있었다. 아무도 조명을 교체하지 않았다는 사실이 클라스를 괴롭혔다. 그게 그렇게 힘든 일인가?

그는 심술궂은 기분에 빠져 어두운 생각에 잠겼다. 그는 자신이 너무 순진하고 어리석었다는 것에 화가 났다. 자책하는 것이 무의미하다는 것을 알지만, 지금 그는 완전히 바보가 된 것 같았다. 그는 수년 동안 아들 곁에서 그의 기분이 나빠지는 것을 보았고, 그는 모든 것을 알고 있었다.

그렇다면 그는 왜 문제의 전모를 깨닫지 못했을까? 왜 이런 일이 일어날 것이라고 짐작하지 못했을까? 어떻게 팀이 죽을 수 있지?

일이 이런 식으로 끝날 것이라고는 단 한 번도 생각해 본 적이 없었다. 특히 그들의 아들이 가장 창의적인 시기를 보내고 있을 때라면 더더욱 말이다. 팀이 죽기 며칠 전에 부모에게 한 말은 신곡이 환상적이고, 사막이 아름다우며, 그가 형제자매들과 함께 아이슬란드에서 여행하는 것을 고대하고 있다는 것이었다.

클라스 역시 스톡홀름의 치료사와 이야기를 나눴다. 그녀는 자살을 일련의 정신 붕괴라고 불렀다. 죽기 직전 며칠간 팀이 겪은 고통과 불안은 그의 상태를 악화시켰고 결국 그를 벼랑 끝으로 내몰았다.

클라스는 검은색 피아노 앞에 앉았다. 그는 햇볕에 바랜 로스앤젤레스를 바라보며 척 베리의 잃어버린 사랑에 대한 블루스 'Wee Wee Hours'의 코드를 연주하면서 눈물을 흘렸다.

살렘 알 파키르와 빈센트 폰타레는 쇠데르말름에 있는 스튜디오에 앉아 작업을 어떻게 시작할지 고민하고 있었다.

살렘은 페르 순딘과 통화를 했고, 평소와 다른 그의 모습은 낯설게 다가왔다. 순딘은 팀이 마지막으로 작업한 곡들을 완성해서 발표해야 한다고 설명하면서 눈물을 흘렸다.

살렘과 빈센트도 같은 의견이었다. 지금은 너무 멀게만 느껴지는 3월의 그 시절에, 팀은 마침내 창의력이 폭발한 것에 대해 무척 흥분했다. 팀이 그토록 자랑스러워했던 노래를 세상에 내보내지 않는다면 팀이 좋아하지 않을 것이다.

그런데도 〈TIM WHOLE FOLDER 2018〉이라고 이름 붙여진 폴더를 여는 것은 어려웠다. 그곳에는 수많은 파일이 있었는데, 드럼 루프와 기타 소리로만 구성된 초안도 있었고, 거의 완성된 곡도 있었다.

노래를 듣자, 살렘과 빈센트는 팀이 너무나 행복해 보였던 그 시절로 되돌아갔다. 아래층 스튜디오를 뛰어다니던 팀, 햇빛 아래서 자신이 만든 최고의 곡들에 관해 이야기하던 팀의 모습이 떠올랐다.

그토록 만족스러워 보이던 사람이 어떻게 갑자기 사라질 수 있을까? 그들이 팀의 노래에 손을 대는 날이 올 거라고 누가 상상이나 했을까? 그가 어떻게 이 트랙을 완성하기를 원했는지 그들이 어떻게 알 수 있을까? 팀이 원하던 대로 노래를 제작할 수 있을까? 그들은 음악에 대해 고민하는 것이 부적절하다고 느꼈다. 사랑하는 친구가 세상을 떠났다는 것, 중요한 것은 그것뿐이었다.

그렇게 시간은 흘러, 2018년 10월의 어느 날 살렘과 빈센트는 다시 한번 폴더를 열고 조금 더 선명한 시선으로 파일을 살펴보기 시작했다. 우드랜드 묘지에서 열린 팀의 장례식에 다녀온 뒤로 그의 죽음이 더욱 분명하고 현실적으로 느껴지기 시작했다. 클라스 베릴링은 스튜디오를 방문하여 그들에게 노래가 완성되는 것이 가족의 소망이라고 말했다.

살렘과 빈센트는 팀이 오만에 있을 때 거의 완성했던 'Peace of Mind'와 다른 두 곡의 작업을 시작했다. 'Excuse Me Mr Sir'는 벌스, 브리지, 코러스를 올바른 순서대로 구성하기만 하면 됐고, 'Tough Love'에는 두 명의 가수가 필요했다.

빈센트는 팀과 함께 로스앤젤레스의 발코니에 앉아 작업에 대해 논의했던 어느 오후를 떠올렸다. 팀과 살렘은 음악이 그들의 일부라고 확신했다. 그들은 노래가 어디로 가야 하는지 직관적으로 알았고, 많은 추억을 공유했으며, 음악과 그들이 사는 시대에 대해 끝없는 대화를 나누었다.

팀 베릴링의 사망 이후 음악가로서의 그의 의미는 더욱 분명해졌다. 그는 진정한 작곡가이자 작사가로 인정받았고, 신문 칼럼에는 아비치를 용감한 선구자이자 예상치 못한 선택을 통해 음악을 재구성하는 데 이바지한 사람으로 칭송하는 추모의 말이 가득했다.

팀의 창조적이고 모험적인 정신은 로스앤젤레스에서 머물렀던 몇 주 동안 분명하게 나타났다. 팀은 디즈니 영화 〈포카혼타스〉의 유치한 발라드에서 영감을 얻는 것이 〈지저스 크라이스트 수퍼스타〉 속 박수를 연구하는 것과 마찬가지로 자연스러운 일이라고 생각했다. 어린 시절 침실에서 팬플루트를 주저하지 않고 연주하게 했던 것처럼, 팀이 밴조 연주가를 무대에 초대하게 만든 것도 바로 그 장난기 넘치는 본능이었다. 그는 마지막 앨범을 짐바브웨의 손가락 피아노로 장식하고 마사이족 전사들과 함께 마무리하고 싶어 했다.

살렘과 빈센트는 'Excuse Me Mr Sir'에 새로운 기타 사운드를 추가했고, 사후 앨범을 작업하며 점점 더 차분해지는 느낌이 들었다. 팀은 그들이 하는 일을 좋아했을 것이다.

레이드백 루크는 'SOS'를 완성하기 위해 팀의 프로젝트 파일을 열자, 눈물을 흘리고 말았다.

그는 팀과 함께 온라인 포럼에서 베이스 드럼이나 드랍에 대해 논의했던 때를 떠올렸다.

레이드백 루크는 최근 음악 산업의 본질에 대해 많은 생각을 했다. 2009년 그가 마이애미의 작은 지하 클럽에 초대했던 젊은 프로듀서 중 두 명이 엄청난 스타가 됐다. 한 명은 물론 팀 베릴링이었다. 다른 한 명은 'Spaceman', 'Apollo' 등의 히트곡으로 DJ 맥이 선정한 세계 최고의 DJ 순위에서 2년 연속 1위를 차지한 하드웰이었다.

팀이 사망한 지 6개월이 지나고, 하드웰도 투어를 중단했다. 그는 인스타그램에 "투어는 끝없는 롤러코스터가 됐다."라고 썼다. 그는 모든 일정을 비우고, 다시 로버트 판더코르핏으로 돌아갔다.

다른 유명인들도 자신의 이야기를 털어놓기 시작했다. 음악가

빌리 아일리시는 인터뷰에서 그녀의 첫 히트작이 어떻게 그녀가 사회에서 단절된 것처럼 느끼게 했는지, 심지어 17세가 되기도 전에 어떻게 자해 충동을 느꼈는지에 대해 말했다. 배우 캐서린 제타 존스는 양극성 정동장애 진단을 받은 후의 안도감을 이야기했다. 마침내 그녀는 오랫동안 느껴왔던 감정에 대한 이름을 가지게 되었다. 안드레 애거시, 마이클 펠프스 같은 스포츠 스타들은 최고의 기량을 향한 끊임없는 요구가 어떻게 중독과 우울증으로 이어졌는지 설명했고, 체조 선수 시몬 바일스가 지나친 압박감으로 올림픽 출전을 포기했을 때 그녀는 선구자로 칭송받았다. 릴 웨인과 같은 강철 멘탈의 소유자도 이제 자신의 정신 건강 문제와 젊은 시절 그를 괴롭혔던 자살 충동에 대해 털어놓기 시작했다.

레이드백 루크도 새로운 규칙을 세웠다.

일주일 중 하루는 아예 아무것도 하지 않았다. 그는 침대에 누워서 넷플릭스를 보며 자신이 심한 독감에 걸렸다고 생각했다. 이메일이나 트위터를 확인하고 싶은 충동을 밀어내고, 화장실로 터덜터덜 걸어갔다.

이는 그의 신체뿐만 아니라 정신에도 큰 변화를 가져왔다. 그는 이제 자신의 공황 발작과 중독에 대해 공개적으로 이야기를 나누고 싶었다.

레이드백 루크가 쉬는 날에 이메일을 보낸 사람들은 자동 응답을 받았다. "DJ에게도 휴일이 필요합니다."

팀의 죽음은 그와 같은 길을 걸어온 사람들에게도 영향을 미쳤다.

필리프 오케손은 오피오이드를 끊겠다고 결심하기까지 몇 달이 걸렸다.

혼란과 슬픔에 잠긴 몇 주 동안, 필리프는 오랫동안 사랑하고 미워했던 약과의 마지막 작별을 위해 거의 5,000달러를 썼다. 그런 다음 스웨덴으로 돌아와서 뫼르비에 있는 정신건강의학과를 방문했다.

스웨덴에서도 처방 약 남용이 큰 사회적 문제로 떠올랐다. 미국에 옥시코돈이 있었다면, 스웨덴에서는 트라마돌이라고 불리는 마약성 진통제가 유행했다. 2000년대 후반에 스포츠 부상에 대한 오피오이드 처방이 증가했고, 젊은 사람들 사이에서 기분을 좋게 만드는 약에 대한 소문이 퍼졌다. 처음에는 많은 사람이 그것을 단순한 두통약으로 생각했다. 불과 10년 만에 트라마돌은 대마초 다음으로 스웨덴에서 두 번째로 흔한 불법 약물이 되었다. 실제로 스웨덴은 현재 오피오이드로 인한 사망률이 세계에서 네 번째로 높다.

필리프에게 약을 끊는 것은 힘든 일이었다. 머리가 맑아지자, 후회가 찾아왔다. 필리프는 술과 마약에 취한 상태에서 팀에게 했던 모든 형편없는 말들을 반성했다.

왜 약물과 중독에 대해 진지하게 이야기하는 대신 농담을 하며 웃어넘겼을까? 왜 용감하게 이야기를 나누지 못했을까? 필리프가 자신의 중독에 대해 좀 더 솔직했다면, 그와 팀이 함께 문제를 해결할 수 있지 않았을까?

어쩌면 모든 것이 다르게 끝날 수 있었을지도 모른다.

그러나 결국 팀 베릴링은 필리프 오케손을 구했다. 마약을 끊는 것은 친구를 기리기 위해 그가 할 수 있는 최소한의 일이었다. 팀은 필리프가 자신의 삶을 바꾸기 위해서는 도움이 필요하다는 것을 깨닫게 하고자 죽었다.

필리프는 눈물을 닦으며 그의 손목에 새겨진 문신을 바라보았다. 그와 팀이 10대였을 때 외스테르말름의 녹색 소파에서 보냈던 추억이 담겨있었다.

그들이 함께 만든 첫 곡의 제목, 'A New Hope 새로운 희망'였다.

사랑은 우리가 사랑하는 감정이며, 시스템의 균형을 유지하고 목적을 상기시켜주는 완벽한 나침반이다.

그러므로 인생의 목적은, 유치하게 들리겠지만 사랑을 따르는 것이어야 한다.

좋은 아이디어라서가 아니라 단순히 논리가 타당하기 때문이다.

그렇게 며칠이 지났고 이상하게도 몇 달, 몇 년이 지나갔다.

앙키 리덴은 실링에의 식탁에 앉아 절인 연어 두 점과 감자 한 개를 먹었다. 늘 음식을 좋아하던 그녀는 3년째 배가 고프지 않았다.

팀은 그녀의 식욕을 앗아갔다.

집중력도 떨어졌다. 이전에 독서를 좋아했던 앙키는 더 이상 책을 읽을 수 없었다. 친구들은 그녀와 클라스에게 시간이 지났으니 더 나아지지 않았냐고, 슬픔을 견디기가 더 쉬워지지 않았냐고 물었다. 사실은 그 반대였다. 처음에는 모든 것이 비현실적으로 느껴졌다. 팀은 아직 살아있고, 그가 사라지는 것은 불가능하다고 생각했다.

그러나 시간이 흐르면서 깨달음은 나날이 커졌고, 팀이 세상을 떠난 뒤에도 몇 달 동안 느껴졌던 온기는 오래전에 사라졌다. 무감각함이 사라지고 슬픔의 윤곽이 뚜렷해졌다.

앙키는 온종일 TV 시리즈를 시청했다. 그것이 그녀가 하루를 보내는 방식이었다. 그녀는 가상 세계에 머물렀고, 잠이 들기 위해서는 다른 세계에 있어야 했다.

클라스 베릴링은 공부를 했다. 그는 보고서와 논문을 읽으며, 파괴적인 생각의 메커니즘과 팀이 살았던 시대를 이해하기 위해 노력했다. 새로운 정보는 어떻게 이런 일이 일어났는지 궁금해하고 비난하는 내면의 목소리를 누그러뜨렸다.

클라스는 지난 10년 동안 스웨덴 청년들 사이에서 정신 건강 문제가 거의 70% 증가했다는 사실을 알게 되었다. 전국에서 교통사고로 사망한 사람보다 자살로 사망한 사람이 7배 더 많았다. 그러나 사회는 인간의 정신 건강보다 도로 건설에 훨씬 더 많은 돈을 투자했다.

클라스의 분노는 외부로 향했다. 그는 자신뿐만 아니라 사회에도 점점 더 화가 났다. 분노에는 원동력이 있었다. 그와 앙키가 아들의 사망에 당황한 것처럼, 그들 주변에도 최악의 상황에 대비하지 못한 다른 사람들이 있을 것이다.

부부는 식탁에서 오랜 시간 이야기를 나누었다. 그들은 발상을 전환하여 절망 속에서 건설적인 무언가를 만들어 내야 한다는 데 동의했다. 그들은 팀 베릴링 재단을 설립해서 자살 예방 단체를 후원하기로 했다.

물론 부분적으로는 그들의 슬픔을 달래기 위한 것이기도 했지만, 팀의 부모는 이를 통해 아들의 소망, 즉 사람들이 삶에 대해 성찰하도록 돕는 것을 이루기를 바랐다.

초조, 불안, 걱정, 외로움은 모든 사람이 겪는 감정이지만, 그러한 감정은 여전히 특별한 방식으로 논의되었다. 골절상이나 독감 같은 일시적인 신체 질환은 누군가의 정체성을 결정하는 데 영향을 미치지 않는다. 하지만 정신질환은 개인의 존엄성과 힘을 나타내는 것으로 여겨졌다. 불행하게도 우울증이나 정신질환을 앓고 있다고 말하는 것은 여전히 무언가를 고백하는 것을 의미했다.

팀처럼 자신의 감정을 솔직하게 털어놓는 젊은이들이 늘어나고 있었다. 하지만 낙인은 사라지지 않았고, 아직 해야 할 일이 남아 있었다. 앙키와 클라스는 아들이 이비자의 재활 클리닉에서 했던 것과 같은 질문을 던졌다.

왜 이러한 문제가 학교에서 더 많이 논의되지 않았을까?

내면의 삶은 물리학, 화학, 수학만큼 중요하다. 학생들은 일찍부터 부끄러워하지 않고 삶의 어두운 면과 관계를 맺는 방법을 배워야 한다. 정신의 어두운 부분에 대한 정기적인 토론은, 젊은이들이 자기 인식에 도달하고 다른 사람의 걱정스러운 징후를 더 잘 알아차리는 데 도움이 될 수 있다.

동시에 대중은 너무 빨리 세상을 떠난, 순교자이자 신화가 되는 길을 걷고 있던 아티스트 아비치에 관해 이야기했다. 뉴스 기사와 소셜 미디어 게시물은 스타가 죽은 이유에 대한 간단한 답변을 찾았다. 슬픔과 좌절은 피의 욕망으로 바뀌었고, 사람들은 이 일에 대해 비난받을 사람, 대답할 사람을 찾았다.

앙키와 클라스는 그러한 추측이 쓸모없다고 생각했다. 희생양을 찾는 것은 파괴적일 뿐만 아니라 불가능했다. 그것은 그렇게 간단한 문제가 아니었다. 그러기에는 아들의 여정이 너무 복잡했다.

클라스 베릴링은 기어를 바꾸고 가속 페달을 밟았다. 그는 파란색 시트를 갖춘 은색의 1965년형 포드 썬더버드를 운전하고 있었다.

그것은 팀의 친구 제시 웨이츠가 오래전 라스베이거스에 왔을 때 구매한 첫 번째 자동차였다. 그 당시 유럽 하우스 음악은 미국에서 하위문화에 불과했다. 팀 베릴링이 22세가 되었을 때 제시는 그에게 생일 선물로 차를 주었고, 이제 그 차는 비에 젖은 시골길 위를 달리고 있었다.

제시는 클라스가 연락을 주고받던 팀의 친구 중 한 명이었다.

나이트클럽 왕이었던 그는 라스베이거스에서의 생활을 청산하고 발리로 이주했다. 이제 그는 잠을 더 잘 자고, 술도 끊었으며, 이전과는 전혀 다른 방식으로 자신의 영혼을 돌보고 있다고 말했다. 팀의 죽음으로 인해 그는 자신의 삶을 완전히 재평가하게 되었다.

이런 종류의 파급 효과는 팀과 가까이 지냈던 사람들에게서 계속 나타났다.

소꿉친구 프리코 보베리는 불쾌한 감정이 들 때 어떻게 행동해야 하는지에 대한 조언을 얻기 위해 심리학자를 만나기 시작했다.

한동안 자살 충동에 시달렸던 작곡가 알빈 네들레르는 이제 기분이 훨씬 나아졌다. 자살 충동은 종종 이렇게 변덕스럽고 일시적이었다. 영원히 지속되는 것은 아무것도 없다. 절망도 마찬가지이다. 그리고 언젠가 알빈은 아버지가 될 것이다.

이러한 긍정적인 변화는 클라스 베릴링을 기쁘게 했다. 6개의 튼튼한 스피커에서는 팀의 노래 'I Could Be the One'이 울려 퍼지고 있었다. 클라스는 생각이 가득할 때면 드라이브를 하곤 했다. 엔진의 굉음과 함께 음악이 쿵쿵거리는 것을 느끼는 것도 하나의 치료 방법이었다.

음악적으로도 팀의 각인은 계속해서 커졌다. 팀 베릴링은 스웨덴 음악 역사상 위대한 작곡가 중 한 명이자, 댄스 음악이 록 페스티벌을 이기고 세계를 장악했던 수년 동안 최전선에 있었던 사람으로 인정받았다. 동시에, 아비치는 일렉트로닉 음악을 의심하던 전통 음악가들에게도 존경받았다. 팀 베릴링은 댄스 음악의 경계를 허문 사람 중 한 명이었다. 그의 뒤를 이은 아티스트들은 DJ가 실제 음악가가 아니라는 편견에서 벗어나, 자신만의 특색과 무게를 지닌 작곡가로 인정받았다. 전자 음악은 현대 팝의 일부로 완전히 통합되었다.

그리고 아비치의 노래는 행복한 멜로디와 희망적인 가사에서 에너지를 얻는 사람들의 헤드폰에서 계속 흘러나왔다. 팀의 음악이 그들의 삶에서 갖는 중요성과 그들에게 주는 힘을 설명하는 젊은 이들의 편지가 가족에게 쏟아졌다. 그들은 팀의 노래를 들으며 취업 면접을 볼 용기를, 운동할 힘을, 학교에서의 힘든 하루를 이겨낼 에너지를 얻었다. 그의 비트는 결혼식과 장례식을 모두 장식했다. 팀과 비슷한 문제를 겪었거나, 겪고 있는 수많은 사람이 이를 헤쳐나가기 위해 그의 음악을 들었다.

팀의 음악에 담긴 유토피아적이고 희망적인 음색, 즉 구름 사이 한 줄기 햇살이 클라스 베릴링에게 분명하게 보였다. 결국에는 모든 것이 잘 되리라는 것이 그의 약속이었다. 그의 아들이 자신의 노래를 통해 계속해서 다른 사람들에게 버팀목이 되어줄 수 있다는 것 자체가 위로였다.

음악은 팀을 더 오래 살게 했다.

When you need a way to beat the pressure down
When you need to find a way to breathe
I could be the one to make you feel that way
I could be the one to set you free

압박감을 이겨내고 싶을 때
숨을 쉬고 싶을 때
내가 너를 도와줄게
내가 널 자유롭게 해줄게

어느 날, 클라스는 부엌에 서서 샌드위치를 만들고 있었다.

그때 갑자기 팀이 그의 옆에 나타났다.

그의 머리는 예전과 마찬가지로 짧은 금발이었지만, 그는 클라스보다 키가 더 컸다.

따뜻한 시선, 예리하면서도 비밀스러운 눈빛.

"아빠, 안녕."

팀이 미소 지으며 말했다. 클라스가 천천히 치즈 샌드위치를 먹는 동안 그들은 가만히 서 있었다.

맺으며

이 책은 자신의 경험을 공유해 준 사람들 덕분에 만들어졌습니다. 이야기 대부분은 2019년 봄부터 2021년 가을까지 2년 넘게 진행된 인터뷰를 바탕으로 구성되었습니다. 대부분은 이름을 밝혔고, 일부는 익명을 조건으로 발언했습니다. 그들은 모두 귀중한 세부 사항과 지식을 제공했습니다.

대다수는 추억뿐만 아니라 이를 증명할 자료도 제공했습니다. 저는 문자 메시지, 채팅, 개인 메모, 이메일, 영수증, 여행 일정을 비롯해, 팀 베릴링이 태어났을 때부터 오만에서 마지막 몇 주를 보낼 때까지의 사진을 보았습니다.

베릴링 가족 덕분에 팀의 책, 메모, 이메일도 볼 수 있었고, 그가 유튜브에서 언제 어느 영상을 봤는지도 알 수 있었습니다. 또한, 저는 페이스북, 트위터, 인스타그램에 있는 아비치의 공식 계정에 달린 몇몇 댓글을 인용했습니다.

집, 식료품점, 클럽, 꼬마 팀이 밤을 새워 비트를 만들고 아침에 잠을 잤던 캄마카리아탄의 지붕 등 다양한 장소에 대한 본문의 설명은 주로 제가 직접 방문하여 본 풍경에 기반을 두고 있습니다.

아라쉬 푸르누리는 인터뷰에 참여할 기회를 여러 차례 제안받았지만, 모두 거절했습니다.

이 책은 공인된 전기입니다. 아비치 AB의 모든 순수익은 팀 베릴링 재단에 전달되어 정신질환과 자살을 예방하기 위한 활동에 쓰입니다.

인용

Ludovic Rambaud, 'Avicii – La Relève Suédoise' (Only For DJs, April 2009), p. 69

Dancing Astronaut, 'The Top 10 Tracks of Las Vegas Memorial Day Weekend' (Dancing Astronaut, 9 June 2011), p. 93

Levan Tsikurishvili & Anders Boström, Avicii på turné (Stureplansgruppen Media Group, 2013), pp. 155-6

Kerri Mason, 'Robert F.X. Sillerman's Empire State of Mind' (Billboard Magazine, 17 September 2012), p. 165-6

Jon Caramanica, 'Global Pop, Now Infused With Country' (New York Times, 18 September 2013), p. 176

Per Magnusson, 'Aviciis nya är ett långfinger åt de gamla konventionerna' (Aftonbladet, 13 September 2013), p. 176

Anders Nunstedt, 'Imponerande debut av Avicii' (Expressen, 13 September 2013), p. 177

Eckhart Tolle, The Power of Now: A Guide to Spiritual Enlightenment (New World Library, 1999), p. 247-8

Michaelangelo Matos, 'Avicii expands his musical reach on "Stories": Album review' (Billboard Magazine, 2 October 2015), p. 250

Will Hermes, 'Stories' (Rolling Stone, 2 October 2015), p. 250

NERIS Analytics Limited, 16 Personalities Free Personality Test, www.16personalities.com, p. 256

Levan Tsikurishvili, Avicii: True Stories (Opa People, 2017), p. 102, 257, 261, 315

Thich Nhat Hanh, Peace Is Every Step: The Path of Mindfulness in Everyday Life (Bantam, 1992), p. 266

Simon Vozick-Levinson, 'Avicii Talks Quitting Touring, Disappointing Madonna, New Music' (Rolling Stone, 5 September 2017), p. 281

출처

Pages 9-11

Socialstyrelsen, Utvecklingen av psykisk ohälsa bland barn och unga vuxna. Till och med 2016 (Socialstyrelsen, 2017)

World Health Organization, Injuries and Violence: The Facts (WHO, 2014)

World Health Organization, Suicide worldwide in 2019: global health estimates (WHO, 2021)

Pages 10–15

Bengt Jonsson, 'Hubble 10 år – hotande fiasko vändes i succé' (Svenska Dagbladet, 7 May 2000)

Sören Winge, 'Fantastiska bilder från universum' (Upsala Nya Tidning, 25 February 2002)

Pages 14–24

South Park, 'Make Love, Not Warcraft' (Comedy Central, 4 October 2006)

Stefan Lundell (et al.), Stureplan: det vackra folket och de dolda makthavarna (Lind & Co, 2006)

Calle Dernulf, Swedish DJs – intervjuer: Axwell (Telegram Förlag, 2013)

Pages 26–30

Michaelangelo Matos, The Underground Is Massive: How Electronic Dance Music Conquered America (Dey Street Books, 2015)

Pages 30–33

Flashback Forum, Tankspridd/oro utan grund (Accessed 19 November 2019)

Flashback Forum, Första gången jag rökte (Accessed 19 November 2019)

Flashback Forum, Kan ej tänka! (Accessed 19 November 2019)

Flashback Forum, Känns overkligt? (Accessed 19 November 2019)

Pages 31–44

Basshunter, FL Studio Tutorial (YouTube, 6 June 2006)

Christopher Friman, 'Ett bedårande barn av sin tid' (Magasinet Filter, 10 October 2009)

Matthew Collin, Altered States: The Story of Ecstasy and Acid House (Serpent's Tail, 1997)

Blogspot.com, Isabel Adrian, 'Mitt liv som det är!' (Accessed 23 November 2020)

Studio, mötesplatsen för musikskapare, Feedback sökes (Accessed 3 November 2019)

Studio, mötesplatsen för musikskapare, Skulle behöva lite hjälp (Accessed 3 November 2019)

Pages 45–51

Richard Flink, 'Den revanschlystne rugbykillen som blev musikmogul' (Resemagasinet Buss, No. 8, 2016)

Ebba Hallin, Nils von Heijne, Fuckups och businessblunders: felsteg som framgångsrecept (Lava förlag, 2016)

Niklas Natt och Dag, 'Andra sidan Avicii' (King Magazine, No. 6, 2013)

Sommar i P1 – Arash 'Ash' Pournouri (Sveriges Radio P1, 9 July 2015)

Stephen Edwards, 'Meet Ash Pournouri: The Man Behind Dance Music's Latest Phenomenon' (Elite Daily, 26 August 2013)

David Morris, 'The Guy Behind the Guy' (Vegas Seven, 16 August 2012)

Jane Alexander, The Body, Mind, Spirit Miscellany: The Ultimate Collection of Fascinations, Facts, Truths, and Insights (Duncan Baird, 2009)

Laidback Luke Forum (Accessed 16 November 2019)

Mark van Bergen, Dutch Dance, 1988–2018: How The Netherlands Took the Lead in Electronic Music (Mary Go Wild, 2018)

Pages 53–64

Kerri Mason, 'Blood On the Dancefloor: Winter Music Conference vs. Ultra Music Festival' (Billboard Magazine, 7 February 2011)

Geoffrey Hunt, Molly Moloney, Kristin Evans, Youth, Drugs, and Nightlife (Taylor & Francis, 2010)

Pages 65–83

John Dingwall, 'Radio 1's Big Weekend: Dance star Tiësto reveals how he lost out on love because of his music career' (Daily Record, 23 May 2014)

Door Wilma Nanninga, 'Tiësto draaide niet op bruiloft ex Stacey Blokzijl' (De Telegraaf, 17 September 2013)

Calle Dernulf, Den svenska klubbhistorien (Storytel Dox, 2017)

John Seabrook, The Song Machine: Inside the Hit Factory (W.W. Norton & Company, 2015)

Stephen Armstrong, The White Island: Two Thousand Years of Pleasure in Ibiza (Black Swan, 2005)

Neil Strauss, The Dirt: Confessions of The World's Most Notorious Rock Band (Dey Street Books, 2002)

Pages 84–88

Ingrid Carlberg, 'En dag med Salem Al Fakir' (Dagens Nyheter, 4

January 2007)

Patrik Andersson, 'Salem vill erövra världen' (Göteborgs-Posten, 19 February 2007)

Christoffer Nilsson, 'Här är artisterna som spelar i Slottskyrkan' (Aftonbladet, 11 June 2015)

Avicii, Avicii in Scandinavia – Part III (YouTube, 20 November 2010)

Pages 89–96

Philip Sherburne, 'The New Rave Generation' (Spin, October 2011)

Bryan Bass, 'Twin Engines: The Waits Brothers and Wynn's Innovative Tryst' (Nightclub & Bar, February 2007)

Martin Stein, 'Nothing Succeeds Like XS' (What's On Las Vegas, January 2009)

Sarah Feldberg, 'On a Night of Excess, the First Night of XS' (Las Vegas Weekly, 31 December 2008)

Pages 97–103

Tore S. Börjesson, 'Jag passar inte in i USA. Jag är för tråkig' (Dagens Arbete, 20 January 2012)

Levan Tsikurishvili, Avicii: True Stories (Opa People, 2017)

Kungl. IngenjörsVetenskapsAkademien, Frukost IVA 20150310 Avicii manager Ash Pournouri (YouTube, 18 March 2015)

Magnus Broni, Det svenska popundret: 5. Ett paradis för pirater (Sveriges Television, 2019)

Johan Åkesson, 'Stjärna i sitt eget universum' (Dagens Nyheter, 18 March 2012)

Pages 104–107

Barry Meier, Pain Killer: An Empire of Deceit and the Origin of America's Opioid Epidemic (Random House, 2018)

Jonas Cullberg, En amerikansk epidemi (Bokförlaget Atlas, 2019)

Christopher Glazek, 'The Secretive Family Making Billions From the Opioid Crisis' (Esquire, 16 October 2017)

Patrick Radden Keefe, 'The Family That Built an Empire of Pain' (New Yorker, 23 October 2017)

Pages 108-115

Sean Hotchkiss, 'First Look: Avicii for Ralph Lauren Denim & Supply Fall 2012' (GQ, 9 July 2012)

Denim & Supply Ralph Lauren House for Hunger Playbutton, (Macy's, 2013)

Pages 116–118
John E. Hall, Guyton and Hall Textbook of Medical Physiology (Elsevier, 2015)

Pages 134–146
Jon Häggqvist, 'Vincent gick sin egen väg' (Allehanda, 10 November 2007)
'SiriusXM's Town Hall Series with Avicii' (SiriusXM, 19 September 2013)

Pages 147–151
Helen Ahlbom, 'Vestberg på scen med Avicii' (Ny Teknik, 22 February 2013)
Lars-Anders Karlberg, 'Avicii och Vestberg på samma scen' (Elektroniktidningen, 27 February 2013)

Pages 157–163
Zack O'Malley Greenburg, 'The World's Highest-Paid DJs 2012' (Forbes, 2 August 2012)

Pages 164–175
David Ciancio, 'Nightclub & Bar Announces the 2013 Top 100' (Nightclub & Bar, 14 February 2013)
Lee Moran, 'Instagram tycoons toast Facebook deal by partying at Las Vegas superclub . . . and post a (pretty fuzzy) picture using their app' (Daily Mail, 17 April 2012)
Leonie Cooper, 'Prince Harry to become reggae DJ after meeting Marley's widow in Jamaica?' (New Musical Express, 7 May 2012)
Brian Viner, 'Sheikh Mansour: The richest man in football' (Independent, 22 October 2011)
'Sheikh Mansour convinced of potential of "sleeping giant" Manchester City' (Guardian, 1 July 2009)
Josh Eells, 'Night Club Royale' (New Yorker, 23 September 2013)

Pages 176–182
Jan Gradvall, 'Avicii: True' (DI Weekend, 6 September 2013)
Zane Lowe, In Conversation with Chris Martin . . . (BBC Radio 1, 28

April 2014)

Mike Fleeman, 'Gwyneth Paltrow and Chris Martin Separate' (People, 25 March 2014)

Patrick Doyle, 'Avicii's Rave New World' (Rolling Stone, 16 August 2013)

Pages 183–192

Per Magnusson, 'Episkt och älskvärt av Avicii' (Aftonbladet, 1 March 2014)

Johan Åkesson, 'Så bygger han Sveriges hetaste varumärke' (Veckans Affärer, 17 April 2014)

Pages 193–196

Sean Pajot, 'Avicii Hotel Returning to South Beach, Charging $800 Per Night for WMC and MMW 2014' (Miami New Times, 11 February 2014)

Michelle Lhooq, 'The Avicii Hotel in Miami Is Completely Insane' (Vice, 30 March 2014)

Pages 198–206

Ryan Kristobak, '"SNL" Mocks EDM Culture With "When Will The Bass Drop?"' (Huffington Post, 18 May 2014)

Pages 207–211

David Armstrong, 'Purdue Says Kentucky Suit Over OxyContin Could Be Painful' (Bloomberg, 20 October 2014)

Laura Ungar, 'Lawsuit seeks to make drugmaker pay for OxyContin abuse' (USA Today, 29 December 2014)

BBC News, US life expectancy declines for first time in 20 years (BBC News, 8 December 2016)

Jessica Glenza, 'Life expectancy in US down for second year in a row as opioid crisis deepens' (Guardian, 21 December 2017)

Pages 229–237

Rasmus Blom, 'Här är bråket steg för steg: Avicii mot brittisk press och Madonna' (King Magazine, 8 June 2015)

Carol Martin, Elaine Player, Drug Treatment in Prison: An Evaluation of the RAPt Treatment Programme (Waterside Press, 2000)

Pages 246–248

Sissela Nutley, Siri Helle, Mår unga sämre i en digital värld? (Mind, 2020)

Jean M. Twenge, iGen: Why Today's Super-Connected Kids Are Growing Up Less Rebellious, More Tolerant, Less Happy – And Completely Unprepared For Adulthood (Atria Books, 2017)

Matt Haig, Notes on a Nervous Planet (Canongate Books, 2018)

Pages 250–252

Sara Martinsson, 'Avicii: "Stories"' (Dagens Nyheter, 30 September 2015)

Onesimus D. Zeon, Avicii 'Wake Me Up' Morocco Live Concert (June 1, 2015) (YouTube, 8 July 2015)

Pages 254–262

Avicii, Avicii Live @ Monument Valley #thecrowningofprinceliam (YouTube, 13 March 2016)

Stim, Hitstoria: Så skrev vi musiken – Without you @ Stim Music Room (YouTube, 14 December 2017)

Merve Emre, What's Your Type?: The Strange History of Myers-Briggs and the Birth of Personality Testing (William Collins, 2018)

Jon Blistein, 'Avicii Retires From Touring via Open Letter to Fans' (Rolling Stone, 29 March 2016)

Pages 263–268

Talks at Google – Living with Meaning, Purpose and Wisdom in the Digital Age with Eckhart Tolle and Bradley Horowitz (YouTube, 24 February 2012)

Kristin Olson, Makt och medkänsla: Reportage om engagerad buddhism (Cinta förlag, 2019)

Kulananda, Principles of Buddhism (Thorsons, 1996)

Pages 269–273

Pete Tong, Avicii Chats To Pete (BBC Radio 1, 12 August 2017)

Pages 274–280

Ted Mann, 'Magnificent Visions' (Vanity Fair, 11 November 2011)

Christopher Friman, 'I en annan del av Sverige' (Magasinet Filter, 11 October 2012)

Lee Roden, 'Avicii teases new album through mysterious "magic" music boxes' (The Local, 2 August 2017)

Pages 281–286
South Park, 'Hummels & Heroin' (Comedy Central, 18 October 2017)
Jeff Barnard, 'Oregon's monster mushroom is world's biggest living
  thing' (Independent, 17 September 2011)

Pages 288–292
Ryan Mac, 'The Fall Of SFX: From Billion-Dollar Company To
  Bankruptcy' (Forbes, 24 August 2015)
Robert Levine, 'Former SFX CEO Robert Sillerman Speaks Out for the
  First Time About His Company's Implosion: "I Don't Begrudge the
  Employees' Anger"' (Billboard Magazine, 9 June 2016)
Bradley Hope, 'Key Figure in 1MDB Probe Is Arrested in Abu Dhabi'
  (Wall Street Journal, 18 August 2016)
Fredrik Eliasson, Musikplats LA – en svensk framgångssaga (Sveriges
  Radio P4, 29 May 2017)
Rachael Revesz, 'Marijuana legalisation is the biggest winner of the
  2016 presidential election' (Independent, 9 November 2016)
Michael Pollan, 'The Trip Treatment' (New Yorker, 9 February 2015)
Erin Brodwin, 'Peter Thiel Is Betting on Magic Mushrooms to Treat
  Depression – and He's Not the Only One' (Business Insider, 12
  December 2017)

Pages 293-296
Johan Cullberg, Maria Skott, Pontus Strålin, Att insjukna i psykos:
  förlopp, behandling, återhämtning (Natur & Kultur Akademisk, 2020)
Marta Di Forti et al, 'The contribution of cannabis use to variation in
  the incidence of psychotic disorder across Europe (EUGEI): a
  multicentre case control study' (The Lancet Psychiatry, 19 March
  2019)

Pages 303–310
Prudence Farrow Bruns, Dear Prudence: The Story Behind the Song
  (CreateSpace, 2015)
Maharishi Mahesh Yogi, Vetenskapen om Varandet och livets konst
  (SRM International Publication, 1973)
Diana Darke, Tony Walsh, Oman (Bradt Travel Guides, 2017)

Pages 311–313

Charlotte Kjaer, 'Hubble-teleskopet är jordens öga i rymden' (Illustrerad Vetenskap, 20 July 2021)

Pages 314–317

Susan Shumsky, Maharishi & Me: Seeking Enlightenment with the Beatles' Guru (Skyhorse Publishing, 2018)

Matt Landing, My Enlightenment Delusion: Experiences and Musings of a Former Transcendental Meditation Teacher (2017)

Pages 330–337

Monica Holmgren, Clas Svahn, 'Tim "Avicii" Bergling är död – blev 28 år gammal' (Dagens Nyheter, 20 April 2018)

August Håkansson, 'Fansen i tårar på Sergels torg: "Avicii har förändrat mitt liv"' (Aftonbladet, 21 April 2018)

Rickard Holmberg, Till minne av Tim Bergling/Avicii på Sergels torg (YouTube, 13 February 2021)

Pages 338–343

Jake Gable, 'Breaking: Hardwell announces retirement from live shows' (We Rave You, 7 September 2018)

Emmanuel Acho, Mental Health Doesn't Discriminate feat. Lil Wayne (YouTube, 16 August 2021)

Steve Keating, 'Many "twisties" and turns, but Simone Biles exits Games a champion' (Reuters, 4 August 2021)

Gayle King, The Gayle King Grammy Special (CBS News, 23 January 2020)

Co-Op Think, Michael Phelps Shares His Experiences and Struggles Achieving Excellence (YouTube, 19 June 2018)

Andre Agassi, Open: An Autobiography (Harper Collins, 2009)

Nancy Hass, 'No Time For Secrets' (InStyle, December 2012)

Maria Ejd, 'Gammalt läkemedel blir ny drog' (Vårdfokus, 7 October 2015)

Matilda Aprea Malmqvist, 'Tramadolmissbruk ökar kraftigt bland ungdomar' (Svenska Dagbladet, 24 December 2018)

OECD, Addressing Problematic Opioid Use in OECD Countries (OECD Publishing, 2019)

기타

Bill Brewster, Frank Broughton, Last Night a DJ Saved My Life: The History of the Disc Jockey (Grove Press, 2014)

Matthew Collin, Rave On: Global Adventures in Electronic Dance Music (The University of Chicago Press, 2018)

Calle Dernulf, Swedish DJs – Intervjuer: Eric Prydz (Telegram Förlag, 2013)

Matt Haig, Reasons to Stay Alive (Canongate Books, 2015)

Tommy Hellsten, Flodhästen på arbetsplatsen (Verbum AB, 2001)

Ullakarin Nyberg, Konsten att rädda liv: om att förebygga självmord (Natur & Kultur Läromedel, 2013)

Dom Phillips, Superstar DJs Here We Go! (Ebury Press, 2009)

Simon Reynolds, Energy Flash: A Journey Through Rave Music and Dance Culture (Faber & Faber, 2013)

Alfred Skogberg, När någon tar sitt liv: Tragedierna vi kan förhindra (Ordfront, 2012)

Gert van Veen, Release/Celebrate Life: The Story of ID&T (Mary Go Wild, 2017)

Tobias Brandel, 'Kungarna av Ibiza' (Svenska Dagbladet, 28 August 2009)

Jan Gradvall, 'Swedish House Mafia: den sista intervjun' (Café, December 2012)

Jonas Grönlund, 'Veni, vidi, Avicii' (Sydsvenskan, 12 May 2012)

Kerri Mason, 'Avicii's Wake-Up Call' (Billboard Magazine, 21 September 2013)

Michaelangelo Matos, 'The Mainstreaming of EDM and The Precipitous Drop That Followed' (NPR, 13 November 2019)

Emil Persson, 'Avicii till Café: "Problemet är att varenda dag var en fest"' (Café, October 2013)

Jessica Pressler, 'Avicii, the King of Oontz Oontz Oontz' (GQ, 29 March 2013)

Fredrik Strage, 'Sommaren med Avicii' (Icon, 2012)

Future Music Magazine, Avicii in the studio – The Making of Dancing in My Head (YouTube, 3 September 2012)

영상

Dan Cutforth, Jane Lipsitz, EDC 2013: Under The Electric Sky (Haven Entertainment, Insomniac Events, 2014)

Carin Goeijers, God Is My DJ: The Story of Sensation (Pieter van Huystee Film, 2006)

Kevin Kerslake, Electric Daisy Carnival Experience (Manifest, 2011)

Christian Larson, Henrik Hanson, Take One: A Documentary Film About Swedish House Mafia (EMI Films Ltd, 2010)

Bert Marcus, Cyrus Saidi, What We Started (Bert Marcus Productions, 2017)

음악

SILHOUETTES
Lyrics & music: Ash Pournouri / Salem Al Fakir / Tim Bergling
© Ash Pournouri Publishing / Pompadore Publishing AB / EMI Music Publishing Scandinavia AB
Printed by permission of Sony Music Publishing Scandinavia / Notfabriken Music Publishing AB
© Universal Music Publishing AB. Printed by permission of Gehrmans Musikförlag AB.

WAKE ME UP
Lyrics & music: Tim Bergling / Aloe Blacc / Mike Einziger
© EMI Music Publishing Scandinavia AB.
Printed by permission of Sony Music Publishing Scandinavia / Notfabriken Music Publishing AB.
© Elementary Particle Music / Universal Music Corporation. For the Nordic & Baltic countries: MCA Music Publishing AB. Printed by permission of Gehrmans Musikförlag AB.
© 2011, 2013 Aloe Blacc Publishing Inc.
All rights for Aloe Blacc Publishing, Inc. administered worldwide by Kobalt Songs Music Publishing.
Printed by permission of Hal Leonard Europe Ltd.

HEY BROTHER
Lyrics & music: Ash Pournouri / Salem Al Fakir / Tim Bergling /

Veronica Maggio / Vincent Pontare
© Ash Pournouri Publishing / Pompadore Publishing AB / EMI Music
Publishing Scandinavia AB.
Printed by permission of Sony Music Publishing Scandinavia /
Notfabriken Music Publishing AB.
© Universal Music Publishing AB. Printed by permission of Gehrmans
Musikförlag AB.

SOMETHING'S GOT A HOLD ON ME
Lyrics & music: Etta James / Leroy Kirkland / Pearl Woods
© EMI Longitude Music
Printed by permission of Sony Music Publishing Scandinavia AB /
Notfabriken Music Publishing AB.

YOU BE LOVE
Lyrics & music: Tim Bergling / Billy Raffoul / Hillary Lindsey / Nathan
Chapman
© EMI Music Publishing Scandinavia AB.
Printed by permission of Sony Music Publishing Scandinavia /
Notfabriken Music Publishing AB.
© Eighty Nine 89 Music / WC Music Corp / Warner-Tamerlane
Publishing Co. Printed by permission of Warner Chappell Music
Scandinavia AB / Notfabriken Music Publishing AB.
© 2017 Concord Sounds c/o Concord Music Publishing LLC
Printed by permission of Hal Leonard Europe Ltd.

FREAK
Lyrics & music: Hachidai Nakamura / Jeff Lynne / Rokusuke Ei / Sam
Smith / Tim Bergling / Albin Nedler / James Napier / Justin Vernon
/ Kristoffer Fogelmark / Tom Petty / William Phillips
© Sony Music Publishing (Japan) Inc. / EMI April Music Inc. / Stellar
Songs Limited / EMI Music Publishing Scandinavia AB.
Printed by permission of Sony Music Publishing Scandinavia /
Notfabriken Music Publishing AB.
© Gone Gator Music / Wixen Music Publishing / Edition Björlund AB.
© Method Paperwork Ltd. For the Nordic & Baltic countries: Universal
Music Publishing AB. Printed by permission of Gehrmans Musikförlag
AB.
© 2019 Salli Isaak Songs Ltd. / April Base Publishing / Albion

사진

감사의 말

감사한 분들이 너무 많습니다. 지난 2년 동안 저는 수백 건의 감동적이고 즐거운 대화를 나눴지만, 자신의 시간과 추억을 기꺼이 공유하고자 했던 많은 사람에게는 그 과정이 힘들었을 것입니다.

프레드리크 보베리, 요한네스 룀노, 야코브 릴리에마르크, 필리프 오케손, 제시 웨이츠, 살렘 알 파키르, 빈센트 폰타레, 테이스 페르버스트, 루카스 판스헤핑언, 필리프 홀름, 마르쿠스 린드그렌, 페르 순딘, 닐 제이콥슨, 에밀리 골드버그, 해리 버드, 롭 하커, 찰리 알베스, 필릭스 알폰소, 말릭 아두니, 마이크 아인지거, 나일 로저스, 데이비드 게타, 크리스 마틴, 오드라 메이, 칼 포크, 알렉스 에버트, 라켈 베텐코트, 망누스 뤼그드베크, 폴 태너, 존 맥키온, 테레자 카체로바, 마크 수닥, 알빈 네들레르, 크리스토페르 포겔마르크에게 감사드립니다.

만난 지 얼마 되지 않아 세상을 떠난 훌륭한 작곡가 맥 데이비스, 편히 잠드소서.

동료 음악가, 동급생, 친구, 음반사 직원, 프로모터는 팀 베릴링의 세계를 이해하는 데 도움을 주었습니다. 완전히 다른 방식으로 저를 도와준 사람도 있었는데, 부동산 업계에 종사하는 청년 맥스 라이스는 며칠 동안 저를 태우고 이비자를 돌아다니며, 팀이 이비자에서 머물렀던 집을 제 눈으로 직접 볼 수 있게 해주었습니다.

그리고 닉 그로프, 요아킴 요한슨, 데이비드 브래디, 조시 골드스타인, 조니 테넌더, 조 가졸라, 오스틴 리즈, 앤더스 보스트롬, 린다 머레이, 폴 맥클린, 재러드 가르시아, 사이 웨이츠, 윌슨 나이토이, 데이비드 코마르, 아만다 윌슨, 조나스 알트버그, 칼 드레이어, 톰 해리슨, 웨인 서전트, 앤드류 맥코우, 릴리안 오렐라나, 네이선 채프먼, 마티아스 번룬드, 사이먼 올레드에게도 감사드립니다. 췌장, 중독 질환, 공황장애에 대한 정보를 제공해준 전문가분들께도 감사드립니다. 익명으로 정보를 공유하기로 선택한 사람들도 중요한 관점과 세부 사항을 제공했습니다.

편집자 엘리자베스 왓슨 스트라루프는 여러 차례에 걸쳐 글을 다듬어 제가 더욱 명료한 글을 쓰도록 도와주었습니다. 발행인 셰르스틴 알메고르드와 에이전트 니클라스 살로몬손은 인내심과 전문 지식을 바탕으로 출판을 진행했습니다. 《다겐스 뉘헤테르》의 영리한 동료인 마틸다 E. 핸슨과 마틸다 보스 구스타브손은 저널리스트 로베르트 바르크만과 마찬가지로 글에 대한 귀중한 견해를 제시해 주었습니다. 작업 초기에 저를 작가로 믿고 그 과정에서 많은 문제를 해결해 준 에바 린드크비스트에게 특별히 감사드립니다. 저를 끊임없이 지원해 준 어머니, 아버지, 조나스, 파베에게도 감사합니다. 올리비아 리우는 인터뷰 자료의 많은 부분을 주의 깊게 복사했으며, 디자이너 미로슬라프 속치츠는 멋진 표지와 이미지 시트를 만들었습니다.

무엇보다도 즐겁고 자랑스럽고 고통스러운 경험을 아낌없이 공유해 준 클라스와 앙키, 그리고 팀 베릴링의 가족들에게 감사의 말씀을 전하고 싶습니다. 당신은 너무나 많은 일을 겪으셨습니다. 이분들이 없었다면 저는 책을 쓸 수 없었을 것입니다.

진심으로 감사드립니다.

2021년 9월, 몬스 모세손

아비치 공식 전기

초판 1쇄 발행 2024년 5월 1일

지은이 몬스 모세손
옮긴이 이송민
도 움 이혜림

펴낸곳 송민(P&S)
이메일 pine.n.sky@gmail.com

ISBN 979-11-987446-0-9 (03190)

잘못 만들어진 책은 구매하신 곳에서 교환해 드립니다.